京都を訪れる人々に

京都の町は、一木一草にも歴史があるといわれている。鴨の河原の小石にさえも、叡山の荒法師たちが踏みしめた足音を感じ、源平の武者たちが流した血潮の匂を感ずるときがある。千年の都であった京都の歴史は、あくまで深い。

そのような京都で、人情や風俗、社寺や自然、伝統産業に、幾重にも織りなした歴史を求めようならば、それは膨大な大辞典をひも解くことになるであろう。

それほど京都ならば何を書いてゆこうと、ともかく一冊の本になるのである。なぜなら、そこに多くの人が求めるものがあるからだ。しかし私は、それらの多くのものに、何か欠けているものがあるように思う。

京都は、その残された形において、上からなでることもできるし、またいたずらに知識を先だてて語ることもできるからだ。

だが京都は生きている。千年の都として、常に日本の政治・経済・文化の中心であった京都は、あらゆるエネルギーを躍動〔……〕えてきた。

中央の都市と〔……〕く、また"ふたた〔……〕野になった"と〔……〕してきた。しかし、〔……〕

京都を訪れる人々〔……〕夫に生きつづけている歴史の深みを掘りおこし、そこに生きた人びとの情愛を、肌に感じとって欲しいと思う。

歴史学者　奈良本辰也

壬生寺（みぶでら）　7A4　120

物件名の脇の英数字は地図と情報のページを示しています。

真言密教（しんごんみっきょう）93

肩に数字がある単語は、P97〜の「観賞の手引き」に解説があります。

平安京の面影が彷彿とする平安神宮の応天門

千年の歴史を見守り続けてきた東寺の五重塔

鎌倉時代に創建された洛東の禅刹・東福寺

法然が営んだ大谷禅房の故地に建つ知恩院（三門）

序にかえて

　京都の歴史は、やはり、平安京造営（794）からはじまる。

　奈良の都に築き上げられた天平文化は、すでに経済的にも疲弊し、政治も腐敗への途を、坂道を下るように走っていた。首都の地を遷えることによって、人びとの（とくに国の政治を司る人びとの）気持ちをあらたにし、思い切った政策をたて直す必要があった。政策の転換を敢行するにあたって、その〈場〉、首都を遷えるのは、古代の人びとのつねとするところであった。長岡京への遷都を経て、桓武天皇は、10年の歳月を費やして、平安遷都を計画した。

　京都の地では、渡来人であった豪族秦氏が大きな勢力を張っていた。彼らの協力を得て、賀茂川の流れを変え、道路をつくり、平安京は建築された。

　折しも、唐での留学を終えて帰国した最澄（伝教大師）や空海（弘法大師）が日本へもちかえった新しい仏教・〈密教〉が、人びとの心をとらえた。その信仰は、新しい心をもって新たに生きなおそうとする人びとの胸に指針を与えたのだった。

　こうして平安京は密教とともに成長する。最澄が開いた比叡山寺（788）とともに、空海は東寺を賜わり（823）、京の地に密教の根が下された。

　時代のうつり変わりのなかで、宗教の果たす役割は大きい。鎌倉時代から室町時代にかけて、中国から禅宗が輸入された。南北朝を経て京の街に幕府が置かれ、足利氏一族による北山文化・東山文化が形成されていくなかで、禅宗寺院の大伽藍は、つぎつぎと巨大な甍をそびえ立たせていった。

　禅宗が、この荒々しい野武士のような支配者たちの思想と行動の支えとなったのだった。ちょうど、平安貴族たちにとって密教がそうであったように。

　武家たちには禅宗、公家たちには密教が、中世の人びとを支えた宗教であり、そこから産みだされた、寺院建築・仏像・装飾・庭園がいまも京の街に遺されてきている。一方、権威づけられた信仰にあきたりない人びとから、新しい宗教が平安から鎌倉へという時代の折り目を境として登場しつつあった。雪舟のような画僧や、西行のような歌に優れた放浪僧も、そういう気運から登場する。宗教としては、法然が産みだした浄土宗、日蓮の法華宗、一遍の時宗、法然のあとをうけついだ親鸞の浄土真宗などがある。彼らの信仰は、当時は新興宗教であり、多くの迫害を受けた。弾圧、追放のくりかえしに耐えて、その信仰は人びとに浸透していった。知恩院がつくられ、本願寺が建てられる。京を支えるもうひとつの宗教文化がこうして花開く。

豊臣秀吉の天下統一は、これまで群雄割拠していたこの日本列島を大きく変えた。とくに京の街はすっかり変貌した。応仁の乱（1467～1477）で焼野原になったあとの京都も、すっかり様相を変えてしまったが、秀吉は洛中の町割を徹底的に整備した（1590）。お寺は寺町通りに集中させるなど、大胆な区画整理によって、街の貌は一変したのである。翌年には、洛中洛外を区分するお土居も築かれた。現在の〈京都〉の街の基本形は、この秀吉がつくりあげた、洛中町割を基礎にしている。今日の京都の基礎も桃山時代につくられたものなのだ。

　関ヶ原の役（1600）で、豊臣残党を敗った徳川家康は、江戸に幕府を置いて全国制覇にのりだした。以後300年、ほとんど完璧ともいうべき徳川体制が敷かれ、維持されていくのも、秀吉の統一政策の成果を基礎にできたからである。

　徳川幕府が江戸に置かれ、東の京・江戸が、もう一つの文化の中心として栄えていく。京都はこの江戸文化とにらみあうように（幕府のある江戸に対して、御所を擁する京として）独自の文化をつくりだしていった。政治の首都・江戸にとって、天皇のいます京は、もう一つの日本の首都でもあった。しかも——直接現実的な政治などの世界に関わらなくてもいい——文化の首都として、京都が近世につちかっていったものは大きい。円山応挙のような画家が登場できたのも、京都の故といってもいい。彼は、旧来の日本画の方法にとらわれず、自由に、しかも冷静に対象を視る眼を養い、いままでになかった写実的な絵を描いた。こういう眼が、江戸時代末期の人びとの時代に対する意識を代表しているといえよう。幕末、江戸幕府の政策に反対する激しい動きが起こってくるのも、この京都の地からであった。

　大政奉還の儀（1867）は、二条城で行われた。幕府から維新への転換は、まさに京都が舞台となったのである。

　しかし、明治維新は、この京に思いがけない大きな衝撃を与えた。

　というのは、大政奉還とともに、天皇が、京都・御所から、江戸・千代田城に移ることになったからである。御所が京の地にあり、そこに天皇がいますということは、京の人びとに、この地が日本の文化上の首都であるという意識を無形のうちにあたえていたのだが、いまや、その千年の支えが失われてしまった。

　この空白を、明治に入って、京都の人びとは、時代の新しい動きを先取りしていくことによって埋めた。疏水の開削、市電の設置、織物の工業化、学校制度の充実等々。近代化の推進に率先し、それ以来、京都は、ふたたび、新しい意味における文化の首都として生きつづけようとしてきた。

　現代の京都は、このような遍歴の果てに、旧い日本と、新しい世界への志向を混在させながら生きている。この827.8km^{2}の平面に、よかれあしかれ、一千数百年の歴史が凝縮されている。

秀吉が築いたお土居跡の一つ（平野神社付近）

家康が京都での居館として造った二条城

野鳥のさえずりや四季の草花豊かな京都御苑

京都の近代都市化への礎となった琵琶湖疏水

目次

詳細な京都の文学はユニプランHP
に掲載しています（PDFファイル）

洛中　11〜31
地図:6・7左

洛東　32〜54
地図:6・7右

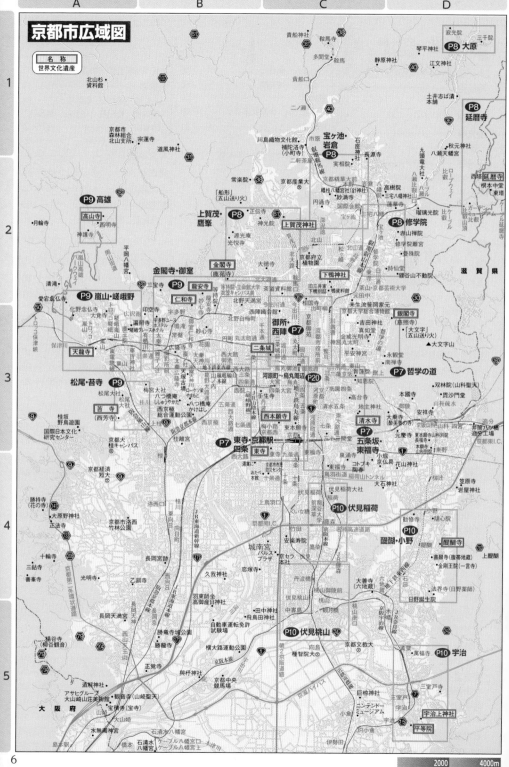

京都市広域図

	A	B	C	D
1				
2				
3				
4				
5				

名称　世界文化遺産

P8 大原
P8 延暦寺
P8 高雄
　高山寺
P8 上賀茂・鷹峯
　上賀茂神社
P8 修学院
P9 金閣寺・御室
　金閣寺（鹿苑寺）
P9 龍安寺
　仁和寺
P7 御所・西陣
下鴨神社
P7 銀閣寺（慈照寺）
P9 嵐山・嵯峨野
　天龍寺
P7 哲学の道
P20
P9 松尾・苔寺
　苔寺
　西芳寺
P7 西本願寺
P7 東寺・四条
　東寺
P7 五条坂・東福寺
P7 清水寺
P10 伏見稲荷
P10 醍醐・小野
　醍醐寺
P10 伏見桃山
P10 宇治
　宇治上神社
　平等院

滋賀県
大阪府

2000　4000m

6

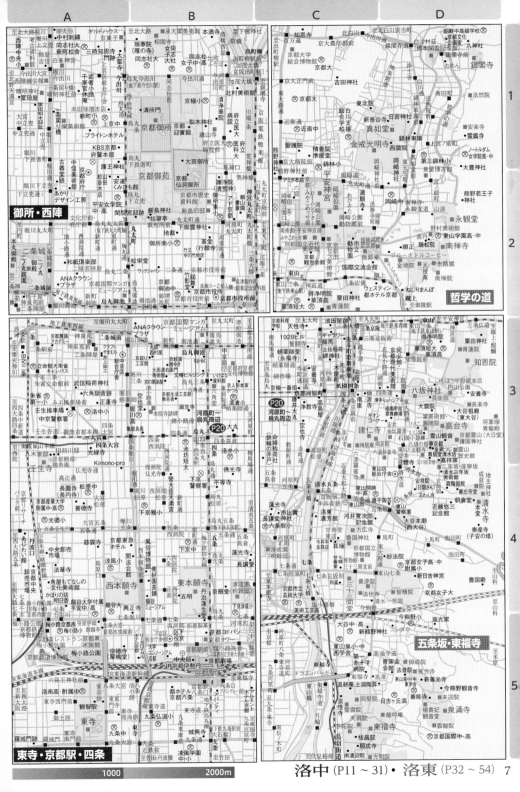

御所・西陣

哲学の道

東寺・京都駅・四条

五条坂・東福寺

1000 2000m

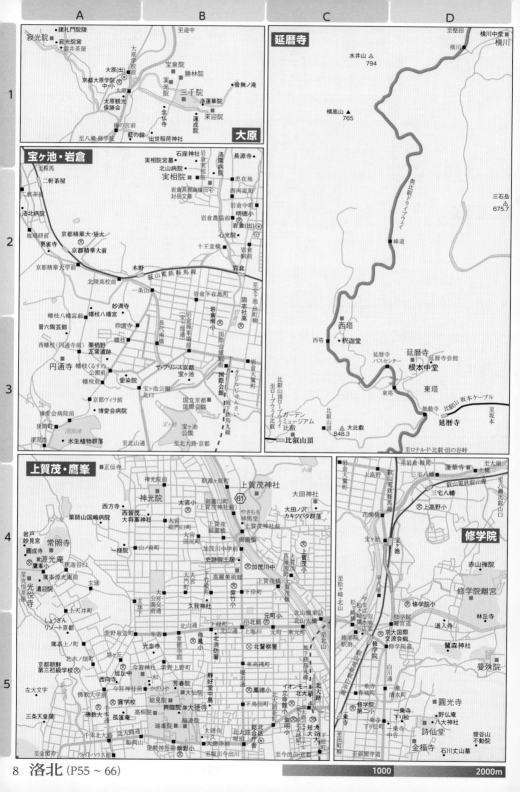

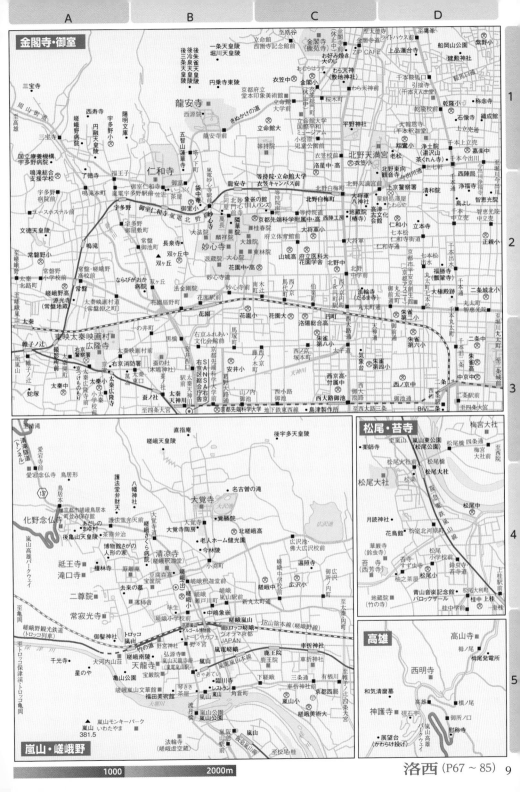

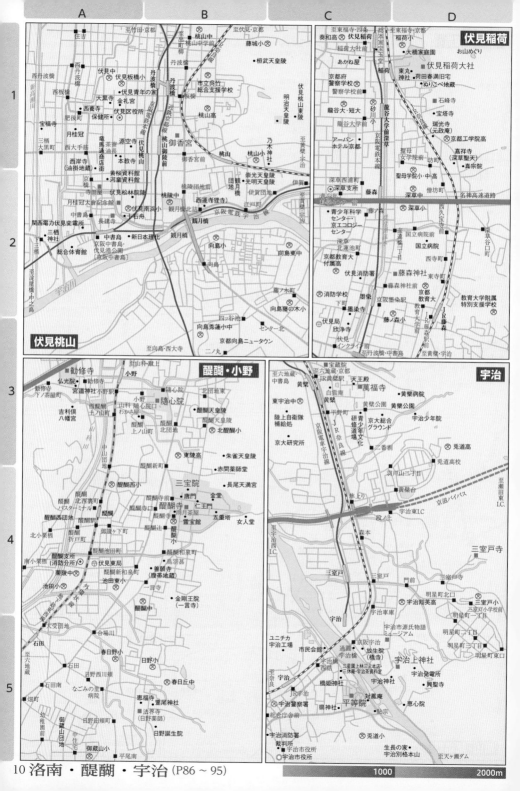

10 洛南・醍醐・宇治 (P86〜95)

ぶらり洛中

地図P7左・9

新幹線の車窓から、東寺の五重塔と巨大な京都駅ビルが視野に入ると、そこがもう古都の玄関口、JR京都駅である。平成9年にオープン、観光の新スポットとして人気で、毎日多くの人々で賑わっている。

京都駅前から、京都タワーの下を通り、烏丸通を北へ歩いていくと、堂々とした寺院建築が見えてくる。明治期の再建であるというが、木造建築のみが醸し出す、重量感豊かな東本願寺の御堂の数々はそれだけで充分にわたしたちの心を把えて離さないであろう。

烏丸七条を西へ、堀川七条を北へ上ると、お西さんと呼ばれる西本願寺に至る。お東さん（東本願寺）同様、全国真宗門徒の総本山であるこのお寺には、桃山期の文化財が数多く残されている。御影堂・阿弥陀堂は江戸期の建物であるが、旧参拝部からつらなる一連の建物は、桃山期の風をよく伝えており、内部に残された絵画・彫刻・庭園・能舞台などに見るべきものが多い。

お西さんの南西に位置する東寺は、先ほどの五重塔に代表されるが、新幹線の車窓からとは異なり、間近でみると、わたしたちを圧倒するたくましさがある。江戸期の再建であるとはいえ、平安期から千年の歴史を耐えぬいた、この寺のみふさわしい建物といえよう。また金堂・講堂の建物や諸仏、間近でみると、是非一度は訪れてみたいところである。毎月二十一日「弘法さん」の縁日には多くの人々で賑わう境内である。

壬生狂言で有名な壬生寺には、局長近藤勇の胸像と遺髪塔がある（新選組隊士の墓所）がある。

旧市街に広大な面積を占める京都御苑。その内苑は、緑と玉砂利の敷かれた一大国民公園として、人々の自由な散策の場となっている。

御苑の東には、紫式部の邸跡に建つという廬山寺、同志社大の正門横を北へ、禅宗古刹の相国寺、また学生街である河原町今出川を北へ十分ほど歩くと王城鎮守の神として古式の祭礼や行事を多く伝える下鴨神社などがある。

さて、今出川通を西へ行くと、伝統的な織物の町西陣の界わいに至る。この辺りは応仁の乱のとき、一方の将山名宗全が敵方に対して西方に陣をかまえたというところから〈西陣〉として、いまにその名が残っているという。〈陰陽道〉安倍晴明を祀る晴明神社も付近にある。

毎月二十五日、天神さんの縁日で賑わう北野天満宮は菅公御霊信仰よりも、今は受験祈願の上七軒を北へ町家の一隅に大報恩寺（千本釈迦堂）がある。一名おかめ寺とも呼ばれ、二月のおかめ節分で知られる。ここの霊宝殿に収められた鎌倉仏たちは、案外知られていないが、一見に値する、見事な彫像である。

徳川家康が命じて建てた二条城は、設備もよく整い、京都観光の重要なポイントのひとつとなっている、有名な二の丸御殿には、桃山期の優美な唐門から入る。玄関の車寄せは秀吉の邸宅聚楽第の遺構といわれ、これも桃山期の特色をよく伝えている、ここでは大書院形式の建物や庭園、そして狩野派に代表される絵画など、順序よくみることができる。

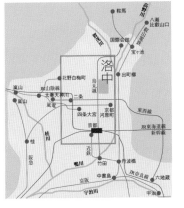

五重塔

江戸時代初期に再建されたものだが、55mの高さは、木造としては日本の古塔中最も高く、堂々としていて、京都の玄関口を象徴するにふさわしい建物である。遠い旅から京都へ帰ってくるときなども、新幹線の窓からこの塔が眼に入ってくるとき、ああ京都へ帰ってきたなという気持を強くさせる。こんなふうに、東寺の塔は、いまも人々に、京都の玄関としてのシンボル的な存在となっている。

空海（弘法大師）（774〜835）

平安初期の僧で、日本真言宗の開祖。延暦23年（804）に得度受戒した後、遣唐船で唐にわたる。この一行には後の伝教大師最澄や橘逸勢がいた。密教を究め、定められていた留学期間を切り上げ大同元年（806）帰国。これを咎められるが後に許される。

日本各地に足跡を残し、現在も「弘法さん」「お大師さん」と信仰を集め親しまれている。

京都では、東寺をはじめ、高雄山寺（現神護寺）や乙訓寺など縁深い寺が多く、天長元年（824）の神泉苑における祈雨法を修したなど逸話も非常に多い。能筆で、嵯峨天皇・橘逸勢と共に三筆に数えられる。

密教美術の宝庫

東寺（教王護国寺）7A5　119　世界文化遺産

　大阪方面から京都市内へ入っていくとき、あるいは市内から南の方へ出ていくとき、いつも、わたしたちの眼をとらえるのが、あの東寺の大きな五重塔の姿である。

　東寺は、京都市街条坊の南縁に位置して、空間的に玄関であるばかりでなく、歴史の上からも京都の玄関口である。

　延暦13年（794）、平安京への遷都が行われ、ただちに東西両寺が造営された。（現在でも、東寺の西方に西寺の遺跡が僅かだがある。）

　はじめは、国外からの賓客をもてなす迎賓館のような役目をもった建物だったそうだが、唐から帰国し、日本に真言密教[93]を広めはじめていた空海（弘法大師）に委ねられたのは、弘仁14年（823）のことだった。

　当時、まだ東寺は造営中で、金堂[29]が五年前に落成していたくらいだったが、空海は、ここを真言密教の根本道場とするべく、寺名を「教王護国寺」（正確には「金光明四天王教王護国寺秘密伝法院」）と定め、その造営に力を注いだのだった。

　天平時代の栄華は、奈良の都の東大寺における大仏開眼を境に傾きはじめ、疲弊した国力を建て直すために、平安京遷都は敢行された。質実であることは、平安時代初期のモットーであったし、東寺の造営がそんなにも時間がかかったのも、天平時代の財力との相異が原因になっている点も大きい。事実、空海は、この東寺を嵯峨天皇から賜り、ここに真言密教の根本道場を築きはじめたが、伽藍[29]の完成は、空海が亡くなった後まで待たねばならなかったという。

　天平時代まで盛んであった仏教は顕教と呼ばれる種類のもので、空海が唐に留学して学んできた真言密教は、当時は新興宗教といってもよかった。しかし、その信仰は力強く、ちょうど新しい時代のありかたを求めていたこの時代の人々の心をとらえたのだった。だから教王護国寺は、京都の歴史の

笹屋伊織　7A5　ひと月に3日間だけ買える「どら焼」　東寺の北方、七条大宮西にある笹屋伊織の名物菓子「どら焼」。どら焼といっても円形ではなく、小麦粉を主体とした薄皮で、こし餡を巻いた"餡まき"。弘法さんの日の21日と、その前後の3日間だけの限定販売。参拝のお土産に。

はじまりとともに、今日にまで伝わってきた数少ない平安京の遺構の一つといえよう。建物はこの千年余りの長い歳月の中で、しばしば荒廃し、また復興してきた。現在の伽藍は、室町時代から江戸時代にかけて再建されたものである。

伽藍の配置も、最近の発掘によって、初期の遺構が確認され、現在とはだいぶ異同があることが判ってきた。しかしその初期の伽藍配置にしても、高野山や比叡山の密教寺院の配置と比べれば、この教王護国寺の伽藍配置には、前時代の、つまり顕教寺院の匂いが強く残っているのを感じる。それは、別の言いかたをすれば、教王護国寺を真言密教という当時の新興宗教をひろめる根拠地にしようとした空海は、それまでに人びとの間にゆきわたっていた旧い信仰＝顕教の形をじゅうぶん利用して、新しい信仰をその上に開花させようとしたのだともいえよう。

お寺の正門は、ふつう、南方へ向かって開かれている。すなわち**南大門**[73]である。東寺の南大門は、九条通に向かって開かれている。これは、明治に入って（28年（1895））、三十三間堂の西門を移建したものだが、現在東寺を見学するには、この南門をくぐって入るより、東側に開かれている**慶賀門**（東門）から入るほうが拝観受付に近く便利である。

左手にすぐ、校倉造り[1]の宝蔵（平安後期）が見える。食堂（昭和初期再建）の左側に拝観受付の事務所が建っていて、規定の拝観区域には、五重塔（国宝）、講堂[24]、金堂[29]（国宝）が含まれているだけである。このうち、**五重塔**（国宝）の内部は通常、非公開だが、初層拝観の特別展が行われることもある。

東寺には、京都初期、つまり、平安時代初期（美術史の方では弘仁・貞観時代といわれてきた）から近世へかけての、重要な美術品が無数にある。とくに、空海在世中からの遺品も数多い。それらは、少しずつ、年に二度開かれる宝物館に展示される（春季・秋季とも2ヶ月間程）。講堂と金堂にはそれぞれに安置された仏像[82]が収められている。

講堂（重文）は、延徳3年（1491）再建といわれているから、室町末期の建物である。入母屋造、単層、本瓦葺[88]の建物で、南面する須弥壇[45]に、じつに数多くの仏像が安置され、密教世界を展開している。

それは、本尊[90]**大日如来**[74]を中心に総計21体の諸尊によって構成されている。その構成自体が一つの密教思想の表現なのである。まず、本尊が大日如来であるということが、きわめて大きな密教の特色だ。それまで顕教では、悟りをひらいた仏陀としての釈迦を本尊としており、釈迦如来や薬師如来[96]、阿弥陀如来などは、釈迦＝仏陀の具現された姿であった。密教では、本尊は、常に大日如来であり、これは、仏の中の仏として存在し、釈迦ですら、大日如来へ至る過程の一つの仏のありかたにすぎない。大日如来は、いわば宇宙の根源にして最高の存在者なのである。

この大日如来像（桃山時代）を中心に、講堂には、

平安京

平安京は、延暦13年（794）に桓武天皇により定められた日本の首都で、明治2年（1869）に明治天皇が東京に遷都するまでの約1100年間の皇居だった。唐の都・長安や平城京にならって東西4.6km、南北5.3kmの長方形に区画された都城で、現在の京都市中心部に建設された。市内各所では当時の史跡が多数出土し、都の南玄関・羅城門跡のように立て札とともに紹介されていることも多い。他にも、都造りに重視された四神相応の地形や各方面の守りなどを調べても面白い。京都市平安京創生館では、この平安京復元模型を見学できる。

平安京以前の都は、その地名を名称化しており、それに比べると「国の安らかになるように」という桓武天皇の想いが偲ばれる。

東寺講堂

東寺餅　7A5　東寺御用達の老舗　東寺東大門近くにある東寺餅は総本山東寺の御用達として有名。大正元年の創業で、名物はこし餡を柔らかな白い餅で包んだ、店名と同じ名の東寺餅。滋賀県の羽二重餅米と北海道十勝小豆を使った直径6～7cmはある大きなヨモギ大福も人気。

13

兜跋毘沙門天像（東寺宝物館）

一つの曼荼羅[92]世界が、彫像によって形成されている。東西に横長く拡がった内陣[72]須弥壇[45]上の仏像[82]は、四つのグループに分けられる。中央は、大日如来を中心とした五大如来からなる。西側に、不動明王[94]を中心とした五大明王（国宝）、そして、東側に、金剛波羅蜜多菩薩を中心にした五大菩薩（国宝）。さらに、この大きな須弥壇全体を護る四天王[38]と、梵天、帝釈天があり、いずれも国宝。この6体は三つのグループを含む須弥壇全体を護っている。

五大明王、四天王、帝釈天は木造、ところどころに乾漆を補う。五菩薩、梵天は乾漆像[11]で、技法の点からも天平時代の名残りを見ることができるが、五大如来といい、五大明王といい、五大菩薩といい、この組合せの基本形も三尊形式[33]にある。梵天と帝釈天の安置の仕方も、三尊形式の源である顕教的な配置によっており、ここにも、旧教としての顕教を土台に新しい信仰＝密教[93]の基礎を展開しようとする空海の意図がみられるともいえよう。（後で述べるように、東寺の金堂は、まったく顕教的である。）

五大如来と金剛波羅蜜多菩薩は桃山期につくり改められたものだが、残りの15体は、東寺創建時代のもので、寺伝では空海の作という。一木造[2]で漆箔[37]や彩色[36]が施されていた。この講堂[24]は、その意味で、貞観彫刻の宝庫である。とくに五大明王像には、密教彫刻の粋が刻まれているといえよう。密教にあって、明王像は、他のどの仏教宗派におけるよりも重要な役割を果すからである。明王たちに表現される情念的なデモーニッシュな力――それは人間を悟りへと導く上で不可欠のものなのである。人間の問題を、知性の狭い領域に押し込んで片付けようとせず、もっと不合理な情念の問題を巻き込んで展開していこうとする力が、これらの像にほとばしっている。

菩薩[87]たちは、明王たちよりもっと静かに思索し、知のまなざしをもって私たちに向かっている。明王たちの激しい情念と、菩薩たちの静かな思索のまなざし、この二つの相を、如来[74]の徳が支えているという構図に、曼荼羅の世界が表現されている。

さて、**金堂**[29]（国宝）に入ると、講堂とは全くちがった光景が展開されている。講堂の中にあった激しさと、どよめくような仏像たち自身がつくりだ

寺宝「両界曼荼羅」

数多い東寺の寺宝の中でも重要なのが、空海が唐より請来[51]したという「両界曼荼羅」（国宝）である。

両界とは「金剛界」と「胎蔵界」のことをさし、曼荼羅[92]とは密教道場の両脇につるされて、修法が行われる際の重要な荘厳[47]の一つである。そこには、大日如来を中心にした諸仏が綿密に描かれ、密教的宇宙の構図とその悟りの世界の体系が極彩色で描かれている。

この曼荼羅は、修法を行う際の重要な道具であり、常に使用されてきた。消耗・破損は避けられず、ときどき模写される。現在、東寺の修法に用いられるのは、元禄時代に模写された元禄本である。

これですら立派ではあるが、原本である空海請来の両界曼荼羅は、色彩といい、全体に施されている切金[15]の華麗さ荘厳さといい、他に比べようがない。仏像の肉身を描き出している朱色も、じつにあざやかで、肉感的ですらある。一種のデモーニッシュな官能的世界が、ここでも大きな役割を果していることを感じる。曼荼羅は、ーとくに真言密教創始者・空海にとってはーー人の生身の人間の〈真実〉へ向かう実践体系そのものなのであった。

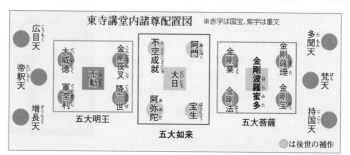

東寺講堂内諸尊配置図 ※赤字は国宝、紫字は重文

	五大明王			五大如来			五大菩薩	
広目天	大威徳	金剛夜叉	不空成就		阿閦	金剛業	金剛薩埵	多聞天
帝釈天	不動			大日		金剛波羅蜜多		梵天
増長天	軍荼利	降三世	阿弥陀		宝生	金剛法	金剛宝	持国天

●は後世の補作

麒麟亭　7A5　町家ですき焼き　七条大宮バス停留近く、近江牛などを使ったすき焼きが手頃な料金で味わえるのが麒麟亭。昼のすき焼き定食は豆腐や季節野菜たっぷりのすき焼き鍋にごはん・サラダ・味噌汁付き。大正年間創業の町家を使った建物も風情あり。

す存在感のようなものはない。広い堂内には静かに、背の高い薬師如来[96]と日光・月光の三尊が佇むばかりである。薬師如来の台座[61]下に、十二神将がめぐらされているが、これは、創建当時には光背[25]の下方に置かれていた。本尊[90]の光背には7体の仏が配されている。このおごそかな薬師三尊像は、創建当時、平安京の入口に位置して、京へ入りこもうとする悪霊をここで祈り防いでいたのだろう。現在の薬師三尊は桃山時代の作で、金堂も慶長11年（1606）、豊臣秀頼によって再建された。重層、入母屋造、本瓦葺[88]の堂々たる建物である。

　東寺は、平安末期源氏と平家の争いによって荒らされたのをきっかけに荒廃しだした。鎌倉時代に入って復旧されたあと、応仁の乱では京の町すべてが焼きつくされたときも、聖地・東寺は難を逃れた。それは、空海――というより、弘法大師――の威徳が人びとの心に浸み入っていたことがなにより大きな原因であろう。顕教における聖徳太子と、密教における弘法大師の二人の姿は、狭い意味での仏教のおしえや理論を越えて、日本人の心に住みついているのである。

　しかし、文明18年（1486）に起った土一揆は、ついに、この東寺の伝統ある伽藍[9]の多くを灰にしてしまった。その後復興されたものが、現在の東寺伽藍を形成していることは先にも触れたとおりである。そして、この長い変遷の歴史を通して守られてきた寺宝類は、まだ完全に整理しきれていないとさえ聞くが、それらは宝物館にしまわれ、この宝物館では、春秋の年に二回、10,000点余の寺宝の一部を展示公開している。

　空海が唐より帰国するとき、唐で空海を教えた恵果というお坊さんは、当時の唐で著名な画家だった李真らに、曼荼羅のほか、「真言五祖」（国宝）の肖像画を描かせ、空海にあたえた。真言五祖というのは、真言密教を切り拓いた五人の先駆者（金剛智・不空・善無畏・一行・恵果）で、この「真言五祖像」に、空海が帰国後、みずから筆をとったといわれる龍猛・龍智の二祖を加え、「真言七祖像」が国宝となって伝わっている。

　そのほか、当時修法のときに使われていた金銅五鈷鈴、五鈷杵や、空海の袈裟を入れていた蒔絵袈裟箱（国宝）、法具類を入れた漆皮箱（国宝）等々、唐、平安初期の秀れた工芸品も数多い。

　唐といえば、もと羅城門の楼上にあったという中国伝来の兜跋毘沙門天（木造）（国宝）もいま、宝物館に収蔵公開されている。羅城門は、京の正面入口、平安京の中心を走る大通り朱雀大路の南端に建っていた。

　食堂（非公開）にあった千手観音像は、昭和はじめ火災にあったあと大修理され宝物館に収蔵されている。6mに及ぶ木造の大きな仏像である。

　そのほか、平安末期作「五大明王」（国宝）の画幅は、現在京都国立博物館に所蔵されている「十二天」（国宝）画幅と対になるもので、平安初期の貴重な絵画遺品である。

風信帖

　空海の達筆はたいへん有名であるが、その書簡は「風信帖」（国宝）と呼ばれて、巻物にされて遺っている。そこにある三通の書簡は、比叡山の最澄（伝教大師）に宛てたもので、自由な筆の運びの伸びやかな書体である。

　もっとも空海の達筆の盛名は、いくつもの書体を自由にこなしたところからもきているものと思われる。そうした硬軟あわせた空海の書蹟も他の文書に残されていて興味深い。

「弘法さん」のにぎわい

弘法さん

　東寺は、「弘法さん」と親しまれて庶民に浸透した信仰の発祥の場として、いまも人びとに愛されている。

　信心深い人びとの足は、講堂や金堂より大師堂（御影堂）（国宝）の方へ向かうのが常である。大師堂は、もとは空海の住房であったという檜皮葺[81]建物で、鎌倉時代の仏師康勝がつくった弘法大師坐像（国宝）が祀られている。

　元々「縁日」とは神仏がこの世と「縁」を持つ日とされており、この日に参詣すると大きな功徳があるとされる。東寺で縁日というと、祖師空海入寂の3月21日を期して毎月21日に御影堂で行われる御影供のことをいう。当初は年に1回行われるものが、延応元年（1239）以降は毎月行われるようになった。

　今では「弘法さん」いう名前は、21日の御影供とそこへ集まる参詣者を迎える露店市のことを指す。当日は境内一面そして周りの道に露店が並び、多数の人々が訪れる。

東寺鳴海餅　7A5　水無月を一年中　平安時代の宮中の儀式・氷室の節句にちなんだ和菓子が、小麦粉を蒸して作った台に小豆を散らした水無月。京都では「夏の流行病にかからないように」と6月30日に食べる習慣があるが、東寺道の東寺鳴海餅なら一年中手に入り、店内でも味わえる。

京都鉄道博物館 7A5 *115*

　七条通を西へ、JRの高架に沿っていくと京都鉄道博物館が見えてくる。新幹線や在来線車両のほか、蒸気機関車など53両を展示する新たな鉄道の博物館だ。なかでも扇形車庫にずらりと並ぶSL20両は見物で、実際にSLが牽引する客車に乗車できる「SLスチーム号」には、歴史とともに新鮮な驚きを感じるだろう。このほか、500系新幹線や2015年引退したトワイライトエクスプレス車両など、鉄道好きにはたまらない展示が多い。3階建ての本館では鉄道の歴史や仕組みを学べるほか、スカイテラスからは京都の町並みとともに走行する列車を眺めることができる。

　同館は梅小路蒸気機関車館を前身としている。

エントランス

本館一階展示

SLスチーム号

桃山文化を代表する建造物や庭園

西本願寺（にしほんがんじ）　7A4 *119*　　世界文化遺産

　浄土真宗は、13世紀親鸞によって拓かれて、日本の民衆のふところ深く住みついた信仰となった。西本願寺は、その本拠地である。最初は親鸞聖人の木像を祀った小堂だったのが、だんだん勢力を得るようになり、他の宗派と争う力を獲得し、ついには、織田信長と一戦を交える（石山合戦という）ほどになった。そのたびに転変をくりかえし、この堀川通に寺郭を構えるようになったのは、天正19年(1591)、豊臣秀吉の寄進を得てからである。

　江戸時代のはじめ、後継者をめぐる内紛から分裂して、東西両本願寺ができた。その後、近世・近代を通じて真宗信仰は民衆の心のひだに浸透していったが、その背後にはやはり激しい歴史があったのだ。

　西本願寺のなかで、まず重要なのは、親鸞聖人を荼毘に付した灰を漆にまぜて塗ったという親鸞坐像をまつる御影堂（国宝）である。建物は江戸初期に再建されたものだが、雄壮で豊かな建物である。

　御影堂をまんなかに、北側に阿弥陀堂（本堂）（国宝）。これも江戸中期再建の堂々とした建物。御影堂の南に虎の間、太鼓の間、浪の間など、桃山時代の様式を残す建物がつづき、書院へと連なる。それらは典型的な桃山建築の豪壮さをみせており、書院造[46]としても、現存する建物のなかでは最大の規模をもつ。これらは、かつては伏見城の遺構を移したものといわれていた。令和4年(2022)に内陣の修復工事が完了し、宮殿や格天井などが往時の輝きを取り戻した。

　黒書院及び伝廊（国宝）は非公開だが、対面所（国宝）は、203畳敷の大広間で、ここで門主が門徒と会う。この対面所の内部を二分するところに雲中飛鴻の欄間[103]が透彫[56]で飾られ、壁には中国の故事を描いた貼付絵や、松と紅梅の豪華な襖絵などが部屋を飾っている。

　白書院（国宝）は対面所の後方にある。内部は三つに仕切られ、それぞれの欄間は対面所同様透彫の豪華なもので、障壁画[50]が部屋を飾っている。白書院につづく、装束の間、菊の間、雁の間等々、それぞれの部屋に狩野派の金地濃彩の障壁画が飾られている。筆者は、狩野探幽や海北友松、あるいは渡辺了慶など、いろいろ伝えられているが、いずれにしろ、当時京で技を誇っていた狩野派の画人の手になったことは間違いのないところだ。**（書院拝観は通常非公開）**

　対面所の東側には、大書院枯山水庭園[10]「虎渓の庭」（特別名勝・非公開）がある。これは、石と蘇鉄の木の組合せの複雑な庭だ。これも桃山期の人びとの庭感覚をよく伝えている。

　白書院の北にある能舞台は、北

京野菜レストラン 梅小路公園　7A5　四季の彩りに包まれた庭園レストラン　遷都1200年を記念して造られた梅小路公園内「緑の館」1Fにあって、ガラス張りの窓から朱雀庭園を眺めながらの食事が楽しめる。新鮮な京野菜を使ったメニューがおすすめ。

西本願寺唐門

京都タワー 7B5 *115*

昭和39年（1964）に旧中央郵便局の跡地に建てられ、現在では東寺の五重塔と並ぶランドマークとして観光客に親しまれている。独特の塔の形は灯台をかたどったもので、高さ131m。地上100mの展望室は四季折々の京の町のパノラマが楽しめるビューポイントとしても人気がある。

京都水族館 7A5 *115*

内陸型の水族館としては国内最大級規模で、館内はオオサンショウウオなどを展示する「京の川ゾーン」や「イルカスタジアム」、小さな生き物が暮らす棚田を再現した「京の里山ゾーン」、2020年にできた「クラゲワンダー」など10エリアに分かれている。全ゾーンを巡るには2時間程度が必要。

能舞台（国宝）（非公開）と呼ばれ、日本の能舞台としては最古のスタイルを伝えている。天正9年（1581）建立と墨で書かれている。

飛雲閣（国宝）（非公開）は、また桃山時代の支配者たちの美意識を如実に伝える遺構である。三層からなり、初層が入母屋造、中層が寄棟、上層が宝形造[84]というこみ入った形が豪華に調和している。かつて豊臣秀吉の邸宅だった聚楽第からここへ移したものだという。豊臣の勢力が失墜したとき、大邸宅聚楽第は影もなく取り壊され、一部が、飛雲閣や大徳寺の唐門などに移築されたのだった。

壬生から西本願寺北集会所に屯所本拠を置いた新選組が寝泊りしたという太鼓楼が当時のままの姿をとどめている。

国際文化観光都市京都の玄関口

京都駅ビル 7B5

平成9年（1997）開業の4代目新駅は、建築家原広司氏の設計で、高さ59.8m、東西の長さ470m、延べ面積238,000㎡と、駅ビル施設としては全国最大級の複合施設。駅施設、ホテル、百貨店、文化施設、専門店街、駐車場などが一同に集まり、交通拠点としてだけでなく、人々が集い楽しめる巨大空間。JR西日本、JR東海新幹線、近鉄京都線、市営地下鉄烏丸線の駅としての乗降、買物等の利用客は1日平均67万人といわれている。近未来を思わせるガラス張りの表面と、内部の高い吹き抜け。大階段を登って大空広場や空中径路から眺める景色は一見の価値あり。他にも南北自由通路や南遊歩道、南広場、東広場、室町小路広場、烏丸小路広場があって、駅ビル全体で憩いのひとときを楽しめる。171段の大階段ではイベントも開催され、今では修学旅行生や観光客の写真スポットとなっている。京都ポルタ、コトチカ京都はともに、「ファッション、京みやげ・京名菓、レストラン・飲食」と、取り揃えた専門店街。駅ビル10Fの京都拉麺小路は、多くの全国名店ラーメンと、喫茶の店があり、行列ができるの人気ぶり（11時〜22時）。その他、ジェイアール京都伊勢丹、美術館「えき」KYOTO、ホテルグランヴィア京都などがある。平成28年（2016）北口広場には、平安京の玄関口羅城門の復元模型（10分の1）が設置された。

大階段

京都駅ビル

世界最大級の木造建築
東本願寺　7B4　120

本願寺が後継者問題のもつれから二つに分裂したのは、慶長7年（1602）。徳川家康は、旧来の本願寺の東側に寺地を与え、秀吉によって隠退を強いられていた教如上人を門主とする大谷派本願寺が誕生した。本願寺が京に確立してわずか10年目のことである。

こうして、全国の本願寺系の末寺・門徒は二分され、それ以来、西は「本願寺派」、東は「大谷派」と俗称されている。

現在の建物は明治28年（1895）再建されたものだが、東本願寺は、火事などによってなんども焼け、創建時の遺構は残っていない。

親鸞（1173～1262）

鎌倉初期の僧で浄土真宗の開祖。京都生まれで日野氏一族・有範の子という（異説もある）。9歳で慈円のもとで出家し、比叡山で学ぶ。のち法然の門弟となり、専修念仏に入る。法然の流罪（承元の法難）に連座、越後に流され（越後において恵信尼と結婚、子をもうける）、のち常陸に移住し、20年間布教。晩年京都に帰り、「教行信証」（国宝）など多くを著述。浄土真宗寺院では、御影堂に「親鸞像」を祀り、命日には親鸞を偲んで「報恩講」が営まれる。

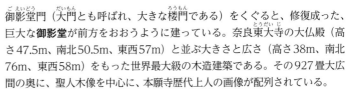

御影堂門（大門とも呼ばれ、大きな楼門である）をくぐると、修復成った、巨大な**御影堂**が前方をおおうように建っている。奈良東大寺の大仏殿（高さ47.5m、南北50.5m、東西57m）と並ぶ大きさと広さ（高さ38m、南北76m、東西58m）をもった世界最大級の木造建築である。その927畳大広間の奥に、聖人木像を中心に、本願寺歴代上人の画像が配列されている。

御影堂が明治28年に落成するまで15年間を要したが、工事を推進させるため、女性の信徒たちは自分の髪を切り、材木を引く大綱を毛髪でつくらせたという。「毛綱」といわれ、その一部が、展示されている。本堂には阿弥陀仏が祀られていて、**阿弥陀堂**ともいわれる。大師堂と廊下で繋がっており、「毛綱」や、これらの堂を建てたときの道具が、その廊下に展示されている。

本堂東南にある鐘楼の中の鐘は、慶長9年（1604）の銘をもち、創建時の鐘であることが分かる。

「報恩講」最終日には体を揺り動かしながら念仏を唱和する坂東曲は、あまりに有名である。

東本願寺から烏丸通を渡って東へ5分の飛地境内地、かつて東本願寺13世宣如上人の隠退所だった別邸・**渉成園**（P117）がある。一般に「枳殻邸」の名で親しまれているが、昔は生垣に枳殻がいっぱいに植えこまれていたのだという。広々とした、貴族的な趣味の書院式回遊庭園である。上人の願いによって石川丈山が作庭したという。建物は新しく変ったが、池や石組は昔の姿を残しており、印月池から侵雪橋、縮遠亭を望む景観をはじめ、庭園内に咲く桜、楓、藤などが四季折々の景趣を富ませている。

渉成園

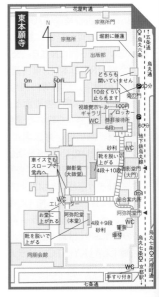

松屋製菓　7B4　ボリュームたっぷり巨大おはぎ　東本願寺の御用達で、お寺のすぐ南にある。名物は巨大なおはぎで、10cm程の手のひらからはみ出るサイズ。大きさばかりに目がいくが、とろとろの粒餡は、アンコ好きに是非おすすめしたい味わいだ。

壬生塚の近藤勇胸像

近藤 勇〔1834～1868〕
　幕末期の武蔵国多摩の農家に生まれる。天然理心流試衛館に入門、のち同流宗家となる。14代将軍・徳川家茂の上洛警護をする「浪士隊」に加わり入京、壬生の八木源之丞宅に止宿。京都守護職配下の新選組局長として、尊皇攘夷派の志士の取締りにあたる。三条木屋町西入ル北側の「池田屋騒動」では、襲撃の先頭に立つ。「鳥羽・伏見の戦い」で敗れた後は、江戸へ帰り、政府軍と戦ったが、下総流山で降伏、斬首され京都・三条河原で晒された。

壬生狂言と新選組
壬生寺　7A4　120

　4月21日から1週間にわたって行われる壬生狂言で有名な寺院。鎌倉末に当寺を中興した円覚上人が、融通念仏を広めるため境内で猿楽を催したことに始まるといわれ、本尊[90]の地蔵菩薩[87]に因む演目も少なくない。演じられる所は大念佛堂の2階部分。壬生寺境内東方にある池の中の島は、壬生塚と呼ばれ、幕末の新選組隊士の墓などがある。局長近藤勇・副局長土方歳三の胸像と遺髪塔、新選組屯所で暗殺された芹沢鴨と平山五郎の墓、勘定方・河合耆三郎の墓の他、隊士7名の合祀墓がある。その合祀墓には池田屋事件で亡くなった奥沢栄助、安藤早太郎、新田革左衛門らも葬られている。かつて壬生寺境内は新選組の兵法調練場に使われ、武芸や大砲の訓練が行われたという。平成16年（2004）より、「歴史資料室」がオープン。新選組関連の文書や壬生狂言で使われる仮面、平安時代後期の作とされる薬師如来[96]像、孝明天皇から贈られた本尊厨子戸帳などが見られる。東門前の坊城通には、新選組屯所跡の八木家邸、旧前川邸が今もそのままに残り、公開されている。

【新選組壬生屯所旧跡（八木家邸）】(P117) 浪士隊として江戸からきた芹沢鴨らが住まいとした八木家の離れ座敷。現在は15代当主が「京都鶴屋鶴寿庵」という和菓子店を営み、隣の屋敷を一般公開している。

【新選組壬生屯所（旧前川邸）】ここに近藤勇、土方歳三、沖田総司ら試衛館一派が宿泊した。土・休日など、母屋玄関までは公開している場合もある。通りに面した長屋門など当時の面影を残している。

「本能寺の変」で伐たれた織田信長を祀る
本能寺　21　120

　御池通からアーケードで覆われた寺町通に入るとすぐに左手に大きな本能寺の門が見えてくる。織田信長が家臣明智光秀の謀反により命を落とした「本能寺の変」はあまりにも有名で誰もが思い浮かべることだろう。しかし当時の場所はここではなかった。

　歴史は古く、室町時代創建の法華宗寺院本応寺がその前身という。京都における法華宗の隆盛と衰退にともない寺地を変遷することとなり、天文5年（1536）比叡山との抗争（天文法華の乱）の際は堺に逃れた。

　天文16～17年（1547～1548）頃、ようやく京に戻り、日承上人の入寺により西洞院蛸薬師付近に広大な寺地を得た。その後、日承上人に帰依した織田信長により京都宿所の一つとして、堀や石垣を備えた城塞のように改築される。これが「本能寺の変」の舞台となった。戦火で堂宇は消失し、現在その場所には堀川高等学校本能学舎が建つ。西側と北東角に石碑が建っている。

　本能寺はその後豊臣秀吉による京の区画整理に伴い、現在の地に移された。境内には織田信長を祀る廟所や供養塔、ゆかりの宝物を展示する大賓殿宝物館、昭和3年（1928）再建の本堂などがある。

織田信長〔1534～1582〕
　戦国期の武将、大名。今川義元を桶狭間で破り、尾張、美濃で勢力を拡大した。足利義昭を奉じて入京し義昭を室町幕府最後の第15将軍職にするが、後に追放する。以後は天下布武を推し進め、浅井氏、朝倉氏、武田氏など有力な大名を次々と滅ぼし、近畿をほぼ統一した。中国地方へ出陣のため上洛した際、宿泊先の本能寺を家臣の明智光秀に襲撃され自刃する。

　比叡山や上京の町を焼き討ちするなどタブーを恐れない残虐な面もあるが、文化・武芸に造詣が深く、家臣を能力主義で取立て、「楽市楽座」、「検地」などの政策を採用するなど先進性もあり、その人物像には様々な解釈がなされる。

京都鶴屋鶴寿庵　7A3　人気沸騰の屯所餅　新選組の壬生屯所遺跡八木家に隣接する京都鶴屋鶴寿庵は八木家の子孫が営む和菓子屋。京野菜の壬生菜を刻み入れた餅で丹波の大納言の粒餡をくるんだ屯所餅が名物だ。ほかにも新選組にちなんだ和菓子がそろう。八木家見学は屯所餅と抹茶付き。

歩いて楽しい 烏丸～河原町周辺 繁華街エリア

京都で繁華街といえば、河原町通・烏丸通・御池通・四条通に囲まれたおよそ1km四方のエリアとその周辺が、まず思い浮かぶ。

　三条通りは、京の七口と呼ばれた都の出入り口の1つ・粟田口に繋がる交通の要所だった。鴨川に架かる三条大橋は東海道五十三次の終点でもあり、西のたもとには弥次さ

京都伝統工芸館
京都が誇る伝統工芸にふれられる。巨匠や新進気鋭の若手の作品が展示されている。職人の実演も見学可能。

六角堂（頂法寺）121
平安時代以前の創建ともされる古刹。京都の中心とも言われるへそ石や巨大な提灯が目を引く。生け花発祥の地でもある。

ん喜多さんの像もある。豊臣秀吉の時代にもこの橋はあったとされ、これまで何度となく架け替えられてきたが、欄干の擬宝珠の中には秀吉の頃以来の逸品もあるという。

　周囲は古くから交通・経済の要所であったらしく、幕末・明治の頃には各藩の藩邸が集まり、相当な賑わいであったという。いきおい、桂小五郎・坂本龍馬をはじめとする当時の重要人物にまつわる石碑や旧跡が多数伝わっている。有名な池田屋騒動もこの通り沿いで起きた。

　太平洋戦争で空襲の被害が少なかった京都には、戦争以前の建物が相当数残っている。昔ながらの知恵を生かした町家も、江戸時代から現役ということすらある。当然、明治・大正・昭和のモダンな建築物も非常に多い。どの建物も現代とは異なる当時の最先端のセンスを随所に散りばめていて、散策の目を楽しませてくれる。建築当時からの業務を継続しているもの、別の商業施設に転用されているものなど、幾つかのパ

京都国際マンガミュージアム／マンガの博物館(P22)

至二条城前駅

至丸太町駅

御池通

烏丸御池駅　地下鉄東西線

NHK

京都伝統工芸館

新風館

京都文化博物館／モダン建築(P22)

文椿ビル／モダン建築

室町通

烏丸通

姉小路通

堺町通

日本生命京都三条ビル／モダン建築

SACRAビル／モダン建築

柳馬場通

富小路通

モダンな建物が多い

三条通

中京郵便局／モダン建築

六角堂

六角通

家邊徳時計店／モダン建築

イノダコーヒー／カフェ

レトロでちょっと高級な雰囲気が楽しめるカフェ

COFFEE
INODA COFFEE STORE

地下鉄烏丸線

洞院店／パスタ

町家でパスタやスイーツを楽しめる

蛸薬師通

セカンドハウス東洞院店／パスタ

こんなもんじゃ／豆乳スイーツ

牛乳ではなく豆乳で作られたドーナツやソフトクリーム

冨美家本店／うどん

なま麸でこし餡をんだ麸まんじゅう

麸嘉／麸・麸饅頭

京都芸術センター／モダン建築

東洞院通

錦小路通

大丸

高倉通

冨美家錦店

打田／京漬物

カリカリ博士／たこ焼き

黒豆ランチ・スイーツ

外はカリカリ中はトロトロ

四条駅

烏丸駅

四条通

阪急京都本線線

至大宮駅

京都経済センター SUINA 室町

店内は色とりどりの京都の漬物がいっぱい

元明倫小学校を改装した、ギャラリー・制作室・図書館・情報コーナー・カフェなどを備えた文化芸術活動のための施設。

20

ターンはあり、外観だけでなく内観を楽しめることもある。

　長く商業や政治の重要地点であったということは、その時々の最先端・最上質の商いが集まっていたともいえる。それらは時代を経て老舗となって今に伝わる。周囲には珈琲・茶・菓子などの嗜好品、扇子・針などの工芸品、

探し出すとキリが無いほどの分野の名店がある。ちょっと見ただけでは古めかしいかもしれない店舗には、当時の最先端を突っ走った心意気が潜んでいる。

　このエリアの観光として外せないのが、京の台所・錦市場。「ここならでは」の品に溢れて

至三条京阪駅

京都市役所　●
京都市役所前駅

掘金箔粉／体験

鳩居堂／文具　●　本能寺

河原町通

麸屋町通　御幸町通

スマート珈琲店／カフェ

矢田寺　●

三嶋亭　●

モダン建築／1928ビル
レトロな外観だけど、カフェ・ギャラリー・劇場などがあり最新の文化芸術を発信している

「本能寺の変」当時は、西洞院蛸薬師付近にあった

誓願寺　●

誠心院　●

永福寺　●

新選組が尊王攘夷派志士を襲撃した池田屋の跡

池田屋騒動之跡碑

三条大橋　●
弥次さん喜多さん像　●

木屋町通　龍馬ギャラリー
坂本龍馬が身を寄せていたという材木商「酢屋」

お土産街といえば新京極・寺町通

錦市場
京の台所

蓬莱堂／茶

寺町通

京土産／京極二番街

藤井大丸

綾小路通

仏光寺通

京都市学校歴史博物館／モダン建築
元小学校の建物を活用した「学校」をテーマにした博物館

高辻通

京のお土産がいっぱい。八ッ橋の手焼き体験もある

新京極通

錦天満宮

ロンドンヤスイーツ

京都河原町駅

ペットボトルや水筒に「錦の名水」を汲んでみよう

一口サイズの白餡入りカステラ

坂本龍馬・中岡慎太郎遭難之地跡碑

河原町OPA

高島屋

至祇園四条駅

二人が非業の最期を遂げた近江屋跡に立つ石碑と案内

いる魅力的な市場で、390ｍと比較的短いアーケードには120～130軒程の店舗が並ぶ。活気あふれる店先には、見慣れた食材から聞いたこともない何かまでが並べられ、観光客の目と鼻、そして好奇心をそそってやまない。食材だけかと思えば、玉子焼などのお惣菜もあちこちで見かけ、一流料亭顔負けな味を無造作に売り出している。近年、京都ならではの食材をイートイン・食べ歩きできる店舗も増えてきているが、食料品店だけでなく日用雑貨を扱う店舗も多い。休日や夕方には非常に混み合う。

　宗教都市・京都らしく、このエリアにも多くの社寺がある。誰もが知っている有名社寺はもちろんだが、全く聞いたことが無いお寺でも通りがかりに気軽にお参りしてみよう。実はビックリする様な謂れがある名刹だったり、一目見るべき名物があるなどという具合で、まさに散策の醍醐味だ。ただし、拝観不可の社寺もあるので注意。

　平安時代以来の神社仏閣とここ数年でオープンしたファッションビルが軒を並べ、一大繁華街のすぐ側には時代を経た住居が佇んでいる。このエリアを歩いていると数百年前は、「たった」数百年前にしか過ぎないことが実感されてやまない。

京都府京都文化博物館別館

京都1200年余の歴史と文化を知る

京都府京都文化博物館　7B3・20　*115*

　平安建都1200年の記念事業として開館した京都の歴史・産業・文化の博物館で、館内は歴史展示室、美術工芸展示室、映像ホールなどのある本館と、民俗資料や考古資料中心の別館に分かれ、赤レンガの別館（旧日本銀行京都支店）は重文に指定されている。常設の歴史展示では平安京遷都から現代まで京都1200年余の歴史と文化を都市の変遷 を中心に、時代別展示と集中展示（宗家の地、能と狂言、描かれた京都、匠の世界、京のまつり）に分け、模型・映像・パネルなどで分かりやすく展示。映像展示がよく充実しており、現代作家の美術・工芸作品を中心に展示するコーナーなど、さまざまな角度から京都文化に触れることができる。一階には、江戸時代末期の京町家の外観を復元した「ろうじ店舗」には飲食店や京都の伝統工芸品や土産物を販売する店がある。

日本初のマンガ博物館＆図書館

京都国際マンガミュージアム　7B3・20　*115*

　京都市と京都精華大学の運営で、マンガの収集・保管・展示およびマンガ文化に関する調査研究及び事業を行うことを目的として設立。博物館的機能と図書館的機能を併せ持った文化施設。保存されるマンガ資料は、明治の雑誌や戦後の貸本などの貴重な歴史資料や現在の人気作品、海外のものまで、約30万点。また、アニメーションに関する資料やキャラクターグッズなども収集しており、これらの資料をもとに進められる調査研究の成果は、展示という形で発表＝公開。約5万冊が配架されている。マンガに関するワークショップやセミナーなども開催。建物は、元 龍池小学校の昭和4年（1929）建造の校舎を活用し、当時の佇まいを残したもの。

高瀬川一之船入　7B2

　高瀬川は角 倉 了 以が開削した運河で、中京区樋之口町から鴨川の水を分岐し、鴨川に平行して十条まで南下、伏見の京橋で宇治川に合流する。慶長19年（1614）頃完成。底が平たく舷側の高い高瀬舟を使ったことから高瀬川と呼ばれ、江戸時代の約250年、京都と大坂の貨物輸送に大きな役割りを果たしてきた。

　船入とは当時の貨物の積卸しをする船 溜 所で、もとは東北約85m、南北10m程の掘割であった。数ヶ所あったが、今は東西20m、南北6m程のここだけが残されている。

　江戸時代の交通運輸の貴重な遺跡として史跡に指定されて、復元された高瀬舟がある。高瀬川は木屋町通の西を流れるが、木屋町の名はここに材木問屋が多かったことに由来するという。

近代科学技術の宝庫

島津製作所 創業記念資料館　7B2　*117*

　昭和50年（1975）、創業100年を契機に、創業者初代島津源蔵を偲び、開設。ここ木屋町二条は、島津製作所の創業の地であるとともに、京都府が明治の初め欧米の最新技術を導入した実験所や工場など、多くの諸施設を設立した近代科学発祥の地でもある。初代が居住し、店舗としていたままの姿を残しており、創業以来の品々など約1,100点を展示、我が国の近代科学技術の発達過程を見ることができる。展示には、個人経営時代の初代・二代目に係わる文書類、創業から明治、大正時代までの理化学器械（一部輸入品を含む）、特別展示品として、国産では最も古いものだといわれる顕微鏡（天明元年（1781））がある。その他、昭和初期の理化学器械、標本ならびに産業用の分析・計測機器、明治から昭和に至る賞状、カタログ、記念写真集、島津製作所発行の科学雑誌などの文書、文献類などを陳列。

イノダコーヒ本店　20　京コーヒーの老舗　創業昭和15年のイノダコーヒ本店のコーヒーは今やすっかり京都ブランドに。ネルドリップ式で淹れる昔ながらのコーヒーは、モカマタリをベースにしたオリジナルブレンド「アラビアの真珠」など5種。創業当時を復元したモダンな店内でどうぞ。

相国寺法堂

足利義満・禅的賛仰の発現の大寺

相国寺 7B1 *117*

　相国寺の開山始祖は夢窓国師ということになっているが、夢窓国師自身は、相国寺建立の30年前に示寂していた。足利義満の祈願によって建立がすすめられることになったとき、義満の禅の道における師である春屋妙葩が、建立の実務の一切を司どったのだったが、春屋は始祖たることを辞退し、春屋の先師夢窓国師を始祖とすることになった。

　このような事情は相国寺が、将軍義満をはじめ当時の禅僧たちの、いかに強い願いを込めて建立されたかを物語る。すでに京都五山も出来上っていた中へ、こうして新たに一禅刹を加え、しかもそれも、いままでにない大きな力のある禅寺を建立しようというのである。

　10年の歳月をかけて落成したとき、相国寺は、五山の一たる南禅寺を天皇の建立であるから五山の上位におくという処置を経て、五山の第二位に列ねられた。こうして、京都五山の一、臨済宗相国寺派の大本山としての相国寺の歴史ははじまる。

　以来、雪舟や一休をはじめ、多くの学僧や名僧が、この相国寺から育っていった。

　約13,223㎡（約4万坪）の境内に人影はまばらである。しかし、室町時代の文化の精粋を、この相国寺がつくりだし、近世から近代へとわたって、それをこの伽藍のすみずみに保存してきたことは確かである。現在、春秋の特別公開で拝観できるのは、法堂、方丈[85]、平成14年（2002）復元修復された宣明と呼ばれる浴室である。

　応仁の乱や天明の大火を経験した京都の寺社の例にもれず、相国寺もしばしば災禍をこうむっている。それでも、この広い境内を歩めば、剛直な禅刹の雄姿にしばしば眼を奪われることだろう。

　法堂は、豊臣秀頼の寄進により慶長10年（1605）の再建。再建というより五建というのが正しい。入母屋造、重層の構造をがっしりした基壇[12]の上に築くこの建物は、四度の火災をこうむってきた。現在では、日本最古の法堂として、桃山時代にできた禅宗様建築としての歴史を誇っている。天井には、狩野光信作と伝えられる「蟠龍図」（鳴き龍）が描かれている。

　4月8日、お釈迦様の誕生日には、この法堂で「誕生会」が催される。法堂には、運慶の作という本尊[90]釈迦如来[74]と、脇侍[13]の迦葉尊者と阿難尊者の木像が安置されているが、その前に花御堂がつくられ、天上天下を指さした小さな誕生仏が拝まれる花まつりである。

　方丈は開山堂とともに文久3年（1863）に復建されたものだが、3月春分の日には「開山忌」、6月17日には「観音懺法」の法要が営まれる。「観音懺法」の法要のときには、祭壇に、兆殿司筆「白衣観音」、伊藤若冲筆の普賢・文殊両画像が架けられる。

　開山堂には、始祖夢窓国師の木像をはじめ、無学祖元、高峰顕日といった高僧[22]の木像が安置されている。このほか相国寺には、高僧の墨蹟、頂相[67]、牧渓・周文・長谷川等伯・円山応挙らの水墨画[55]、襖絵など名品が数多いが、特別公開されるときを待ってしか拝観することはできない。

承天閣美術館 7B1 *117*

　承天閣美術館は相国寺創立600年記念に建てられ、本山相国寺及び山外塔頭[62]の鹿苑寺（金閣寺）・慈照寺（銀閣寺）をはじめ、相国寺派に伝わる美術品を展示公開している。

　収蔵品は鎌倉・室町から江戸期にわたる墨蹟・絵画や工芸品が主で、国宝や重要文化財を含む数百点。また茶碗や茶杓等桃山時代の茶道具も多く収蔵。これら美術品を順次入替しながら常時展示公開している。また、展示室には伊藤若冲の芭蕉図と葡萄図（障壁画[50]）があり、水墨の世界が満喫できる。

新島旧邸 7B2 *119*

　同志社を創立した新島襄の私邸であり、妻・新島八重との新婚生活の場でもある。当時ではまだ珍しかったベッドやイス、洋風のキッチン・家具など、西洋風な生活習慣を取り入れた夫妻の暮らしの様子が偲ばれる。

　ベランダ付の外観は、いわゆるコロニアルスタイルの洋風だが、造りの基本は和風寄棟住宅といった和洋折衷になっている。

　もともとこの場所は、同志社英学校が開校した際に仮校舎として借家した高松保実邸の跡でもある。

出町ふたば　7B1　行列のできる豆餅　出町商店街の東入り口にあるのが明治28年創業の出町ふたば。毎日行列ができるほどの人気を誇るのが名物の豆餅。こし餡を包んだ餅に入った赤エンドウ豆の塩味が甘さと風味を引き立てる。売り切れご免なので早めに行こう。ほかにヨモギや桜餅も。

御所・離宮

京都御所清涼殿

京都御所清涼殿

憩いの場・内裏を見る
京都御苑・京都御所　7B1

　南北1300m、東西700mに及び約65万㎡の広さがある京都御苑は、京都の市街地のほぼ中央にあたる。丸太町通・今出川通、寺町通・烏丸通に囲まれた御苑の中北部には明治の東京遷都まで皇居として使用されていた禁裏御所、南東部に大宮御所、京都仙洞御所（公開）があり、かつては御所の周囲に公家や皇族の邸宅が集まって公家町を形作っていた。遷都に伴い公家屋敷が移転した後は、御所を除く御苑全域は公園として整備され、苑内五万本の樹木を愛でる、観光客や京都市民の憩いの場として親しまれている。京都迎賓館も平成28年（2016）より通年公開が開始された。

類をみないスケールと完成度
修学院離宮　8D4

　曼殊院の北に、悲劇の天皇・後水尾上皇（徳川幕府にさからい、不本意ながら出家して院政をとった）が造った修学院離宮がある。54万㎡もある広大な敷地に、比叡山や音羽山を借景[42]にした大山荘である。上皇自ら、この離宮の庭を設計したという。

御茶屋と呼ばれる上・中・下三つの大庭園は、それぞれの趣向を見事に展開する、江戸時代屈指の庭といえよう。約3kmの苑路だ。

離宮建築最高の技法と、日本庭園美の集大成
桂離宮　6B3

　智仁親王（初代八条宮）が、元和元年（1615）造営に着手。約30年後の智忠親王（2代）の代にほぼ完成した敷地面積約69,400㎡の別荘という。庭園美と建築美の結合による見事な調和は、建築家ブルーノ・タウトによって賛美され、有名になった。竹藪に囲まれた広大な敷地の真中に、桂川から引いた水でつくった池が複雑に入り組み、大小5つの島が点在している。それぞれに橋が渡され、舟でも往来できるようだ。その池のまわりにはいくつかの茶席が建っている。その茶席をつなぐ道を園路というが、園路は、敷石や畳石、砂利石、飛石など、さまざまな

■京都御苑付近スポット

蘆山寺　7B1　121
🌸桔梗：6月上旬
　紫式部は、「平安京東郊の中河の地」、現在の蘆山寺の境内地に住んでいたという。「源氏庭」は白砂と苔の庭で平安初の庭園の「感」を表現したもの。源氏物語に出てくる朝顔の花は現在の桔梗のことであり、紫式部に因み、紫の桔梗が6月から8月末まで静かに花開く。節分会の代表行事の一つである「追儺式鬼法楽」は有名で、当日は多くの参拝客で賑わう。

ギルドハウス京菓子　7A1　115
　昭和53年（1978）、京菓子文化の総合的な資料館としてオープン。和菓子のあゆみを分かりやすく理解できるように、唐菓子の模型や古くから伝わる資料の公開をはじめ、国内でも希少な糖芸菓子の常設展示を行っている。

京都市歴史資料館　7B2　115
　京都の歴史を古文書、絵画などの展示品を通して理解してもらえるように、テーマ展を年間4回程度開催。映像展示室では、京都の歴史・祭礼・風物や様々な事象の移り変わりを映像化した42本のビデオを、6台のモニターで視聴できる。

本田味噌本店　7A1　ユニークな白味噌の商品　京都では正月の雑煮に白味噌を使う。御所近く、江戸時代に禁裏御用達をつとめ、今では西京白味噌の店として有名なのが天保元年（1830）創業の本田味噌本店。焼き麩で包んだ即席の一わんみそ汁はお土産にぜひ。

書院

素材を使って、視覚的にも歩いて行く楽しさを味あわせてくれる。園路に沿って、入江や島や築山(つきやま)などが、次々にたち現れてくる。

幾何学的なデザインがふんだんに取り入れられて、斬新な庭園美をみせる。古書院(こしょいん)、中書院(ちゅう)、新御殿(しんごてん)らの建物も、書院を中心に計算された設計で、江戸初期の合理精神が伺(うかが)える。

茶室は、松琴亭(しょうきんてい)、笑意軒(しょういけん)、賞花亭(しょうかてい)など、それぞれに深い味わいがある。

京都御所・離宮等参観申込要領概要

参観を希望される方は、次の要領でお申し込みください。問合せ先は、宮内庁京都事務所参観係（Tel.075-211-1215）またはHPをご確認ください。

■京都御所
事前申込不要の通年公開
- 【休　日】　月曜（祝日の場合は翌日）、年末年始、行事日他
- 【公開時間】　9時〜17時（入場は16時20分まで、季節により異なる）
- 【入場場所】　清所門（京都御所西側、北から2つ目の門）
- 【その他】　・事前申し込み不用
  - ・入場時に手荷物検査を行う
  - ・希望者には無料のガイドツアーがある（時間指定）
  - ・その他、宮内庁HPを参照

■京都仙洞御所・桂離宮・修学院離宮
土日祝を含めた通年の参観が可能となり、従来の事前申込みの他、当日申込み受付も行われるようになりました。なお、京都御所と異なり申込み制です。（休日は後記）

■事前申込方法について
参観できる方
桂離宮・京都迎賓館は中学生以上、その他は18歳以上

申込方法及び申込書の書式
申込方法
次のいずれかの方法でお申込みください。ただし代理人による申し込みは受付できません。なお、受付日（郵送の場合は消印）順に処理し、定員になり次第締め切りとなります。同日付けの申込が多数となった場合には抽選となります。
◆窓口の場合
身分を証明できる物を持参の上、宮内庁京都事務所にて窓口備え付けの用紙を使用してください。なお参観希望日によっては、その場で許可の発行ができない場合がありますので、官製ハガキを用意してください。
◆郵送の場合
往復はがき（官製）を使用のうえ、下欄の書式見本のとおり申込書を作成してください。
※インターネットからもお申込みです。詳しくは、宮内庁HP(http://kunaicho.go.jp)をご覧下さい。

申込書の記入要領
◆参観場所について
参観希望場所は、1ヶ所のみ記入してください。2ヶ所以上を希望の場合は、それぞれの場所ごとに申込書を作成のうえ、申し込んでください。
◆参観日時について
参観希望の月日を第三希望まで記入してください。ただし参観希望日(日時)は申込状況や行事等により希望に添えない場合もあります。
◆参観者について
参観希望者（代表者を含む）全員の住所、氏名、年令、及び性別を記入し、最後に「計〇人」とお書きください。許可発行後の人員の追加はできません。
1通の申込書で申し込める参観者の人数は4人までです。（団体の取扱はできません。）
（注）同一の参観場所に対し、同一人あるいは同一グループによる複数のお申込みはお断りする場合があります。

申込書の受付期間
◆郵送の場合
参観希望月の3ヶ月前の月の1日消印から希望日の1か月前までの消印のあるもの。
（例）参観希望日が5月10日の場合は、2月1日から4月10日（消印）まで。
◆窓口の場合
参観希望月の3ヶ月前の月の1日から希望日の前日まで。受付時間は、午前8時45分から正午、午後1時から5時までです。土曜日、日曜日、国民の祝日、年末年始は、受付を行っておりません。（なお、「離宮等」は上記受付期間内であっても満員になり次第締切ります）

当日申込方法について
- 【休　日】　月曜（祝日の場合は翌日）、年末年始、行事日他
- 【申込方法】　当日11時頃から先着順に、参観時間を指定した整理券を配布し満員となり次第受付は終了
  受付場所は各施設
- 【当日枠】
  京都仙洞御所：13時半・14時半・15時半、各回35名
  桂離宮：9時・10時・11時・12時・13時・14時・15時、各回20名
  修学院離宮：13時半・15時、各回35名
- ※参考：事前申込枠を含むコース・定員
  京都仙洞御所：9時半・11時・13時・14時半・15時半、各回50名・約60分
  桂離宮：9時・10時・11時・12時・13時・14時・15時・16時、各回60名
  修学院離宮：9時・10時・11時・13時半・15時、各回50名・約80分
- 【その他】　・参観はガイドツアー形式
  - ・整理券の受取り及び参観の際、本人確認が必要（運転免許証等を呈示）
  - ・その他、宮内庁HPを参照

■京都迎賓館
通年の一般公開が行われています。参観方式は、自由参観とガイドツアー方式の2つがあります。開催時期、方法、料金が異なり、詳細は内閣府のHP等よりご確認下さい。なお自由参観方式は、19名までは予約なしの当日参観ができ、ガイドツアー方式も先着順の当日枠が用意されています。

■参観料について
桂離宮：18歳以上1000円（中高生無料）

京都迎賓館	一般	大	中高生
自由参観方式	1500円	1000円	500円
ガイドツアー方式	2000円	1500円	700円

京都御所・京都仙洞御所・修学院離宮は無料です

■問い合わせ先
御所・参観予約：075-211-1215（宮内庁京都事務所参観係）
京都迎賓館：075-223-2302（有人案内 223-2301）

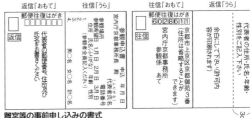

離宮等の事前申し込みの書式

返信「おもて」　　往信「うら」　　　　往信「おもて」　　返信「うら」

離宮等の事前申し込みの書式

下鴨神社を流れる御手洗川

平安時代を偲ぶ文化財を今に伝える

下鴨神社　6C2　*117*　世界文化遺産　🌸萩：9月中旬

　賀茂川と高野川が合流してつくる三角州の地に、木が鬱蒼と茂り、昼でも黒々とした、どこか神秘的な雰囲気に包まれた森がある。森の名は「糺の森」。神々の裁判が行われたという古代の伝説が、その名の由来となっている。下鴨神社を訪れるには、まず、この糺の森を通り抜けていくのがよい。森の中の参道を北へ進むと、右に泉川が透明なせせらぎの音をたてて流れている。左には御手洗川の水が。川沿いの奥に、下鴨神社がある。下鴨神社の正式の名は「賀茂御祖神社」である。古代——平安京が建設される以前の、この地の豪族・賀茂氏の氏神であり、歴史は古い。

　五穀豊穣の神が坐すところとして、遷都後も朝廷から篤く奉られてきた。本殿（国宝）は幕末文久3年（1863）に建てられた檜皮葺[81]のおごそかな建物である。お供えもの（神饌）を調理していた、大炊殿（神様の台所）・井戸屋形を公開。葵祭の特殊神饌等、古代より伝わるお供えのレプリカや調理器具等を特別展示。別棟の御車舎では、古くから伝わる葵祭関係資料等を展示（定期的に展示替）。その他、随時要予約の特別公開が行われている。2016年には参道沿いにある旧三井家下鴨別邸や鴨資料館 秀 穂舎が見学できるようになった。

日本の伝統を織りなす

西陣織会館　7A1　*119*

　見る（きものショー、手織り・綴れ織りの実演）、識す（史料室）、験す（十二単・舞妓・小紋の着付け体験、手織り体験）と銘打った京都を代表する伝統産業「西陣織」に関する博物館。一般には堀川通沿いの同施設から千本通に至る一帯が西陣と呼ばれ、応仁の乱で山名宗全率いる西軍が陣を張ったところ。上京区堀川通五辻西入るには、宗全の邸宅跡を示す碑が立っている。またこの地域は町家の再生の各種プロジェクトも盛んに行われている。

茶道裏千家の博物館

茶道資料館　6C2　*118*

　千利休を遠祖とする茶道裏千家に代々伝わる茶道具や資料を展示する博物館で、収蔵品は春季（3月上旬～5月上旬）・秋季（10月中旬～11月下旬）の特別展等で公開されている。前身となった「今日庵文庫」は歴代家元が収集した6万点を超える茶道文献の一大コレクションで、現在は館内で自由に閲覧でき、貴重な資料として茶道愛好家に親しまれている。入館者に1階立礼席にて呈茶あり。

葵 祭

　5月15日に行われる下鴨神社と上賀茂神社の例祭で、祭に関わる人々や社殿・牛車などに二葉葵を飾ることから「葵祭」と呼ばれる。およそ1400年前に起源を持ち、「枕草子」ではわが国の祭り中の祭りとして称えられている。

　祭は宮中の儀、路頭の儀、社頭の儀からなり、その中でも路頭の儀は、文官・武官列や女人列、斎王代を乗せた腰輿、牛車など約500人の風雅な行列が新緑の都大路を進む。行列は京都御所からスタートし、下鴨神社、賀茂街道を経て上賀茂神社に至る。なお、これに先立ち様々な神事な神事が行なわれ、こちらも興味深い。

樂美術館　7A1　*121*

　桃山時代の初めに陶工長次郎が生み出した樂焼は、千利休の侘び茶の理念を象徴する焼物として知られる。

　樂美術館には初代長次郎以来400年以上にわたる樂歴代の作品と茶道工芸美術、文書資料が保存公開されている。展示ケース越しの観賞だけではなく、実際に手にふれる企画もある。感触、重さ、量感等、見るだけでは分からない世界を楽しもう。

鶴屋吉信　7A1　和菓子の文化を目の前で　堀川今出川の北西角にある鶴屋吉信は享和3年（1803）創業の和菓子の老舗。看板菓子は青芽柚子の香り漂う求肥に和三盆をまぶした柚餅とご存じ京観世。二階の菓遊茶屋では目の前で菓子職人が作ったできたての生菓子と抹茶が味わえる。

安倍晴明を祀る

晴明神社　7A1　118

平安中期の天文学者安倍晴明を祀る。晴明は朱雀天皇から一条天皇まで6代の天皇に仕え、当時の天文暦学から独特の"陰陽道"を確立。朝廷の祭政や生活の基範に貢献した。今日の日常生活の基準とする年中行事、暦術、占法等はこれに由来するともされる。寛弘4年（1007）、晴明の死後に一条天皇がその功績をしのび創祀したという。方除守護、火災守護、病気平癒等。神紋は俗に晴明桔梗ともいわれる独特のもので、陰陽道に用いられる祈祷呪符の一つ。天地五行（木・火・土・金・水）を象どり宇宙万物の除災清浄をあらわすという。ギリシャ語では、ペンタグラムと称し欧米諸国でも魔除の印としている。この晴明桔梗・五芒星が縫いこまれたお守りは、数々あり人気。秋分の日の例祭・神幸祭には湯立神楽（前夜の宵宮祭）、神輿、少年鼓笛隊、鉾車、飾馬の行列などが出て、献茶、献花等もあり、境内には、露店が立ちならび賑やか。嵯峨墓所祭は、晴明命日の9月26日（前後）に行われる。

安倍晴明〔921？〜1005？〕

平安期の陰陽師。飛鳥期の右大臣・阿倍御主人の子孫という。第8代孝元天皇の皇子・大彦命の後胤とも。摂津国阿倍野生まれという。平安期の最も有名な陰陽師であり、鎌倉期から明治期初めまで陰陽寮を統括した安倍氏（土御門家）の祖。

白峯神宮　7A1　117

主祭神は崇徳天皇・淳仁天皇。社地は蹴鞠の宗家である飛鳥井家の邸宅跡であり、境内地主には代々「精大明神」を祀る。この「精大明神」はサッカーなどの球技をはじめスポーツ全般の守護神として尊崇され、青色、赤色、白色の御守り「闘魂守」を求めて全国から参拝者が訪れる。4月14日（春季例大祭）と7月7日（精大明神祭）には、蹴鞠が古式ゆかしく奉納される。

大報恩寺本堂

鎌倉時代の仏像は秀逸

大報恩寺（千本釈迦堂）　9D1　118

大報恩寺は、一般に、千本釈迦堂で知られる真言宗のお寺である。北野天満宮の近く、千本界隈の民家のなかにひっそりと建っている。

開創は鎌倉初期、安貞元年（1227）という。かつては大寺地を誇っていたであろうが、相次ぐ戦乱に焼け、いまは、往年の姿をとどめるのは、本堂のみとなった。だが、その**本堂**（国宝）は、京都でも有数の最古の寺院建築である。つまり、考えを変えてみれば、兵火や災難の多かった都のなかで、よくも鎌倉初期のこの建物が生きのびてきたというわけだ。

単層、入母屋造、檜皮葺[81]に、出組に軒支輪をつけた簡潔な構造は、鎌倉期の特色をよくあらわしている。

本尊[90]釈迦如来[74]（非公開）は、行快の作で寄木造[98]。これらを容れる厨子[57]と天蓋[68]も貴重なものだ。本堂板壁の来迎仏画も、剥落は多いが当時の板壁画として重要な遺品だ。

本堂の隣に霊宝館が建てられている。そのなかには、鎌倉時代のすばらしい彫像がいっぱい陳列されており、ぜひ拝観したい。まず、定慶の作になるという六観音像。等身よりやや大きめのまばゆい観音が6体――如意輪観音、准胝観音、馬頭観音、十一面観音、千手観音、聖観音――が正面奥に並ぶ。六観音の左右には、快慶作の十大弟子[43]が、5体ずつ並んでいて、これも見事な彫像である。これらは快慶晩年の作と伝えられているが、寄木造、玉眼[14]を用い、切金[15]細工の跡もまだよく残っている。

また、良妻の鏡であるおかめさんを祀るおかめ塚や12月7・8日に行われる「大根焚き」でもよく知られている。

引接寺（**千本えんま堂**）　9D1　114

開山は、定覚上人（恵心僧都の門弟）、本尊は閻魔法王（高さ2.4ｍ。毎月16日の縁日に開扉説明）。東山の六道珍皇寺と同じく冥土の入り口があるとされ、精霊迎えの根本霊場として古来より有名。堂内の壁に狩野元信筆「閻魔王庁の図」。境内には十重石塔・紫式部供養塔がある。

毎年5月1日〜4日まで有言の仮面喜劇・千本閻魔大念佛狂言が行われている。2月節分会、厄除けこんにゃく炊き、8月の精霊迎えも、よく知られている。

田丸弥堀川店　7A1　弘法大師伝来の煎餅　弘法大師伝授の手法を取り入れた煎餅「白川路」で有名なのが田丸弥。京野菜の胡麻和えを薄焼きにした煎餅で、茶道の家元にも愛されてきた銘菓。堀川寺ノ内バス停近くの堀川店では1階奥の喫茶で白玉入りの自家製あんみつなど甘味も味わえる。

文学・文芸の神と桃山時代の建築

北野天満宮 （きたのてんまんぐう） 9D1 *115* ◎梅：2月下旬 ✿紅葉：11～12月

　平安時代初期の文人菅原道真（菅公）は、その秀れた学才によって遣唐船廃止を進言したり、宇多天皇・醍醐天皇の下でたいへん重用された。しかし、その才覚を妬むものも多く、ついに、藤原時平の讒言によって、九州太宰へ流されることになった。延喜3年（903）、道真が太宰で死んだのち、京には、地震や雷、火事など、天災が相次いで起った。これを道真の祟りだと、その霊をなぐさめる祠を祀ったのが、北野天満宮の起りである――と、「北野天神縁起絵巻」（国宝）は伝える。この絵巻は、鎌倉時代の絵巻物のなかでも代表的なものの一つで、あとでもふれる、「天神さん」の日（毎月25日）に公開される宝物殿に展示されている。

　小さな祠が祀られたのが天暦元年（947）というが、それから12年後の天徳3年（959）藤原師輔が社殿を造営し、道真御霊の信仰が定着した。一方、鎮魂と同時に、学才の誉れ高かった菅原道真を慕って、文学・文芸の神としての信仰もひろまっていく。いまでは、この庶民信仰の面が篤く、全国的なひろがりをもっている。受験生が入学の祈願をまっさきにするのもこの北野天満宮である。

　こうして、「天神さん」の名称は、東寺の「弘法さん」とともに、人びとの心のひだ深く浸みわたり、毎月25日には境内いっぱいに露店がはり出し、参詣者で賑わう。

　現在の北野天満宮の社殿は、桃山時代、慶長12年（1607）、豊臣秀頼が造営したもので、境内全体、桃山建築の香りが高い。

　神域の西北を紙屋川が流れている。この川も昔から名高く、紙屋川で漉いた紙は平安時代から高雅な紙として珍重された。いまも、水かさは減ったが、谷の底を流れるせせらぎの音は美しい。

　北野天満宮は、また、梅の花でも有名である。菅原道真が京を追われるとき、「東風吹かばにほひ起せよ梅の花、あるじなしとて春な忘れそ」とうたったのに因むのだろう。道真の命日である2月25日には「梅花祭」が催される。約2万坪の境内に50種約1,500本ある梅の花が咲き匂うころの縁日は一層賑わい、近くの上七軒（かつての花街）の芸妓たちが野点を披露するのもこの日である。また、「雪月花の三名園」と謳われた梅園「花の庭」が、令和4年（2022）再興された。

　お茶といえば、天正15年（1587）、豊臣秀吉が北野大茶会を催したのも、北野天満宮にまつわる有名な逸話である。表参道の松林一帯を開放して、その年の10月1日、秀吉が、茶に関心のある人びとへ呼びかけた大茶会で、当日参会した人の数は1,000名を超えたという。

　慶長6年（1601）に造営された中門[66]は**三光門**とも呼ばれる。背面の破風[77]下に、三日月、日の出、日の入の彫刻が施されているところから来た名称である。檜皮葺[81]で、単層入母屋造の四脚門[35]。破風彫刻などおもしろい唐門である。

　この中門をくぐって右手に、六角形の燈籠がある。鎌倉期の作といい、渡

菅原道真（845～903）

平安前期の公卿・学者。文章博士、蔵人頭、参議となる。寛平6年（894）、遣唐大使に任ぜられるが、道真の建議で遣唐使は停止された。第59代宇多天皇に重用され右大臣となるが、藤原時平により大宰権帥に左遷され（昌泰の変）、その地で没。怨霊の祟りが恐れられ、天満天神として祀られ、しだいに学問の神として信仰される。菅原孝標女（「更級日記」の作者）は、道真の六世の孫にあたる。

お土居

　天正19年（1591）には、秀吉は、京の街の区画整理（町割）を徹底的に行った。それまでの京の街の姿を、この整理によって一変させてしまうほどの大整理だった。寺を寺町通に集めるなどもこのとき行われたことであるし、いわば、現在の京都の街の姿は、この秀吉の市街整理によってつくられたものなのである。

　そのとき、秀吉は、洛中と洛外を区分けするため土堤を築いた。それが「お土居」といわれているもので、その遺構が、境内の西に残っている。

　このお土居は、北は上賀茂、紫竹、鷹峯まで、西は紙屋川の東

粟餅所・澤屋　9C2　2種類の粟餅　北野天満宮の門前名物のひとつが粟餅。天和2年（1682）創業の粟餅所・澤屋が境内で売り出したのが始まりで、今も毎月25日の天神さんには行列ができるほどの人気だ。店内では、こし餡で包んだ餡餅ときな粉餅の2種類一皿のセットで味わえる。

辺綱が寄進したと伝えられている。

本殿と**拝殿**（本殿などと共に国宝）も堂々とした桃山建築である。本殿は権現造[28]の起源になった建物だと伝えられているが、本殿と拝殿を石之間がつなぎ、八棟造の屋根ができている。子細にみると、複雑な構成が興味をそそる。この檜皮葺の屋根の形が込み入っており、そこに破風などがまた複雑に処理されている。（八棟造と呼ばれるのもこの複雑な屋根の構造からきている。）

斗栱の間には、彫刻の入った蟇股[8]が飾られている。蟇股の彫刻のおもしろさは中門にも見られるが、人物、花鳥、麒麟、龍虎、獏、唐獅子、梅に鶯、浪にうさぎ、他に鴨、鯉、鴛鴦等々、じつにさまざまで、たんぽぽの花も見つけられる。いずれも桃山時代に流行した彫刻だ。なかには蟇股の枠をはみ出した彫刻があるあたりに、この時代の装飾観があらわれているようにもみえる。

北野天満宮は、桃山時代の建築について語るときには、欠かすことのできない一例であろう。

1月1日、12月1日、毎月25日や観梅・青もみじ・紅葉シーズンに開かれる**宝物殿**には、前述の「北野天神縁起絵巻」のほか、いろいろな社宝が順繰りに展示される。藤原信実筆という御神影がある。道真信仰が庶民に浸透していってじつに数多くの御神影＝道真の肖像画が描かれ、それらは、各家庭に祀られたのだが、これは、その本元の画帖ともいうべきものだ。そのほか、明人の描いた御神影もあるし、茶の湯に因む品々（高札など）も展示されていたりする。小さいが、北野天満宮と道真信仰の日本の歴史における深さと広さを考えながらみていくと、興味つきない展覧会場なのである。

修学旅行には宝物殿特別参観や特別昇殿参拝もあり、問い合わせてみよう。

北野天満宮では、そのほか10月1〜5日までとり行われる「ずいき祭」も、古い由緒をもつお祭りである。五穀豊穣を感謝して、野菜や乾物で飾られた神輿を氏子らが担いで巡行する。

岸に沿って東寺をつつみ、東は九条通から鴨川の西岸に沿って築かれたものだった。土堤の外側に堀が掘られ、出口は七ヶ所のみで、番所が置かれていたという。京の街の治安を守ることに第一の目的が置かれていたのだろう。秀吉がその天下統一をもっとも謳歌していたころである。

北野天満宮　4

平安京ゆかりの地に立つ
京都市平安京創生館
9D2 *120*

平成18年（2006）、京都市生涯学習総合センター（京都アスニー）内にオープン。平安時代に酒や酢を造る役所であった「造酒司」跡に立っており、入口には倉庫の柱跡が伺える。

館内で一番目を引くのが、「**平安京復元模型（1/1000・7.8m×6.6m）**」である。我が国最大級の歴史都市復元模型であり、考古学・歴史学・地理学・建築学等の研究者らの研究成果を結集し、当時の京都市中心部をきめ細かく再現したものである。国家的な饗宴施設だったという豊楽殿の20分の1の復元模型やその屋根を飾った鴟尾[39]の復元模型（実物大・高さ1.5m）等も展示されており、興味深い。ボランティアガイドの解説がある。日程等、HPでご確認下さい。

京都市考古資料館 7A1 *115*
京都市内の発掘調査によって発見された各時代の考古資料を展示・公開。1階は玄関ホール・特別展示室・速報展示・情報コーナー、2階は常設展示で、時代変遷別、土器変遷別に考古資料が並べられ、テーマ展示も行われる。資料のほかにも、映像やパソコンで原始時代から近世にかけての京都の歴史を学ぶことができる。

たわらや　9D2　名物極太うどん　一風変わったうどんを出すのが北野天満宮の表参道近くにあるたわらや。400年以上も参拝客に親しまれてきた老舗だ。名物たわらやうどんは1cmもある極太の一本うどんで、利尻昆布と4種のカツオでとっただしと薬味のおろしショウガで味わう。

徳川家康（1542～1616）
江戸幕府の初代将軍。三河岡崎城主・松平広忠の子。幼くして今川家らの人質となり、忍従の日々を送る。成人後は織田信長に協力、豊臣秀吉の全国統一に尽力。「関ヶ原戦い」に勝ち、「大坂冬夏の陣」で豊臣氏を滅ぼし、天下を統一。秀吉に死後授けられた豊国大明神の神号を廃し、「豊国神社」と廟所であった「豊国廟」を閉鎖・放置した。京都では、御所の守護兼朝廷の監視と将軍上洛時の宿泊所として「二条城」を作り、「東本願寺」の創建を援助。「知恩院」の寺域拡大、伽藍建立に尽くした。

徳川慶喜（1837～1913）
江戸幕府最後の第15代将軍。文久3年（1863）、将軍後見職として14代将軍家茂上洛の準備のため入京、「東本願寺」を宿舎とし御所参内。その後、小浜藩酒井家邸に移り、政務は「二条城」で行う。第121代孝明天皇の攘夷祈願のための賀茂社（**上賀茂神社・下鴨神社**）・石清水八幡宮行幸に供奉。京都で禁裏守衛総督に任じられ、松平容保らとともに勤王派の浪士や過激派の公卿の取締りを行い、「禁門の変（蛤御門の変）」では幕府軍の総指揮をして長州軍を撃退。1866（慶応2）、京都で将軍宣下を受け、「二条城」に移る。翌年、「大政奉還」（二条城二の丸御殿大広間にて）、「王政復古」により、最後の将軍となった。将軍職としての執務を、江戸城で行わなかった唯一の将軍。公爵として大正期まで天寿を全うした。

桃山時代様式の全貌を垣間見る

　二条城を造ったのは徳川家康である。関ヶ原の役で勝利を収め天下を制した家康は、京に上ったときの宿所を二条に定めた。それが起りといわれる。またその邸は、聚楽第の一部を移したともいわれている。

　その後、三代将軍家光のときに、敷地も拡大され、寛永3年（1626）には、後水尾天皇の行幸をあおぐために、大整備が行われた。そのころが、二条城の最盛期といっていいだろう。以後は、将軍が上洛することもなく、落雷や大火で、建物の一部を失っていった。

　二条城がふたたび脚光を浴びるのは、幕末である。十五代将軍徳川慶喜の「大政奉還」は、慶応3年（1867）、ここの大広間で行われた。明治維新の幕開けの演出がここでとり行われたわけだ。いまもそのときの情景が、大広間に人形で再現されている。

　二条城は、このように江戸時代の建造物だが、聚楽第の一部を移したり、伏見城の建物をもってきたといわれるように、桃山期の特徴をよく残した建築である。

　見学者は堀川通に面した入口・東大手門から入るが、二の丸御殿の正門は**唐門**と呼ばれている豪華な門である。切妻造[16]、檜皮葺[81]で、前と後ろを唐破風[77]で飾ったこの四脚門[35]は、伏見城から移したとも伝えられる。

格子屋　7A2　お菓子の泥棒？　二条城近くにある町家の構えが格子屋。店内にはカルメ焼きやげんこつ飴などの"昔菓子"がずらりと並ぶ。名物の「どろぼう」は沖縄産の黒砂糖を井戸水で炊き詰めた中に稲荷生地を漬けたもの。泥棒してでも食べたくなるというのが名前の由来だ。

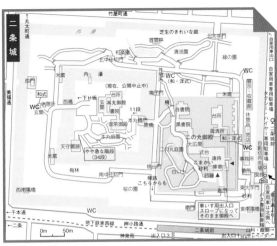

　二の丸御殿（国宝）（入城料とは別料金要）は、遠侍、式台、大広間、蘇鉄の間、黒書院、白書院の6棟が配列された、大書院形式の大建築で、建物面積3,300平方メートル、部屋数33、畳は800あまり敷かれている。

　遠侍につけられた玄関を「車寄」という。入母屋造、檜皮葺で、聚楽第の遺構と伝えられているもの。欄間[103]彫刻は表と裏のデザインを変えており、表側には五羽の鸞鳥・松・ボタン、上部には雲、下部には笹の華麗な彫刻が施されている。床は牛車で中に入れるように四半敷と広い。

　遠侍は、入母屋造、本瓦葺[88]、城へ参上した諸大名や来客の控所。城の中では最も大きな建物で、多くの部屋があるが、狩野派の画人たちによる襖絵がびっしりと描かれている。なかでも、二の間は虎の間とも呼ばれていて虎と豹の絵が描かれていて注目。また欄間の彫刻も見事である。

　式台は、老中と諸大名が対面したところ。八方にらみの獅子（どちらから見ても獅子が正面を向いているように見える）の杉戸絵がある。

　将軍と大名との対面所が**大広間**である。将軍が座る上段の間と、大名たちが座る二の間、三の間、四の間があり、とくに上段の間は、桃山時代の武家の書院造[46]の代表的なスタイルをみせている。

　そこは、正面には大床、左右に違棚、武者隠しなどを設け、天井も格間にいろどり華やかな模様が描かれている。四の間は将軍の上洛のときに武器をおさめた場所と云われており、襖絵の「松鷹図」は、長年作者不明であったが、令和元年（2019）に狩野山楽筆である事が調査研究でわかっている。

　この遠侍・式台・大広間をつなぐ廊下は、**鶯張**でできていて、歩くとふしぎなきしみ音を出す。

　黒書院は将軍と親藩大名・譜代大名の内輪の対面所。

　白書院は、将軍の居間兼寝室で、水墨画[55]の屏風絵（狩野興以作という）などが飾られている。

　二の丸御殿を出て、**二の丸庭園**（特別名勝）を散歩する。小堀遠州が、後水尾天皇の行幸にさいして改造したと伝えられる庭園である。庭園はその他、明治時代の本丸庭園、昭和時代の清流園がある。また城内の花木は豊富で四季を通じて楽しめる。

　さて、橋を渡って本丸櫓門をくぐると**本丸御殿**へ出る。これは、明治26年（1893）、御所内にあった桂宮家の御殿を移築したもので、武家風とは趣のちがう公家風の建物である。令和6年9月より18年ぶりに公開される。伏見城から移したという天守閣は、寛延3年（1750）の落雷で焼失、その後再建されることもなく、いまは基壇[12]のみが残っている。

　休城日は年末12月29日〜31日、二の丸御殿観覧休止日は、毎年1月・7月・8月・12月の毎週火曜日、12月26日〜28日、1月1日〜3日なので注意。

神泉苑　7A2　117
　二条城南の神泉苑は、延暦年間の桓武天皇以来、歴代の天皇や貴族が舟遊びや遊宴を催したところ。苑内の放生池はかつての大池の名残で、池中の小島に水神の善女竜王を祀る。祈雨の法会や疫病鎮静の御霊会（祇園祭の起こり）の場としても有名で、東寺の空海と西寺の守敏が祈雨の法力を競ったという話が「神泉苑絵巻」として伝わっている。

二条陣屋　7A2　119
　神泉苑の南東にある江戸時代初期の町家の遺構で、数寄屋造と書院造の特徴を備えた珍しい建物として、国の重要文化財に指定されている。大に屋敷を持たない大名が陣屋（宿所）としたのが始まりといわれ、防火や外敵に備えて外壁はすべて土蔵造、家構えに比べ24室と部屋数が多く、階段や廊下など、建物の随所に武者隠し・吊り階段・猿梯子など忍者屋敷まがいの巧妙からくり仕掛けが見られるなど、数ある京都の建築遺構の中でも一風変わった建物である。

　二條若狭屋　7A2　籠に盛られた焼き芋そっくりさん　焼き芋そっくりのユニークな和菓子で有名なのが二条城の東にある二條若狭屋本店。丹波のつくね芋をすりおろし、上用粉・卵黄を加えた生地で餡を包んだその名も家喜芋で、大はこし餡、中は粒餡、小は白餡が中に入っている。

ぶらり 洛東

東山三十六峰の山裾につらなるこの一帯には、ぜひ訪れてみたい数多くの名所・旧蹟が続く。京都五山のひとつ、禅宗の名刹東福寺や、御寺と呼ばれる泉涌寺の辺りは、よく知られ、歴史的にも価値の高い多くの文化財が保存公開されている。そのわりに、訪れる人の数も紅葉期以外は多くなく、静かな気分で古都の旅を楽しめるところである。

東福寺には、三門、東司、禅堂などの建築物とともに、方丈や諸塔頭寺院の庭園に、見逃えないものが数多い。

三十三間堂では、居並ぶ千手観音、風神・雷神像、二十八部衆立像など、多くの鎌倉彫刻を間近に拝することができる。一〇〇一体の観音像は圧巻、ぜひ、拝観してほしい所だ。

近くには、伏見城遺構「血天井」や、俵屋宗達の杉戸絵が有名な養源院、そして、長谷川等伯らの筆になる障壁画を収蔵展示する智積院がある。

豊国神社は、秀吉ゆかりの品々を数多く保存する。この神社の唐門は、伏見城遺構のひとつと伝えられ、桃山建築の特徴を十分に残す、きらびやかな四脚門である。「国家安康・君臣豊楽」の銘の梵鐘がある方広寺は隣だ。

古美術に興味のある方には、京都国立博物館に、整然と陳列・展示されている、古文化財の数々をじっくりと鑑賞することをおすすめしたい。

東山七条を北へ、五条坂からあの「清水の舞台」で有名な清水寺へ詣でよう。縁結び祈願の地主神社も、今の若者に大人気のスポットだ。

五条坂の南西に、陶芸家で、柳宗悦等と共に我国民芸運動の旗手の一人でもあった、河井寛次郎記念館がある。また五条坂から北西、祇園の街の中へ入ると、六波羅蜜寺・建仁寺がある。

彫刻や絵画に興味のある人びとには、ぜひおすすめしたい寺である。

清水寺の門前に並ぶ清水焼や京みやげの店をみながら、本格的な東山散策を始めよう。

竹細工・骨董品・清水焼・人形などを売る小さな店が軒を連ねる産寧坂・清水坂・二年坂の石ダタミの坂道をいくと、八坂の塔が見えてくる。そこから、高台寺、祇園祭の八坂神社、円山公園を経て、鶯張りの廊下で知られる知恩院、青蓮院へと道はつづく。

神宮道の交叉点にくると、前方に朱もあざやかな、平安神宮の鳥居が見えてくる。そのあたりは、その昔白河殿のあったところ、現在は、京都市の文化諸施設が建ち並ぶ岡崎公園である。

この公園を東へ行くと、禅宗古刹南禅寺。永観堂では、仏像彫刻ではあまり例のない、今にも歩き出しそうな気配さえある「みかえり阿弥陀」に出会う。この寺の紅葉は美しい。

このまま北へ向かって、若王子の道を行くと、小さな庭だが、昔とツツジが美しい安楽寺、谷崎潤一郎・河上肇などの墓がある法然院、そして、東山文化を今に伝える銀閣寺へと至る。

また、若王子から琵琶湖疏水に沿って続く、「哲学の道」は、春の桜並木が美しい。

銀閣寺参道に南面している白沙村荘は、近代日本画家・橋本関雪の建てたものであるが、広大な庭園は、日本庭園の美をよく表わしている。

洛東

谷や森の中を伽藍が甍を並べて佇む

東福寺 7C5 119 ★紅葉:11〜12月

かつて奈良の最大の寺であった東大寺と興福寺から一字ずつとって、東福寺と名づけられた。その由来からも、この寺の建立に際して込められた意義の大きさが判ろうというものだ。嘉禎2年(1236)より実に19年を費やして、建長7年（1255）完成された。京都五山の一つであり、京の東山を背景に、谷や森の中を伽藍[9]が甍を並べている。あたかも自然公園を行くような気分にさえなる。秋の紅葉はとりわけ美しい。

三門(国宝)(特別公開あり)は重層の楼門で、入母屋造、本瓦葺[88]。両脇に切妻造[16]の山廊がついている。創建以来たびたび火災に遭い、現在のものは室町初期に再建されたものといわれている。とすると、現存する日本の三門のうち、最も古いものに属する。山廊から階上へ上る正面縁に大扁額[83]「妙雲閣」が架かっている。足利義持の筆になるものである。2階内部には、コの字型の須弥壇[45]に、宝冠釈迦如来[74]や十六羅漢[100]が安置され、天井や梁、円柱に極彩色の絵や文様が描かれている。

寺伝では、これらの絵は兆殿司（吉山明兆）とその門人寒殿司の筆になるものだという。兆殿司は、室町時代この東福寺の住職であり、画僧としても有名な人で、「大涅槃[75]図」や「白衣観音」「五百羅漢図」、また、東福寺の開山[7]国師である「聖一国師像」など、いまに遺っている作品も多い。日本初期水墨画[55]の発展史のなかで重要な役割を果す人である。

数ある国宝、重文の絵画・彫刻・書蹟等は普段非公開だが、一部は京都国立博物館で見られる。

重層入母屋造の本堂は、昭和初期の落成で、天井の竜は、近代日本画家・堂本印象の手になる。

三門・本堂の西側に、東司、禅堂が並ぶ。東司は、室町時代の禅宗式便所で、細長い建物の中に便器がずらりと並び「百雪隠」と呼ばれている。

禅堂は、正面に「選仏場」（無準師範筆）の扁額を掲げる落ち着いた建物。これも室町時代初期のものである。

本堂と禅堂の間を北へ行くと、鐘楼や経蔵があり、有名な通天橋にいたる。本堂から開山堂へつながる渡り廊下だが、林の中をまっすぐ通じる両側に、「洗玉澗」と呼ばれる渓谷を見下ろす光景は美しい。

通天橋を渡りきると、奥には聖一国師を記念する開山堂（常楽庵）がある。上層を伝衣閣という。ここに布袋像が安置されている。聖一国師が請来[51]したものと伝えられ、また、伏見人形の起源となった像ともいわれている。

方丈[85]は明治の建造。国の指定名勝である本坊庭園は、昭和期の造園家重森三玲氏が、鎌倉風の庭を設計している。

開山堂

東福寺三門

ドラゴンバーガー 7C5 独創的なハンバーガー 京都をイメージしたハンバーガーは、ふかふかのバンズにピクルスの代わりにお漬物や京野菜、ソースに白みそ等を使う変り種。ボリュームもあって大満足！スイーツもおすすめ。JR・京阪「東福寺」駅、徒歩1分。

33

紅葉の通天橋

重森三玲作庭の庭園

龍吟庵

その他の東福寺の主な塔頭[64] 7C5〜D5

光明院 P116 は、重森三玲作の波心庭という庭で有名。虹の苔寺とも言われ、5月下旬から年末まで綺麗な苔が見られる。四季の花や紅葉も美しい。

天得院 P119 は、苔に覆われた枯山水の庭に咲く桔梗の花が名高い。（初夏と秋特別公開）

霊雲院 P121 は、細川光尚の遺愛石で知られる。重森三玲修復の書院枯山水庭園は、九山八海の庭・臥雲の庭と称される。3月下旬〜4月初めに、薄桃色の花をつける小ぶりの椿・ワビスケが人気。

龍吟庵 P121 は、無関普門（大明国師）の住居跡。書院造[46]に寝殿造[54]風の名残をとどめた、現存最古の方丈建築（国宝）をもつ。方丈を囲む枯山水の庭・龍吟庭が有名。（特別公開あり）

重森三玲 [1896〜1975]

昭和を代表する造園家。日本美術学校で日本画を学び、いけばな・茶道を研究。庭園は独学で学んだ。京都にも東福寺方丈庭園をはじめ、彼の手により作庭・復元された庭園は多い。著作は「日本庭園史大系」「日本庭園史図鑑」など多数。

東福寺には数多くの塔頭[62]があるが、その中からいくつかを紹介しよう。

まず退耕庵。創建は貞和2年（1346）。開山[7]は性海霊見という。この性海霊見和尚が作ったという庭は、真隠庭と呼ばれ、室町初期の姿を伝える。起伏のある庭のうねりが、かつて霊見が修行した中国の風景を写すともいわれ、また、人間の心のうねりをあらわしているともいわれる。静かな面持の庭である。西寄りに霧島ツツジが植えられているが、これは樹齢300年を数え、毎年晩春に真紅の花を咲かせる。中庭の池は、中国西湖のイメージを表現したという。

方丈[85]の中に茶室があるのがおもしろい。忍び天井と、兵士たちを待機させる伏侍の間がつけられていて、ここは、戦国時代、当時の住職恵瓊が、石田三成らと関ヶ原合戦の秘密会議をもったところといわれる。昨夢軒（非公開）と呼ばれる。反徳川の謀議を行ったところだから、江戸時代は荒廃していたが、慶応3年（1868）の「鳥羽・伏見の戦い」では長州藩の本陣となり、のちに長州藩戦死者の菩提所となり、復興された。また退耕庵には、小野小町が作ったと伝えられる玉章地蔵（小町へ寄せられた恋文をその胎内に収めて作られたという）や、これも小町自身の作という「小町百歳の像」がある。

座禅会など行事があり、5人以上（1人500円）の事前申込みで拝観となっている。

芬陀院 (P120) は、別名雪舟寺で知られており、鶴亀の庭が、雪舟等楊の作（重森三玲が復元）だいと伝えられてきた。室町時代の枯山水庭園[10]の雰囲気に満ちた庭である。雪舟は、室町時代の、というより日本の代表的な水墨画[55]僧。相国寺で修学し、のち、中国へ渡って画業をみがき、当時の僧侶としての安定した生き方を捨てて、放浪のうちに一生を過した人である。生没年にも議論がある程、伝記について確実に知られていることは少ない。

同聚院 (P119) には、定朝（平安期の代表的仏師）の父、康尚がつくった不動明王[94]が安置されている。また、明治時代、アメリカの富豪と結婚して話題をよんだ芸妓、モルガンお雪の墓もここにある。

そのほか、東福寺の寺院や塔頭[62]には、日本美術史を飾る数々の名宝が所蔵されているが、それらはいつも公開されているわけではない（脚註参照）。

高澤 7C5 仕出しの味を堪能 東福寺から泉涌寺までの散策の道沿いにある高澤。要予約の仕出しの店だが、座敷でお弁当や会席が味わえる。毎朝、中央市場から仕入れる魚介を中心に生麩の田楽などを盛り込んだ松花堂弁当がおすすめだ。お弁当といえど一品ずつ順次出来たてが出る。

雲龍院

即成院

戒光寺

皇室の菩提所・御寺

泉涌寺 7D5 118
（せんにゅうじ）

　皇室と関係の深いお寺で、御寺とも呼ばれており、歴代天皇・皇后・親王の尊牌を奉納する霊明殿（れいめいでん）や、また、歴代天皇・皇后の念持仏を安置する御座所（ございしょ）もある。境内は春の新緑、秋の紅葉も美しい。

　大門をくぐると、すぐ左手北に**楊貴妃観音堂**（みてら）がある。そこには中国から請来[51]された仏像[82]が「楊貴妃観音」と名付けられて安置されている。唐の玄宗皇帝が寵愛（ちょうあい）した皇后楊貴妃の冥福を祈ってつくらせた像を、建長7年（1255）に、この寺の開山「月輪大師の弟子湛海（たんかい）によってもってこられたというが、彫像の様式からみて、宋時代（11〜13世紀）の作であろう。長く秘仏だったので、施された彩色はいまも鮮やかに残っていて、楊貴妃という一人の美女の姿を彷彿（ほうふつ）させる。今日では、女性の様々な願いを叶えてくれるパワースポットとして知られる。

　境内正面中央に、**仏殿**（ぶつでん）がある。入母屋造（いりもやづくり）、重層（じゅうそう）、本瓦葺[88]、江戸初期の建物。須弥壇[45]（しゅみだん）には、釈迦を本尊[90]として両脇に、阿弥陀（あみだ）と弥勒菩薩[87]（みろくぼさつ）が配された三尊（さんぞん）が安置されている。寺伝によれば鎌倉の大仏師・運慶の作だというが、むしろ、鎌倉時代の様式を忠実に再現した江戸初期頃の彫像と考えるべきだろう。

　天井には、これも江戸初期の大画家、狩野探幽の手になる龍の図が、三尊背後の壁には、同じく探幽筆の白衣観音図（びゃくえ）が描かれている。3月14・15・16日にこの仏殿で行われる涅槃[75]会（ねはんえ）には、明誉古澗筆の大涅槃図がかけられ公開される。江戸期享保2年（1717）を代表する涅槃図の一つである。

　本坊内**御座所**（ございしょ）は、旧京都御所の御里御殿を移築した雅（みやび）な建物。屏風絵・庭も味わいがある。

泉涌寺の諸塔頭[62]（たっちゅう）・寺院にも見るべきものは多い。

　雲龍院（うんりゅういん）(P114) は、春の梅、初夏の皐（さつき）刈り込、秋の紅葉が見事な庭園、座敷毛氈（もうせん）で抹茶が賞味できる。鎌倉時代の「走る大黒天尊像」が、なんと、台所にある。写経道場としても、450年の歴史があり、予約なしで写経体験ができる。

　忠臣蔵（ちゅうしんぐら）の大石良雄（よしお）と縁の深い（討入直前、ここに身を寄せ、茶室・含翠軒（がんすいけん）を寄進）**来迎院**（らいごういん）(P121) は、見事な紅葉の境内そして庭もいいが、鎌倉期の木彫護法神5体も見逃せない。

　即成院（そくじょういん）(P118) にある阿弥陀如来[74]と二十五菩薩坐像（にじゅうごぼさつぞう）は、藤原時代後期の彫像（一部に江戸時代の補作が混じる）。阿弥陀来迎（らいごう）の姿が、絵に描かれたものは多いが、このように来迎を彫刻であらわした例は少ない。寄木造[98]（よせぎづくり）、漆箔[37]（しっぱく）。境内には那須（なす）与一（よいち）の墓と伝えられる石造宝塔がある。10月第3日曜に行われる二十五菩薩お練り供養が有名。

　戒光寺（かいこうじ）(P114) は、泉山（せんざん）丈六[52]釈迦堂（しゃかどう）とも呼ばれるように、巨大な釈迦如来像（身の丈5.4m）が安置されている。宋風の香りの強い木造（寄木造）。彩色、玉眼[14]（ぎょくがん）を使う。鎌倉前期を代表する像の一つである。

ニシダや 7C5 独特の風味は企業秘密　今熊野商店街近くにあるニシダやは40種類以上の漬物がずらり並ぶ人気の店。中でも、キュウリやナス、ミョウガに生姜、シソの葉などの入ったしば漬にご主人が独特の風味とアレンジを加えた「しば漬風味 おらがむら漬」はここの看板商品だ。

1001 体の観音像は圧巻、そして感動

三十三間堂（蓮華王院）　7C4　116

2018 年風神・雷神像等の配置が変更されました

後白河天皇（法皇）(1127 ～ 1192)

第 77 代天皇。第 74 代鳥羽天皇の皇子。母は璋子（待賢門院）。「保元の乱」で勝利し譲位後、「平治の乱」が起こり平氏天下となる。

平氏の盛衰から鎌倉幕府に至る動乱期に、権謀術数をもって父・鳥羽法皇、信西（藤原通憲）、藤原信頼、平清盛、源義朝、木曽義仲、源頼朝らに対応。「鹿ヶ谷の陰謀」で鳥羽殿に幽閉され途切れたこともあったが、5 代の天皇（第 78 代二条、第 79 代六条、第 80 代高倉、第 81 代安徳、第 82 代後鳥羽）34 年に渡って、法住寺殿で院政を敷いた。仁安 4 年 (1169) に出家し、法皇となる。

今様を愛好し「梁塵秘妙」の撰集し、和歌にも関心をもち、藤原俊成に命じて「千載和歌集」の撰進をはじめさせた。文治 2 年 (1186) の後白河法皇の「大原御幸」は有名。

後白河法皇の御所法住寺殿の御堂として長寛2年 (1164) に創建された。蓮華王院というよりも、三十三間堂という名前の方がはるかに親しまれている。観音さまの並んでいる本堂内陣72の柱間が、33 あるところから由来した名前だが、鎌倉時代の蓮華王院の面影を伝えているのも、今はこの本堂（国宝）だけだ。本堂は、文永 3 年 (1266) に再建されたもので、単層、入母屋造、本瓦葺88で、正面が 33 間ある長い建物である。その長い建物の背後の縁で、江戸時代には盛んに通し矢競技が行われたものだった。現在でも毎年 1 月成人の日に、通し矢に因み、「大的大会」が行われ、その伝統が守られている。

内陣には、千手観音坐像を中心に左右 500 体ずつの観音立像が安置されている。また、観音群像の両端には、風神像・雷神像（国宝）が鎌倉彫刻らしい力溢れる姿をみせて安置されている。

中央の千手観音坐像は、高さ 3.4 m、檜の寄木造98、漆箔37の大きな像で湛慶が造ったものだと伝えられている。湛慶は運慶の子で、父と共に東大寺や興福寺の仏像82製作にたずさわった、鎌倉時代の代表的仏師の一人。左右の 1,000 体（正確には 1,001 体）の立像 124 体は平安期作、その他はほとんどが鎌倉時代の作で、そのうち 273 体には作者の銘が刻まれている。寄木造、漆箔。鎌倉期のものにしては、玉眼14が使われているものが少ないが、1,001 体ひとつひとつ表情や衣文の様子が異っている。

内陣の表には、二十八部衆立像（国宝）がずらりと並んでいる。寄木造で彩色もよく遺っており、暗い廊下に玉眼がギラリと光って壮観である。なかでも婆藪仙人像・大弁功徳天像・摩和羅女像・迦楼羅王像などは、鎌倉時代の代表的な彫像といえよう。堂内拝観の裏手には、三十三間堂の歴史や建物などについての写真や模型があり、点字説明や触感を楽しむこともできる。

令和 3 年 (2021) より東庭池泉式回遊庭園が公開されている。

三十三間堂は鎌倉彫刻の宝庫である。

雷神像（三十三間堂パンフレットより）

三十三間堂本堂

甘春堂東店　7C4　食べられる抹茶茶碗？　甘春堂は慶応元年 (1865 年) 創業の和菓子の老舗。有名なのが、抹茶をたてたあと食べられる茶寿器。桂皮風味の干菓子だが本物の茶碗そっくり。豊国神社近くの東店では、職人さんの仕事が見られるほか茶房「撓」で抹茶と和菓子が味わえる。

教科書にある俵屋宗達の杉戸絵

養源院　7C4　*121*

　三十三間堂の東隣りにある。文禄3年（1594）、淀殿が秀吉に願い、父浅井長政追善のため創建。焼失後、元和7年（1621）、徳川二代将軍秀忠夫人崇源院が、伏見城の遺構を移して再建したという。本堂廊下の天井は、「血天井」の呼び名でよく知られており、伏見城落城の際、鳥居元忠らが自刃した廊下の板がこの天井に使われたといわれている。よく見ると血痕もなまなましく、自刃の壮烈な様子が想像されるようだ。

　本堂には、俵屋宗達が描いたと伝えられている**杉戸絵**があり、白象や唐獅子、麒麟などのダイナミックな図柄が眼を奪う。宗達は、生年も没年も不明の謎につつまれた画家である。桃山末期から江戸初期にかけての狩野派興隆期に、独自の大和絵[97]風絵画を遺した。狩野派が一世を風靡した時勢のなかでは異端にすぎなかったが、のち、尾形光琳などに大きな影響を与えた、日本絵画史上重要な画家の１人である。

　また、本堂の廊下は総て左甚五郎の造った鶯張という。

　そのほか、祭壇の間には、狩野山楽の障壁画[50]などがあり、小さなお寺だが飽きることのない寺である。

白象図杉戸絵　宗達筆

桃山絵画の世界を展開

智積院　7D4　*118*　🌺つつじ・さつき：5月中旬

　東山を背景にしたこの大きなお寺は、もとは江戸の初めに、祥雲寺跡（幼なくして死んだ長男・棄丸の菩提を弔うために豊臣秀吉が建立）に建てられたものである。

　建物は、その後もしばしば火災にあって新しいものだが、大書院の東にある**名勝庭園**は、江戸初期の面影をとどめ、初夏にはツツジやサツキが咲きみだれて一層華やかな彩りをそえる。

　令和5年（2023）4月にオープンした**宝物館**にはかつて、堂内を飾った桃山時代の障壁画[50]がおさめられている。とりわけ見ものは、長谷川等伯一門による障壁画（国宝）で、**桜、楓、雪松、松に立葵、松に秋草、松に草花図**など絢爛たる桃山絵画の世界を展開している。

　等伯は、はじめ狩野派に学んだがそのアカデミズムにあき足らず、自分の納得いく画法を求めて長谷川派を興した。水墨画[55]の源流・宋元画などを改めて学びなおし雪舟に私淑した。等伯の「等」は、雪舟等楊の「等」をもらったもので、自ら雪舟五代目を任じた。そのため、雪舟派の門弟たちとの争いも辞さなかった。系譜というものが、非常に重要視された時代だった。

　智積院にある、これらの障壁画もみごとだが、水墨に表現されている彼の画技は、同時代のどの画家をも圧している。東京国立博物館にある松林図はその代表的な作品である。

法住寺　7C4　*120*

　養源院の南側に位置する。後白河法皇が建立した法住寺殿跡に立つ。身代わりになり法皇を救ったという本尊身代わり不動明王[94]で知られる寺。庭園では、春の枝垂れ梅、桜が美しい。大石良雄（内蔵助）が仇討ちを祈願し、ここで会合したともいわれ、四十七士の小像がある。

茶匠　清水一芳園　京都本店　7C4　茶問屋直営の確かな高品質とアイデアが光るすめ。行列必須の人気店なので、店頭予約してから観光をしてみてはいかが？　抹茶やほうじ茶をエスプーマ仕立てしたパフェやかき氷がおす

日本・東洋の多数の古美術品や、考古資料

京都国立博物館　7C4　115

三十三間堂の向いにある京都国立博物館は、明治30年（1897）開設された。入場してまず目を引くのが、明治28年（1895）建築のレンガ造りが洒落ている明治古都館（旧陳列館）である。フランス・ドリック式の建物で、左右の煉瓦塀・正門とともに重文に指定されており、重厚で華やか雰囲気に溢れている。中庭屋外展示にはロダンの代表作「考える人」や鎌倉時代の石造十三重石塔など、建物や庭園自体も見応えがある。

収蔵品の多くは近畿各地の社寺からの寄贈品や京都で育まれた美術品・工芸品などである。京都は長く文化の中心であり、その成果を知ることができる。

このように仏像[2]・絵画・書蹟・工芸品など多数の名品が所蔵されており、平成26年（2014）9月にリニューアルした平成知新館で陳列されている。

特別展覧会（期間中、名品ギャラリー「平常展示」は休止）は例年2回、春と秋に開催されている。

京都国立博物館・明治古都館（旧陳列館）

豊臣秀吉を祀る

豊国神社　7C4　119

豊臣秀吉・夫人北政所を祀る。当時は、大きな社殿と社域を有した神社であったが、豊臣氏滅亡後、徳川家康によってとり壊された。現在の社殿は明治13年（1880）の再建であるが、参道正面にある唐門（国宝）は、伏見城の遺構

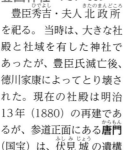

豊国神社唐門。

を移したものといわれ、桃山風のきらびやかな四脚門[35]である。

慶長燈籠と呼ばれる石燈籠が8つ、唐門の左右にあり、これは創建当時のものといわれている。秀吉に因んだ千成瓢箪の絵馬[5]が珍しい。社殿の南側に宝物館があり、秀吉の遺品や、豊国祭礼図屏風（狩野内膳筆）などが陳列されている。

方広寺　7C4　7C4

方広寺は、天正14年（1586）に秀吉が創建した。当時、大仏殿に安置された大仏は高さ19mの大きな仏像だったといわれているが、慶長元年（1596）の地震で壊れてしまった。秀吉の死後、家康が豊臣秀頼と淀殿に再興を勧め、金銅大仏が完成した。そして大鐘も造られたが、そこに「国家安康・君臣豊楽」の語を入れたところ、家康が故意に悪用し、大坂冬の陣・夏の陣の発端となって、豊臣氏が滅亡したのは有名な話だ。

この大仏も、寛文2年（1662）に壊れ、その後、天保14年（1843）につくられた仏像が大仏殿に安置されていたが、昭和48年（1973）の火災で焼失した。

社殿の西には、五輪塔がある。秀吉の命で加藤清正らが韓国・朝鮮に出兵した文禄の役・慶長の役のとき、敵の将兵の首の代わりに鼻を削ぎ持ちかえった。日本国内では首を持ち帰った戦国の世だが、敵の兵士とはいえ、霊を厚く弔うことにして「御身塚」といわれていたのが、いつのまにかなまって「耳塚」（P120）といわれるようになった。清正が持ち帰ったのは耳だという説もあるし、また、方広寺の大仏鋳造のとき、鋳型の土を埋めた御影塚がなまったという説もある。

喫茶アマゾン　7C4　老舗の玉子サンド　ふわふわ玉子はシンプルだけどまっすぐ美味しい。だし巻きを使った和風トーストも近年人気だが、どれを選んでも外れなし。ちなみに京都はタマゴサンドの名店が多い。創業は昭和47年（1972）という老舗である。

縁結び祈願

地主神社　7D4　116　2025年までの社殿修復工事のため閉門中

地主神社「恋占いの石」

　清水寺の本堂の真北にある小さな神社で、産土神、寺の鎮守として信仰されてきた。近年では縁結びの神としてもつとに有名。恋占いの石は本殿前にあって、片方の立石から反対側の石に目を閉じて歩き、無事たどりつくことができると恋の願いが叶うといわれている。一度でたどりつけれ ば恋の成就も早く、二度三度となると恋の成就も遅れるとか。境内は謡曲にも謡われた桜の名所で、地主桜は一本の木に八重と一重の花が同時に咲く珍しい品種。嵯峨天皇行幸の折、地主の桜のあまりの美しさに、三度、御車を返したという故事より、別名「御車返しの桜」とも呼ばれる。さくら祭りの頃、背後の黄桜（ウコンの桜）と共に満開となり、その気品と風格のある美しさで境内は華やぐ。総門や本殿、拝殿は重要文化財。拝殿天井の龍の絵は狩野元信の筆。

古趣あふれる五重塔
八坂の塔（法観寺）　7D3　121

法観寺「八坂の塔」

　産寧坂・二年坂を上ると八坂の塔が眼に入る。京都・東山の看板のような五重塔だが、法観寺というのが正式の名で、創建は飛鳥時代にまで遡ると伝えられている。高さ46m、6.4m四方、本瓦葺の和様建築の塔は、室町時代・永享12年（1440）に足利義教が再建し、明治になって修復したものだが、今はそのほか、薬師堂・大師堂があるだけで、昔の壮大な面影をたどることはできなくなった。しかし、京都の下町からのぞく、その姿に、いにしえの都のイメージを重ねあわせることができる。

　問い合わせれば、内部も見学できる。その初層には五大力尊が安置されている。二層へは急な階段で登ることが出来て、途中には鏡が設置されていたりで、心柱が塔を貫く様子をつぶさに見ることが出来、登ると、小さな窓から外界を眺めることができ、西側に市内の町並みが広がる。

ねねの道

石塀小路

産寧坂伝統的建造物群保存地区　7D3～4

　清水寺から八坂神社に向かう途中、石畳に覆われた風情ある町並みがあらわれる。産寧坂や二年坂、石塀小路を中心とした伝統的建造物群保存地区である。石段や折れ曲がった石畳の道に沿った町家が、まさに京都らしい景観をつくっている。これらの多くは、江戸時代末期から大正時代にかけての建物で、料亭や旅館、土産物屋として利用されている。

　辺りは平安京以前から開けていたという古い土地で、数多くの神社仏閣が集まっている。特に清水寺への参詣道として重要だったようで、清水の子安観音（安産祈願）にちなみ、産むに寧い坂、産寧坂という名前を見ることができる。

　これがいつの間にか、転ぶと3年で死ぬという「三年坂」とも呼ばれるようになり、おまけに転んでも死なないまじないの瓢箪屋があったりもする観光名所へと姿を変えていった。急勾配の石畳の坂道は、二年坂、高台寺へと通じる。二年坂を越えた高台寺北門通（ねねの道）と、その一本西の下河原通をつなぐ石畳は特に美しく石塀小路と呼ばれ、テレビによく登場する。石畳を一歩一歩踏みしめていくと、そこはかとなく京情緒に包まれる。こうした風情を楽しむだけではなく、手ごろな食事処、おばんざい屋もあって、ショッピングなども楽しめるエリアとなっている。

産寧坂

いし塀　7D3　祇園さんの御神水でたてるコーヒー　いし塀は、その名の通り石塀小路の中にある喫茶店。八坂神社の名水・御神水と備長炭を使った香り高いコーヒーが自慢だ。金粉をまぶした特製オリジナルカフェオレや、カレー風味の石塀トーストなどの変わり種もここならでは。

清水寺本堂「清水の舞台」

坂上田村麻呂（758 ～ 811）

平安初期の武将。征夷大将軍で蝦夷地の攻撃などを評価され、文武の重職を歴任、大納言になった。「薬子の変」では、第51代平城天皇の東国への脱出を阻止。

墓は山科区勧修寺東栗栖野町の坂上田村麻呂公園内にある。この地で葬儀が営まれ、第52代嵯峨天皇の勅によって甲冑・剣や弓矢を具した姿で棺に収められ、平安京に向かって立ったまま葬られたという。

墓地は明治28年（1895）平安遷都1100年祭に際し整備された。

随求堂胎内めぐり

随求堂は清水寺の塔頭[62]・慈心院の本堂で随求菩薩が本尊。その本堂の地下に通路を巡らし、御本尊の真下にある「ハラ」という梵字[89]が書かれた石に触れる事により、諸願成就を願う。真っ暗闇の中、順路の左の壁に手摺のように廻らされた太い数珠を頼りに進む。約2分ほどで明かりが点いたところに行き着く。

清水の舞台、全国屈指の名勝

清水寺　7D4　115

世界文化遺産　🌸桜：4月上旬　🍁紅葉：11～12月

西国三十三箇所巡りの16番御札所として訪れる人も多いが、京都を代表するお寺としていつもたくさんの人で賑わっている。由来をたずねれば、開山[7]は延鎮（賢心）、創建は坂上田村麻呂と伝える、平安遷都直前にまで遡れるほどの古いお寺だし、本堂にある「**清水の舞台**」はあまりにも有名だ。この舞台から見下ろす東山南部の渓谷美は、たしかに逸品である。

音羽山の山腹に広大な寺域をもつこの寺は、山の樹木の中に、数多くの伽藍[9]をそびえさせている。馬駐は貴族や武士が此所で馬から下り、馬をこの建物につないで諸堂へ参拝した。室町時代の建築。

桃山時代の様式を見せる鐘楼は、慶長12年（1607）の再建。清水寺正門の仁王門も室町時代の建立と推定できる優美な門。西門は鐘楼と同時期に建てられた、八脚門の堂々たる建物である。三重塔も本堂と同じ時に再建されたものだが、日本最大級で高さ31m弱の塔である。内部は非公開だが、天井や柱に描かれた彩色文様、菩薩[87]・明王[94]図などは美しい。窓裏には八大祖師像等が描かれている。随求堂・堂下では近年、胎内めぐり（拝観100円）が始められている。

本堂（国宝）は寛永10年（1633）に再建された寄棟造[99]、檜皮葺[81]。屋根の線が美しい。本尊[90]千手観音と脇侍[13]の地蔵菩薩・毘沙門天を祀る。外陣[20]の梁の上の絵馬[5]も見逃せない。錦雲渓の急崖に約190㎡、総檜板張りの「舞台」を懸造にして張り出し、巨大な欅の柱を立て並べて支えている。舞楽などを奉納する正真正銘の「舞台」で、そこからの眺望は、絶景である。舞台や屋根葺き替えなど、令和2年（2020）に平成の大改修が行われ、寛永再建当時の姿をよみがえらせている。

阿弥陀堂は法然上人と縁の深い御堂。本尊阿弥陀如来坐像は京都六阿弥陀仏の一つに数えられている。

奥の院は、本堂同様に舞台造で、「奥の千手堂」ともいい、千手観音三尊と

夢二カフェ五龍閣　7D4　明治・大正の雰囲気を味わえる洋館カフェ　五龍閣は、建築家武田五一による設計で国の登録文化財。店内には大正ロマンを代表する画家・竹久夢二の作品が多数展示されている。とうふを使ったスイーツなど和風・洋風の混ざったメニューも面白い。

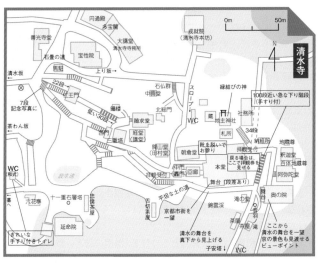

清水寺

音羽の滝

二十八部衆、風神・雷神を祀る。千手観音は藤原末から鎌倉初期にかけての作とみえる。

　階段を下ると**音羽の滝**。こんこんと流れ出る清水は古来「黄金水」「延命水」と称し、尊ばれ、多くの参詣者が列をなす人気スポットである。

　奥の院から音羽の滝へと、奥深く入っていく子安塔(非公開)は、高さ約15mで錦雲渓を隔てた丘上に建つ、檜皮葺の軽快な三重塔である。子安観音(千手観音)を祀り、安産に大きな信仰を集めて来た。

　成就院参道途中の右手に千体余りの石仏が群集して祀られてあるのも、散策をする楽しみを高めてくれるし、春には桜、秋には楓が、山や谷の樹々をいろどる。春季、秋季の夜の特別拝観も大勢の人々で賑わう。

　成就院(P115)は、借景・池泉鑑賞式庭園が有名である。誰が袖形手水鉢・烏帽子石・蜻蛉燈籠、手毬燈籠などが名高く、五葉松・侘助椿が一段と風趣をそえ、月の庭と賞美されている。

　普段は非公開だが例年5月・11月に特別公開がある。

忠僕茶屋と舌切茶屋

　尊皇攘夷派の清水寺成就院の月照と西郷隆盛は、安政の大獄で追われ、鹿児島湾(錦江湾)で身を投げる。月照は亡くなり西郷は一命を取り留めるが月照の下僕であった大槻重助は捕らえられ牢獄に。その後釈放された重助は、西郷隆盛、清水寺の援助で境内に茶店を開くことを許された。これが今に残る「**忠僕茶屋**」。

　一方、「**舌切茶屋**」は、同じ頃に清水寺の寺男だった近藤正慎が京都西奉行所に捕らえられ、月照の動向を厳しく追及された。そして口を開いてしまうことを恐れ、自ら牢獄の壁に頭を打ち付けた上、舌を噛み切ったという。

　そのような由来もあって二つの茶店は、子孫に茶店を営むことが許されたという。昔ながらの味わいの甘酒、ぜんざい、わらび餅などの甘味がそろう店である。

清水寺　七不思議

首振地蔵(善光寺堂前)	首がぐるぐる回り、待ち人祈願に霊験あらたかという。待人地蔵とも。
手綱を繋ぐ鉄製の鐶(馬駐)	何故か鐶が一ヶ所(二ヶ所)逆付きになっている。
目隠し門	仁王門にこと。この楼門で遮られ、仏堂が見えないことから。
仁王門前の狛犬	仁王門は正門で赤門とも。阿吽対が一般なに、吽形の狛犬が無い(両方とも阿形の阿形)。
仁王門正面右側の腰貫	その窪みを指先でカンカン叩くと、斜交反対側の柱にその音が伝わるという。
岩駒の「虎の図」石灯籠(西門下、右手)	火皿の下に彫りこんだ虎、夜毎吼える声で、抜け出る虎の水を飲みかけたという。また、どの方向から見ても虎が睨むという。
三重塔	各隅の角の鬼瓦、東南角だけが各層とも龍の形とも。
鐘楼	普通は四隅4本の柱と思いきや、何故か6本ある(重い梵鐘を吊るため)。

石灯籠内の観音菩薩像(随求堂前)	平景清が平家滅亡後の牢獄期、爪で石に彫ったという。
本堂拝観口の轟門	何故か、水もないのに小さな橋(轟橋)がある。
轟門	本堂への中門で八脚門。何故か扉が無い。
梟の手水鉢(轟門前)	この水を飲むと、頭痛や歯痛が治るという。
弁慶の足形石(朝倉堂右横手)	「仏足石」だが、何故か弁慶の足形という。平景清の足形とも。
弁慶の鉄の杖と下駄(本堂西廊下)	大錫杖は長さ2.6m 重さ96kg、小錫杖は長さ1.76m 重さ17kg、鉄高下駄は、一足が12kg。音羽の滝の行者が満願成就のお礼に収めたともいう。
弁慶の指跡(本堂桁廻りの長押)	木目に沿って溝が掘られている。これは弁慶が指で掘ったと。実は、昔、堂々めぐりをした数取り札の擦り痕。
岡村信基筆の墨絵の円竜(経堂鏡天井)	音羽の滝の水を飲むため夜ごと天井を抜け出したという。
音羽の滝	水源・牛尾山で大蛇退治が行われたとき、滝の水は真っ赤に染まったとも。古来「黄金水」「延命水」とよばれ、柄杓に清水を汲み、六根清浄、諸願成就を祈る。

文の助茶屋　7D3　ご存知、名物甘酒　八坂の塔のそばにある茶屋で、二代目桂文之助が引退後はじめた。名物は米麹を使った昔ながらの甘酒で、砂糖を全く用いない自然な甘さはそうあるものではない。ちなみに甘酒の季語は夏。こちらでは「冷やし甘酒」も用意している。(夏季)

空也上人立像

空也〔903～972〕

平安中期の念仏僧。踊躍念仏、六斎念仏の開祖ともいわれる。生国不明だが、第60代醍醐天皇の皇子とも、常康親王（第54代仁明天皇の皇子）の子ともいう。諸国を遍歴後、京都に入り、口称念仏を広め、市聖と呼ばれ、民間における浄土教の祖とも評価される。天台座主・延昌（第61代朱雀天皇・第62代村上天皇の帰依を受け、その師となった。）により受戒、光勝の名を受けた。

安井金比羅宮 縁切り・縁結び碑

安井金比羅宮 7C3 121・116

境内にある縁切り・縁結び碑は高さ1.5m、幅3mの絵馬の形をした巨石で、中央の亀裂を通して神様のお力が円形の穴に注がれている。人々の様々な願いが書かれた「形代」（身代わりのおふだ）が貼られ、碑が見えないほどになっている。

六道珍皇寺 7C3 121

空海の師慶俊僧都が開基。8月7日～10日、先祖の霊をお迎えする『六道まいり』で知られる。今昔物語にもでてくる行事で、梵鐘の迎え鐘によって亡者（ご先祖様）をこの世に呼ぶ、お盆の風物詩である。

ここは葬地（鳥辺野）の入口にあったことから、現世とあの世との境・六道の辻と見なされた。平安時代の官僚・小野篁は、昼間は宮廷に仕え夜は本堂裏の井戸（非公開）から地獄に通い、閻魔大王に仕えたという。

現在も閻魔堂（篁堂）には閻魔像と篁像が安置されている。閻魔堂や重文の本尊薬師如来[96]や地獄絵等の拝観は事前に申し込みが必要。境内は自由。

空也の寺

六波羅蜜寺 7C4 121

胸に金鼓をぶらさげ、右手に撞木、左手に鹿角の杖をつき、口から「南無阿弥陀仏」の6体の阿弥陀仏を吐き出している、あの空也上人像がある六波羅蜜寺は、この上人が、応和3年（963）に開いたものである。当時、京の街に悪疫が流行した。そのとき上人は、十一面観音像を刻み、車にのせて街中を引きまわし、「空也踊躍念仏」を唱えて、病魔を鎮めたという。この十一面観音立像（国宝）は、現在、本堂に安置されており、33年に1度しか公開されない秘仏である。上人の「踊躍念仏」は、今日「六斎念仏」となって伝えられている。

文化財収蔵庫「**令和館**」には、運慶とその長子・湛慶の像といわれる木像彫刻をはじめ、伝平清盛坐像などの鎌倉期の作品が多く並べられている。藤原期の仏像[82]もあるが、やはり、眼をとらえるのは、運慶の四男康勝の作といわれる**空也上人立像**である。1mばかりの小さな木像だが、やせ細った行者姿で念仏を唱える上人の姿は迫真的で、鎌倉期彫刻の特徴をよく表わしている。

平安時代の終り頃、平忠盛がこの寺に軍勢を集めた時から、清盛、重盛など、平家一門の館が建ち並んだこともあった。寿永2年（1183）、平家没落とともに、館も焼け、寺も燃えつきた。その後は、源頼朝、足利義詮、豊臣秀吉、そのほか徳川家の将軍たちによって庇護されてきた。

現在の本堂は、貞治2年（1363）に再建されたもので、寄棟造[99]、本瓦葺[88]、昭和44年（1969）開創1000年を記念して、大解体修理が行われた。今や、装いも新たになった建物が、混み入った民家の一隅に丹の色も鮮やかに構えている。

日本最古の禅宗の寺院

建仁寺 7C3 116

（両足院）**半夏生**：6月特別公開

臨済宗建仁寺派の大本山。京都五山のひとつ。建仁2年（1202）、鎌倉幕府2代将軍・源頼家が寺域を寄進し、栄西が建立した京都で最初の禅寺である。何度かの兵火をくぐりぬけて、天正年間（1573～92）に安国寺恵瓊によって方丈[85]や仏殿を移築され、再興がはじまった。

今では、往時の壮大な面影はなくなってしまった。しかし**方丈**は、慶長4年（1599）年、恵瓊が安芸の安国寺から移築したもので、単層入母屋造で優美な銅板葺の屋根が印象的な禅宗方丈建築。本尊[90]は東福門院寄進の十一

半兵衛麩 7C4 お腹の虫をなだめる麩と湯葉料理 五条大橋畔の半兵衛麩は元禄年間（1688～1704）から続く麩と生湯葉の老舗。多彩な麩製品がずらり。奥の食事席では、粟麩の田楽、生麩の炊き合わせなど工夫を凝らした生麩と湯葉づくしの「むし養い点心」が味わえる。（予約）

面観音菩薩[87]像。古い歴史のあるお寺であり、多くの宝物を所蔵している。なかでも、俵屋宗達の**風神雷神図**（国宝・複製）は、彼の代表作である。

拝観できるものとしては、方丈襖絵は橋本関雪筆「生々流転」「松韻」「伯楽」、108畳の大きさの双龍図（法堂大天井画）がある。そのほか通常非公開だが、中国宋代の水墨画[55]の名品もあり、海北友松の襖絵も数多い。友松は、桃山時代から江戸初期にかけて活躍した水墨画家で、独特の画風を残した。

公開の方丈の前庭「大雄苑」は、禅寺らしい枯山水の庭園で、お茶席（東陽坊茶席—豊臣秀吉が北野大茶会のとき、千利休の高弟・東陽坊長盛に造らせた茶席を移築したもの）があるあたりの竹垣は、建仁寺垣と呼ばれ有名である。

建仁寺塔頭[62]のひとつに、**両足院**（P121）（予約制）がある。長谷川等伯筆と伝えられる襖絵があり、五山文学の蔵書でも知られている。また、重文クラスの仏像[82]とともに市指定の名勝庭園を有することで有名である。3つに分かれた庭はそれぞれ趣が異なる。ひとつは石庭、そして枯山水、大きな池を配した池泉鑑賞式となる。

志士たちの足跡を記念する
霊山歴史館　7D3　*121*

全国的にもユニークな幕末・明治維新の専門歴史博物館として昭和45年（1970）に開館。

江戸中期以降、とりわけ天保期後の諸藩志士をはじめ朝廷、公卿、諸侯、藩主、文人、画家など重要人物の遺墨、詩文、遺品、書状や各種資料・文献などの収集、調査、研究、公開展示を行っている。収集資料は5,000点を超えるといい、**常設展**では約100点を展示、逸品にはペリー来航絵図、龍馬を切った刀、新選組大幟等があり、例年春（4～5月）、秋（10～11月）に特別展を開催している。

坂本龍馬と昭和の杜
京都霊山護国神社

7D3　*115*

坂本龍馬、中岡慎太郎の墓

幕末の激動期に登場した維新の志士たちを奉祀すべく、明治元年に「霊山官祭招魂社」として全国で初めて創立された。昭和14年（1939）京都霊山護国神社と改称。境内には坂本龍馬、中岡慎太郎、桂小五郎（祀られている志士はなんと3千百名という）を始めとする墓石、慰霊碑の他、従軍記念公園「昭和の杜」がある。龍馬・慎太郎の墓付近には参拝者が書いた石板が数多く供えられている。熱いメッセージがつづられており、現代にも龍馬が生き続けていることを実感する。また、小高い丘からは市内の景色が望める。年末年始・春・夏・秋に夜間拝観を開催。

坂本龍馬〔1835～1867〕

幕末期の志士。土佐藩出身。江戸に出て文武を学び帰郷、画家の河田小龍から西洋事情を学ぶ。勝海舟の門に入り、神戸海軍操練所設立に尽力。脱藩後（後に赦免）、貿易会社と政治組織を兼ねた亀山社中（後の海援隊）を結成。京都で「薩長連合」の盟約実現を仲介し直後、伏見の「寺田屋」で藩吏に襲撃されるが生存。諸侯会盟の覚書「新政府綱領八義」を起草したが、慶応3年（1867）、中岡慎太郎とともに「近江屋」（四条河原町上ル西側）に宿泊中、襲撃され死亡。同地に遭難の碑が建つ。

中岡慎太郎〔1838～1867〕

幕末期の土佐藩の尊王攘夷派志士。坂本龍馬とともに、長州藩の桂小五郎（木戸孝允）と薩摩藩の西郷隆盛の会合・盟約に奔走する。陸援隊隊長。「薩長盟約」締結に尽力（慎太郎・龍馬が立ち会う）。「近江屋」で龍馬とともに暗殺された。

桂小五郎（木戸孝允）
〔1833～1877〕

幕末期・維新期の政治家。通称・桂小五郎。大久保利通、西郷隆盛と並び「明治維新三傑」の一人。長州藩出身で吉田松陰門下。龍馬の尽力で、西郷隆盛らと「薩長連合」の盟約に成功、討幕の中心として活躍。維新後は「版籍奉還」、「廃藩置県」を推進。上京区土手町通竹屋町上ルの邸宅で没。

鍵善良房　7C3　「くずきり」の名店　決して珍しい食べ物ではない「くずきり」だが、ここは別格。吉野の本葛を使い、注文が通ってから作り始める。できたてを蜜で頂くと、優しい、どこか大地に似た香りが堪らない。蜜は黒と白から選ぶことができる。

43

ねね（北政所）（1548～1605）

　豊臣秀吉の正室ねね（高台院）、おねとも。北政所とは、摂政・関白の正室に対する尊称。

　秀吉の死後、秀頼・淀殿に大坂城を明け渡し、京都三本木（京都御苑内南西）に移り住んだ。後、秀吉の冥福を祈るために徳川家康に図り、東山に「高台寺」を建立。北政所の生母が眠る寺町にあった「康徳寺」（廃寺）と、伏見城から化粧御殿と前庭（現在の「圓徳院」（高台寺塔頭）を、移転して造営したという。

豊臣秀吉〔1536～1598〕

　安土桃山期の武将・大名。尾張生まれ。織田信長の家臣となり信長死後、全国統一。朝鮮半島の侵略に出兵（文禄・慶長の役）。京都では、聚楽第や大仏殿（**方広寺**）の造営、禁裏の修築、淀城の再建、伏見城を築く。「**上賀茂神社**」楼門と、金箔瓦をふいた回廊建造なども行ったという。さらに市中寺院の集中（寺町、寺ノ内）（寺院の統制を意図）、御土居築造（防備と洪水対策）（「**北野天満宮**」西側の土堤は原型に近い）、新町割改造（「鰻の寝床」京町家が誕生）など京都改造を行った。

秀吉とねねの寺

高台寺 7D3 *116*　❀桜：4月上旬　🍁紅葉：11～12月

　豊臣秀吉の正室、北政所ねねが亡夫の菩提を弔うために建立した寺院で、正式には高台聖寿禅寺という。高台寺蒔絵の名で知られる霊屋内陣[72]（開山堂から臥龍廊と呼ばれる長い廊下を経て東の山腹に位置し、秀吉と北政所の坐像を安置する）の優美な金蒔絵装飾（高台寺蒔絵）や、伏見城から移した傘亭・時雨亭の茶室は特に有名で、いずれも桃山文化の粋として高く評価されている。開山堂前の池泉回遊式庭園[65]は小堀遠州作で、臥龍池、偃月池という東西の池と石組みを生かした桃山時代の代表的名園として国の史跡・名勝に指定されている。春から夏の週末コンサート、夜間拝観など、イベントが盛ん。

　建物内部は、数多くの特別公開時に見ることができる。宝物は、「**ねねの道**」沿いの「京・洛市ねね」内の**高台寺 掌 美術館**（P116）で。

　向かいの**圓徳院**（P114）は、木下家の菩提寺として開かれ、高台寺の塔頭[62]とされた寺院。もともと伏見城化粧御殿の前庭を移したもので、北庭は池泉回遊式だが枯山水となっている（国指定名勝）。方丈[85]の襖絵「冬の絵」は長谷川等柏の筆。

[地図：高台寺周辺案内図]

圓徳院

　ひさご　7D3　ふんわりふっくらの親子丼　石塀小路近くのひさごは舞妓・芸妓さんにも人気の店。昭和5年の開店当初からの名物は親子どんぶり。丹波地鶏の卵とかしわ、富山産のコシヒカリ、京野菜の九条ネギと素材は一級。自家製の茶そばを使ったにしんそばもファンが多い。

ぎおんまつり
祇園祭

祇園祭とをけら詣り

八坂神社 7D3 *121*
やさかじんじゃ ぎおん

「祇園さん」の名で親しまれる八坂神社は、全国に約3,000あるという祇園社の根本神社であり、京都市民に広く信仰を得ている。かつては「祇園社」「感神院」等と称し、八坂神社の名に改められたのは、明治元年（1868）のことだが、神社の歴史は、いろいろな説があるが、平安京建都（794）以前ともいわれ、かなり古いものである。

12月31日、大晦日の夜には、をけら詣りの列がつづき、新しい年の幸せを祈ってたくさんの参詣者が集まる。 火縄にをけら火をつけてもらって家に持ち帰り、その火でかまどを炊き、お雑煮を炊いて新年を祝うのは、古い京都の習わしだった。その風習は今も続き、大晦日の境内は賑わっている。

さて、八坂神社の**本殿**（国宝）は、祇園造と呼ばれる独特の神社建築様式で、承応3年（1654）に再建されたものである。平成14年（2002）に大修理が行われた。神社の正面には石鳥居が建つ。高さ9.5m、寛文6年（1666）に再建された。四条通突き当り、新装されたおなじみの**西楼門**は、明応6年（1497）に再建されたもので今は本瓦葺[88]だが、当初は檜皮葺[81]だったという。

京都市最古の公園

円山公園 7D3 🌸桜：4月上旬
まるやまこうえん

東山の山麓、北には知恩院、西には八坂神社、そして南は高台寺に囲まれたこの公園は、実は明治19年（1886）につくられたものである。東山を背に86,600㎡あり、池泉回遊式庭園[65]を中心に、春には、枝垂桜が咲き乱れ、初夏にはアヤメや藤も咲ききそい、市民の格好の散策の場として親しまれている。 花見時のかの枝垂桜を中心とした'祇園の夜桜'は圧巻である。

公園内には、野外音楽堂があり、コンサートや集会が開かれ、**長楽館**という鹿鳴館時代を偲ばせる喫茶店は、ここの人気所のひとつである。このような、公園として整備される以前からある建物や旅館、料亭が、今も営まれている。

池のそばには、明治維新時、志半ばにして倒れた、坂本龍馬・中岡慎太郎の銅像が建っている。 公園の南側の道を行くと、茅葺屋根の芭蕉堂、西行庵がある。

このあたり、昔から花の名所であったらしい。円山応挙や池大雅の住居跡も遺っている。

夏には、祇園祭が行われる。祇園祭の由来は、貞観11年（869）にまで遡るが、応仁の乱後、中断されていたのを、明応9年（1500）再興し、今日の祇園祭のようになった。

7月1日ともなれば、もう祭の準備がはじまり人びとの心は浮きたってくる。鉾が建てられ、山が飾られ、なつかしい祭囃子が街中を流れる。16日の宵山、17日の山鉾巡行はお祭のピークである。特に宵山の夜は、家々では秘蔵の屏風絵や甲冑や人形を並べ、通りは人びとで溢れ、夜店が街に賑わいを添える。23基の山と7基の鉾、2基の傘鉾が市中をうねる17日の巡行も、格別の趣がある。2014年からは後祭が復活し24日にも巡行が行われ、元来の姿に戻った。

コンチキチンの祇園囃子と、山鉾を引きずる、ゴトゴト……というきしみの音は、京の夏の風物詩として欠くことができない。

ちょうらくじ
長楽寺 7D3 *118*

平安時代より西行などが詩歌にうたうほど、紅葉で有名。円山公園東奥にあり、壇ノ浦の戦いで生き残った建礼門徳子が、この寺で落飾（出家）した。

その剃髪を祀る十三重の塔が現存し、また書院には安徳天皇の御衣で作った仏幡などゆかりの寺宝を展示している。（仏幡の現物は春季特別展のみ展観）。

時宗の祖師一遍上人像など7体の重要文化財の肖像彫刻がある。相阿弥作庭園、平安の滝も拝観できる。頼山陽・頼三樹三郎親子の墓があり、徳川慶喜ゆかりの「尊攘苑」（水戸烈士墓所）からは市内が一望できる。

長楽館　7D3　迎賓館でカフェ　円山公園にある洋館が長楽館。明治の煙草王・村井吉兵衛氏の元別荘で内装も豪華なロココ調。本館は喫茶室、別館1階はレストラン、上階はホテルだ。人気はスコーンとサンドイッチ、ケーキがセットのアフタヌーンティー（要予約）。

祇園新橋伝統的建造物群保存地区

祇園は祇園社（現在の八坂神社）をはじめとする鴨東の社寺や鴨川に接して開け、中世以来、庶民文化や芸能を育ててきたところだ。後年、江戸初期に完成した鴨川の築堤工事は、鴨東への市街地の拡大と遊興の地としての祇園の発展をさらにすすめた。この祇園新橋地区は、祇園外六町に続いて、正徳2年（1712）、祇園内六町の茶屋街として、花街が開発されたのがはじまり。その後は、江戸末期から明治にかけて芝居、芸能と結びついてますます繁栄した。

だが、慶応元年（1865）、祇園一帯が火災に遭い、現在の町並みは、明治時代以降のものである。

白川の両側に川に接して座敷が並んでいたが、戦時中、疎開により片側が除去され、白川南通になった。1.4haの当地区（縄手通の東、新橋通と白川に面する地域）は、質の高い洗練された町家が整然として建ち並び、さらに美しい流れの白川や石畳、樹木などと一体となって優れた歴史的風致を形成している。

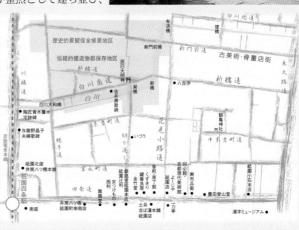

大小百六棟の大伽藍が威容を誇る

知恩院 7D3 *118*

円山公園を北へと抜けていく道―それは、平安神宮へと繋がる神宮道である。その神宮道に面して、知恩院の大きな三門（国宝）が建っている。空・無相・無願の三つの解脱の境地を表わす門、これは、元和5年（1619）の建立。重層、入母屋造本瓦葺[88]の現存の木造建築としてわが国最大の三門である。この門をバックにした記念写真はおススメだ。

ここは、法然上人が浄土宗を布教しはじめたところであり、また上人入滅の地でもある。承安5年（1175）、上人は悟りを得、浄土宗を開くことになるが、そのとき、この地に「吉水の草庵」を結んで、布教をはじめたのである。

漢字ミュージアム　7D3　115　漢字の殿堂　漢字がテーマの博物館。「見て聴いて触れる」「遊び楽しみ学ぶ」といった体験型の展示を主としている。ミュージアムショップも充実のラインアップでショッピングも面白い。

46

知恩院三門

大杓子…大方丈入口の廊下の梁に、長さ2.5m、重さ約30kgの大杓子が置かれている。

瓜生石…黒門登り口の路上にあり、知恩院建立前からと。この石から瓜が実ったという伝説も。

法然（1133～1212）

平安末期・鎌倉初期の僧。浄土宗の開祖。美作生まれ。比叡山で天台宗教学を修めたのち、源信の「往生要集」らに影響を受け、承安5年（1175）専修念仏による浄土宗を開創（「選択本願念仏集」を著す）。西山の広谷の地を経て、東山吉水の地（現「知恩院」）（「安養寺（吉水草庵）」（東山区八坂鳥居前東入円山町とも））で、庵を結んだという。

旧仏教側の敵視、加えて門弟（住蓮、安楽）に帰依した第82代後鳥羽院の女房（松虫・鈴虫）の出家事件にまつわる専修念仏の弾圧（建永の法難「承元の法難とも」）で土佐に流罪。

のちに赦免されて帰洛、大谷山上の「南禅院」（現在の「知恩院」勢至堂付近）に入る。門下には證空、源智、親鸞、熊谷直実らがいる。

しかし、浄土宗の教えを旧宗派の人たちは、激しく非難し、また迫害した。そして、上人はついに四国に流されることになり（承元元年・1207）、京都へ帰ることを許されたのは、それから4年後（建暦元年・1211）のことだった。そして、再び、この東山大谷の庵に入り、布教をはじめることになる。上人79歳のことである。

上人は、翌年（1212）この世を去るが、かつて拒まれた彼の教えは、弟子・源智上人に受け継がれ、文暦2年（1234）華頂山知恩教院大谷寺となって発展する。

その後、応仁の乱（1467）などを経て、伽藍は変貌を遂げてきたが、織田信長や豊臣秀吉、徳川家康などの庇護を得て、規模を大きくしていった境内は広く、敷地面積約24万千㎡を誇る。

最近修復なった、俗に大殿と称する**御影堂**（国宝）は、寛永16年（1639）に徳川家光によって建立。入母屋造、本瓦葺、法然上人の像を安置する。御影堂の北東には、**大方丈**と小方丈。大方丈の仏間には快慶作の**本尊**阿弥陀如来像が安置されている。寛永18年（1641）の建立で、入母屋造、檜皮葺。江戸初期方丈建築としては代表的なものといえよう。

大方丈の**襖絵**は、狩野尚信・信政・興以らの筆によるといわれる。

宝物収蔵庫（非公開）には、法然上人絵伝・阿弥陀二十五菩薩来迎図（「早来迎」の名で知られる）など数多くの鎌倉時代の名画も納められている。

テレビ「ゆく年くる年」で広く知られた**大鐘**は、高さ3.3m、口径2.8m、重さ約70トンという。知恩院に古くから伝わる七不思議もおもしろい。

三門から坂を登って、上・中・下三段に画された境内・広大な寺内を巡っていくと、付近の騒音を忘れてしまうようである。

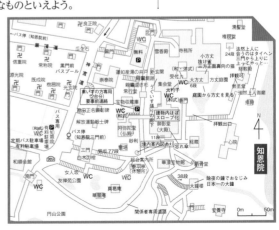

いもぼう平野家本店　7D3　京都名物いもぼう元祖の店　いもぼうは海老芋と時間をかけてもどした北海道産の棒ダラを炊き合わせた京都ならではの料理。享保年間（1716～36）創業のいもぼう平野家本店でその伝統の味が楽しめる。いもぼうに和え物、祇園豆腐などが付いたいもぼう御膳がおすすめ。

将軍塚青龍殿（大日堂）
7D3 117

東山ドライブウェイ頂上に青蓮院の飛地境内・将軍塚大日堂がある。境内は外からは想像もつかないほど広大で、四季を通じて、いろいろな美しさを楽しませてくれる。大舞台からの市内一望の大パノラマは、おススメだ。青龍殿奥殿には、「青不動」(国宝・複製)が安置されている。

岡崎公園入口の大鳥居

岡崎公園
7C2

明治維新以後、京都では急速な近代化が図られた。市電・疏水・織物工場の機械化がなされ、明治37年（1904）には内国勧業博覧会が開かれた。岡崎公園は、この跡地を整備したもの。

今では、美術館・図書館・動物園・ロームシアター京都（京都会館）・勧業館（みやこめっせ）など文化施設が建ち並び、運動公園でテニス、野球を楽しむ市民も多い。近年、運動公園地下に市営駐車場ができた。

みやこめっせ（京都市勧業館）
7C2 121

伝統産業を始めとしたあらゆる産業界の展示。イベントに利用できる展示施設、見本市会場としても利用されている。

B1Fの**京都伝統産業ミュージアム**P115では、京の歴史の技を伝える伝統的工芸品（74品目）を常時展示。季節に応じて随時展示替えをしており、多種多様な伝統工芸品が見られる。また、各コーナーに映像モニターや制作工程を設置、制作工程は手で触れることができる。

同じB1Fにある**日図デザイン博物館**は、デザインの文化・美術の過去、現在、未来に関する生活美文化の変遷資料を収集、展示公開している。みやこめっせ地下には163台収容の駐車場もある。

御殿のような趣を持った寺

青蓮院 7D3 117

天台宗の京都五箇室門跡の一つとして知られており、粟田御所の名もある。平安末期比叡山の東塔のひとつとして青蓮坊が建てられ、この寺の起源となった。代々法親王が住職となっていた。この寺が最も栄えたのは、平安末期から鎌倉にかけてで、慈円（藤原兼実の弟で「愚管抄」の著者、歌人としても名高い）が住職を務めた頃である。

門前の名木「楠」は親鸞手植と伝えられ、五本ある。江戸時代には、知恩院に全域を取りあげられたこともあったし、応仁の乱の時には兵火に焼かれたこともあった。しかし、庭園（**相阿弥の庭**）は、室町時代、相阿弥の作と伝えられ、池泉回遊式[65]で築山が設けられ、その北側に**好文亭**（後桜町上皇学問所）が建っている。その庭は、今日なお、当時の面影をとどめている。もう一つ、小堀遠州作と伝える庭園（**霧島の庭**）では、霧島ツツジが植えてあり、五月の連休の頃、一面を真っ赤に染める。

将軍塚青龍殿（大日堂）の新築奥殿に安置する、密教[93]の仏である**青不動明王**[94]の図「不動明王二童子像[70]」(国宝・複製)も、藤原時代の作と伝えられている。日本三不動のひとつである。

宸殿には、住吉具慶作（江戸初期）と伝えられる、金地に緑青で松の群像が描かれた「浜松図」もある。春と秋の二回にわたり、約二週間程度の夜の特別拝観を開催、人気である。

ゆったりとアートを楽しむ

京都国立近代美術館・京都市京セラ美術館 7C2 115

琵琶湖疏水のほとりに建つ淡いグレーの近代的な建物が**京都国立近代美術館**。平安神宮の大鳥居を挟んで、煉瓦造の京都市京セラ美術館と向かい合っており、共に京都を代表するアートスペースとして市民に親しまれてきた。京都、西日本の美術に比重を置き、京都派の日本画、京都近代の洋画などを収集、展示、なかでも、陶芸、染織など工芸に重点を置いた活動が大きな特色の一つという。近現代美術をテーマとした企画展のほか、常設展示室では所蔵作品（約12,700点）を適宜展示替えをする。マチスや梅原龍三郎、長谷川潔、河井寛次郎といった国内外の美術作品が幅広く楽しめる。ロビーからの眺めもよく、ゆったり過ごせるスペース。

令和2年（2020）大規模リニューアルオープンした**京都市京セラ美術館**は、本館南回廊1階に「コレクションルーム」を新設し、年間4期に分け3,600点を超える収蔵品の中から四季に合わせた展示を行っている。特別展もある。

京都国立近代美術館

京都市京セラ美術館

スフレ＆カフェコーナー茶菓 7C2 京料理六盛プロデュースの本格スフレ店 手作り弁当が有名な京料理の六盛の1Fにある本場フランス風スフレ専門店。落ち着いた雰囲気。焼き上がるまでに時間がかかるので余裕を持っていこう。以前は六盛茶庭として独立していたが、近年現在地に移転した。

平安京の風景と明治時代の代表的な日本庭園

平安神宮 7C2 120

🌸桜:4月上旬　🌿杜若:5月上旬　🪷睡蓮:5～9月
🌸花菖蒲:6月上旬　🌾萩:9月中旬

平安神宮大極殿

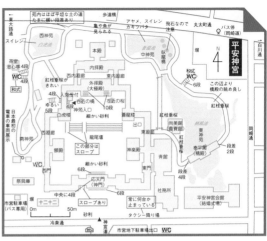

岡崎公園の真ん中を突き抜ける道を神宮道という。京都市美術館と国立近代美術館をまたぐように大きな朱塗りの鳥居がそびえ、その向こうに平安神宮の社殿が見える。社殿の建立は、明治28年（1895）、平安奠都1100年祭を記念して建てられたものであり、第50代桓武天皇を祀る。のち、明治維新の悲劇の天皇・第121代孝明天皇も祀られるようになった。

社殿は、平安京大内裏朝堂院を昔の規模の8分の5の大きさに縮小して建てられたものである。大極殿（外拝殿）・応天門（神門）・蒼龍楼・白虎楼・歩廊・龍尾壇などは明治28年（1895）の創建当時に造営されたもの。

広々とした庭（神苑）は総面積33,000㎡（約10,000坪）、社殿を取り囲むように東・中・西・南の四つの庭からなっている。池泉回遊式庭園[65]で国の名勝である。春には紅の枝垂桜、初夏には花菖蒲にサツキ、睡蓮、秋には萩や紅葉で鮮やかに彩られ、その美しさを満喫することができる。また、冬の雪景色や裸木も得がたい風情である。天正10年（1582）、豊臣秀吉が建造した三条大橋や五条大橋の橋脚を使った、中神苑中央の臥龍橋もおもしろく、明治期を代表する庭園といえよう。東神苑栖鳳池の中央付近を東西にまたぐ橋「泰平閣」は、神苑を象徴する建物となっている。

10月22日（雨天順延）には、時代祭が行われ、平安遷都の頃から明治に至る千年余年の歴史の風俗絵巻が繰り広げられる。

泰平閣

桓武天皇（737～806）

第50代天皇。45歳で即位し、26年間在位する。平城京の仏教勢力を嫌い、延暦3年（784）に長岡京、延暦13年（794）には平安京への遷都を行った。これにより、政治の局面の転換をはかり、強大な皇権を確立することとなる。

また、坂上田村麻呂を征夷大将軍として蝦夷討伐を命じ東北地方の支配を固めるなど、地方政治の刷新を行ったという。

治世の間には、続日本紀の編纂、遣唐使の派遣など文化面での貢献も大きい。なお、最澄や空海が唐に渡り帰国したのも桓武天皇の在位中である。

時代祭

平安神宮の大祭で、京都三大祭りの一つ。平安神宮の創建に合わせ、これを盛大に祝おうとはじめられた。

祭りが行われる10月22日は、平安神宮の祭神でもある桓武天皇が、延暦13年（794）に平安京へ入られた日に因んでいる。祭りのハイライトは、明治維新から平安時代へといたる各時代の人々に扮した行列である。例年、総勢約2,000名の人々、70頭の馬、2頭の牛、馬車・牛車などで構成され、総延長は約2kmにもなる。

行列の人々は、時代ごとの特色あふれる衣装や調度品、祭具を持ち、その総数は1万2,000点にものぼる。こうした品々は、糸などの素材にいたるまで、各時代の姿を忠実に再現している。

行列は、これに先立つ行事の後、京都御所を昼に出発し、平安神宮までを巡行する。

おかきた　7C2　平安神宮の宮司さんも通う店　地元の人が足繁く通ううどんの店が岡北。やや細めの自家製麺に、ダシは風味豊かな北海道利尻産の昆布やメジカ節など3種を使用し、季節ごとに配合や味付けを変える。自家製麺に具もたっぷり入ったなべやきうどんがいちおしだ。

49

疏水橋「水路閣」

南禅寺三門

水路閣 7D2

方丈の南には、疏水橋がある。水路閣といい、赤煉瓦造の大きな橋が、琵琶湖から京都に水を引き入れて、南禅寺を横切っている。琵琶湖疏水については**琵琶湖疏水と蹴上インクライン**参照（P51）。

南禅院 7D2 119

疏水橋の向かいに南禅院（南禅寺別院。亀山天皇離宮跡）があり、鎌倉時代末の代表的池泉回遊式庭園65をもつ。方丈は、元禄16年（1703）徳川綱吉の母、桂昌院の寄進。紅葉の隠れた名所でもある。

金地院 7D2 116

南禅寺塔頭の一つ金地院は、応永年間（1394～1428）建立。鶴亀の庭（特別名勝）は、小堀遠州の作といわれる枯山水で、遠州好みの茶室・八窓席（往復とはがき申し込み）もある。

天授庵 7D2 118

塔頭の天授庵は、無関普門（大明国師）の塔所として建立。1602年（慶長7）細川幽斎が再興。池泉を主にした庭と枯山水と二つの庭園が見られる。

五山文化の中心

南禅寺 7D2 119　🌸桜:4月上旬　🌾萩:9月中旬　🍁紅葉:11～12月

岡崎公園の南側、仁王門通を東へ歩いて、疏水を渡ると、南禅寺の参道が見えてくる。総門から放生池、勅使門、三門34、法堂、方丈85と南禅寺の大伽藍9が真っ直ぐに連なっている。そしてまわりには、樹木の梢の間からいろいろな塔頭62の屋根がのぞく。

今から700年ほど前、亀山天皇がここに離宮をつくったのがはじまりである。正応4年（1291）、天皇は法皇となり、離宮を寺に改めた。当初は、禅林禅寺といったが、正安年間（1299～1301）の頃、南禅寺と改称された。建武元年（1334）、京都五山の第一位に叙せられ、相国寺が建立されたとき、五山の上位に列せられた。室町時代には、塔頭は60、僧侶は1,000人を超え、五山文学の中心地として栄えたが、比叡山僧徒の焼打ちや応仁の乱などで当時の伽藍はすべて焼失してしまい、現在の建物は、桃山期以降のものである。

歌舞伎「楼門五三桐」の石川五右衛門の伝説で有名な**三門**は、藤堂高虎が寛永5年（1628）に再興したもの。天下竜門とも呼ばれる入母屋造、本瓦葺88門。前右方の巨大な石燈籠は佐久間勝之が寄進したもので、高さ6m余りあって大きさでは東洋一である。俗に片灯籠と呼ばれている。三門の正面に仏師左京等の手になる宝冠釈迦坐像を本尊90として、その脇侍13に月蓋長者、善財童子、左右に十六羅漢を配置し、本光国師、徳川家康、藤堂高虎の像と一門の重臣の位牌が安置されている。天井の鳳凰、天人の極彩色の図は狩野探幽、土佐徳悦の筆である。

この三門の奥に**方丈**（国宝）（大方丈と小方丈からなる）があり、大方丈は、天正の頃（1573～92）につくられた内裏清涼殿を移したものと伝える（単層、入母屋造、柿葺26）。124枚もの襖絵の内、白梅禽鳥図は狩野元信筆、中国宮廷図は狩野永徳筆と伝えられる桃山期の作品である。伏見城の遺構と伝える小方丈虎の間の襖絵

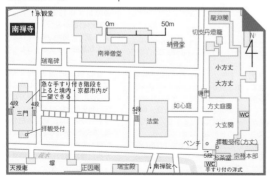

南禅寺

↑永観堂

0m　50m

N

龍淵閣

切妻丹燈籠

納骨堂

南禅僧堂

瑞竜碑

急な手すり付き階段を上ると境内や京都市内が一望できる

4段　三門　4段

拝観受付

薩

堤

天授庵

正因庵

小方丈

大方丈

如心庭

方丈庭園

WC

法堂

大玄関

ベンチ

拝観受付（方丈）

5段　お茶室　宗務本部

瑞宝殿

WC　手すり付きの洋式

南禅院↓

奥丹 7D2　南禅寺名物「湯豆腐」　食通・滝沢馬琴は「南禅寺豆腐は江戸のあわ雪にもおとれり」とするが、これは馬琴の負け。江戸時代、南禅寺参道にあった名物湯豆腐屋が丹後屋。のちに口丹・中丹・奥丹の3店に分かれ、そのうちの「奥丹」が、塔頭聴松院の隣に店を構えている。

は狩野探幽筆といわれ、金地に群がる虎が描かれている。なかでも「水呑の虎図」はよく知られている。方丈欄間[103]の両面透彫[56]は、左甚五郎作といわれる。

方丈前面に慶長（1596～1615）の頃、小堀遠州がつくったという枯山水の庭「虎の子渡しの庭」がある。

小堀遠州〔1579～1647〕

江戸初期の大名、茶人、作庭家、建築家。古田織部に茶を学び、三代将軍徳川家光の茶道指南となった。数多くの庭を手掛けており、金地院・高台寺・青蓮院などの庭園が代表的。

桜の名所
琵琶湖疏水と蹴上インクライン　7C2～D2　🌸桜：4月上旬

明治維新のとき、東京遷都が行われたことは、千年の都を誇っていた京都にとっては大きな打撃だった。そこで新しい政策がうちたてられ、京都は近代化への道を歩みはじめた。琵琶湖疏水は明治23年（1890）竣工。落差のある二ヶ所に敷設した傾斜鉄道・インクラインは、琵琶湖と京都をつなぐ交通機関として小舟が往復していた。昭和23年（1948）廃止になったが、平成30年（2018）観光船として復活した。船とそれを乗せた台車が地下鉄蹴上駅北に形態保存されている。インクライン軌道跡は、今は桜の名所だ。

インクライン軌道跡

明治の大事業を知る
琵琶湖疏水記念館　7D2　119

琵琶湖疏水開通100周年を記念し、平成元年（1989）年にオープンした博物館で、地上2階、地下1階の展示室には、建設当時の疏水関連の図面や絵図、工事に関わった人々の苦労をしのばせるいろいろな資料などを展示。また、インクラインの模型等も展示されており、中庭にある発電機は国内最初の水力発電に使われたもの。中庭からインクラインや、正面に流れる疏水の景観も楽しめる。

琵琶湖疏水記念館　ペルトン水車と発電機

和洋折衷の庭
無鄰菴　7C2　121

疏水の流れる仁王門通沿いにある。明治初期の宰相・山県有朋の別荘。明治29年（1896）に建てられた。木造の母屋や茶室、洋館などが、東山を借景[42]にした庭に控え目に佇んでいる。「国指定名勝」で池泉回遊式庭園[65]。小川治兵衛（植治）作の庭は、疏水を取り入れ、三段の滝、せせらぎが演出されている。庭園を眺めながら、お抹茶（有料）がいただけ、紅葉見物もゆっくりできるところだ。

野村美術館　7D2　119

南禅寺北門近くの風致地区に建つ数寄屋風の美術館で、茶道具を中心に能装束・能面、書画、古美術品など収蔵品の質の高さには定評がある。

創設者の野村徳七は野村証券や野村銀行（現りそな銀行）を興した実業家で、明治から昭和にかけて収集したコレクションは、1700点余にのぼる。季節やテーマごとに道具を取り合わせたり、茶席を再現するなど、美術工芸と茶の湯を結び付けた展示が特色。立礼茶席で抹茶も飲める（有料）。

展示期間は3月上旬から6月上旬、9月上旬から12月上旬で、夏期と冬期は休館となっている。

ブルーボトルコーヒー　京都カフェ　7D2　カリフォルニア生まれのご存知ブルーボトルコーヒー。築100年を超える、2層構造の伝統的な京町屋をリノベートした開放的な空間でコーヒーとスコーンをどうぞ。

永観堂多宝塔

みかえり阿弥陀

永観堂のその他の寺宝

恵心僧都作といわれる「絹本着色山越阿弥陀図」（国宝）は、山の向うから阿弥陀様の姿が現れ、人々の心を浄土[49]へ誘う鎌倉初期の名画のひとつである。同じく恵心僧都作といわれる「紙本着色涅槃図」もある。

室町時代のものでは、土佐光信筆の「紙本着色融通念佛縁起絵巻」、桃山時代のものでは、長谷川等伯筆の「竹虎図」、「紙本墨画波濤図」。そのほか狩野元信筆の「花鳥図」などの襖絵もあり、寺宝豊かな寺である。

泉屋博古館　7D2　118

昭和35年（1960）に寄贈された住友コレクションの中国古代青銅器を中心に、茶道具、仏像、絵画などを約3000点の東洋美術品を収蔵する美術館。館の名称は住友家の屋号である「泉屋」と中国の青銅器の解説書『博古録』に由来するという。

ノーベル賞と京都大学

戦後間もない1949年、日本最初のノーベル賞が湯川秀樹に授与されたことは日本人に大きな希望を与えた。

近年は、2014年赤崎勇、天野浩、2015年梶田隆章が物理学賞、2012年山中伸弥、2015年大村智、2016年大隅良典、2018年には本庶佑が医学生理学賞、2019年吉野彰が化学賞を受賞した。これまで29名の日本人（出身者含む）がノーベル賞を受賞しており、内訳は、物理学賞12名、化学賞8名、生理学・医学賞5名、文学賞3名、平和賞1名である。受賞者の多くを京大関係者が占める。独創性のある研究を行いやすい自由な校風が理由として挙げられている。粒ぞろいの人材を輩出していく一方、規格外の発想ができる人材教育もますます期待されている。

モミジの永観堂

永観堂（禅林寺）　7D2　114　★紅葉：11〜12月

もみじでも名高い永観堂の正式名称は、禅林寺という。南禅寺の北にあり、広大な寺域には、本堂、釈迦堂、祖師堂、開山堂などが回廊で繋がれて建っている。東山を背に夏には楓の緑、秋にはその紅葉が美しい。もみじの美しさはすでに、古今集にもうたわれている。建立は、平安初期に遡る。その後11世紀のはじめ、永観律師がこの寺に入り、境内に薬王院という施療所を建て窮乏の人びとを救ったという。このことから永観堂の名が通り名となった。お寺には永観律師の真影が保存されている。

本堂には、室町時代の作といわれる阿弥陀如来[74]像（**みかえり阿弥陀**）が安置されている。80cmばかりの小像だが、首を左の方へふりかえるように向け、やさしい眼差しを近づく者たちに投げかけている。永観律師が念仏を一心に唱えていたとき、壇上の阿弥陀様が、永観をふりかえって、「永観、来るのが遅い」といったという。永観はその阿弥陀様の姿に末代衆生の救済の姿を見た。そのいい伝えが、このやさしい姿の像を刻ませたのだろう。

通常、拝観できるのは、諸堂および庭園（画仙堂、庫裏[19]、浴室、永観堂会館は除く）。紅葉シーズンのライトアップは、大人気だ。

過去100年間に収集されてきた学術標本・教育資料

京都大学総合博物館　7C1　115

開学以来100年以上にわたって収集してきた学術標本資料約260万点を収蔵。文化史（考古資料）・自然史（動物・植物・菌類・地質などの標本）・技術史の広い分野にわたり、常設展示が行われている。年2回春と秋には企画展も開催される。

山源　7D2　ヘルシーな山菜そばが自慢　永観堂前にある山源は、細打ちのそばと独自のだしが自慢のそば屋。人気は山芋やシイタケ、えのき、三つ葉などふんだんな野菜とわかめをのせ、ワサビとユズで香り付けをした、その名も哲学そば。哲学の道の散策前に立ち寄りたい。

桜開花時がいちばん

哲学の道　7D1　桜：4月上旬

　銀閣寺橋は疏水に架かる。ここから、川沿いに若王寺神社まで続く小径約2kmを「哲学の道」という。昔、哲学者西田幾多郎らが、この道を散歩しながら思索したところから生まれた名前よういう。水の流れる音に耳を貸し、砂利を踏みふみ、移り行く季節を身体に感じながら歩くこの道は、その名にふさわしい。近くには、霊鑑寺、**法然院**や**安楽寺**、そのほか冷泉天皇陵など御陵もあり、ふと足を誘われる。川の東には、東山の峰々がそびえ立ち、鬱蒼とした樹木が芳香を放つ。桜の名所としても有名であり、道沿いには関雪桜が並んでいる。街中の騒音はここには届かず、思索・散歩に格好の整備された小径である。

山門は時代劇映画のロケ地　★紅葉：11～12月

金戒光明寺（黒谷さん）　7C1　116

阿弥陀堂

　法然が開いた寺院で、もとは白河禅房と称して比叡山西塔黒谷の所領であったが、法然が師の叡空から譲り受けて後は新黒谷と呼ばれ、のちには黒谷と通称されようになった。光明寺と号したのは法然の没後のことで、のちに朝廷から金戒の二文字を賜わり現在の寺号となる。境内には豊臣秀頼が再建したといわれる阿弥陀堂や、経蔵、大方丈[85]、御影堂（大殿）ほか多くの塔頭[62]寺院が甍を連ねている。文珠塔の本尊[90]文殊菩薩[87]像は、運慶作と伝えられ、日本三文殊の一つ。絹本著色山越阿弥陀図などを所蔵。浄土宗の根本道場として、この地として訪れる人も多い。毎年、ゴールデンウィークと11月には御影堂大殿、大方丈堂内、紫雲の庭が公開されている。また、広大な墓地があり幕末の京都で没した会津藩士の墓地がよく知られている。境内に梅、桜が多く、春は華やぐ。

知る人ぞ知る、紅葉

真如堂（真正極楽寺）　7D1　117　萩：9月中旬　★紅葉：11～12月

　10世紀末の永観年間に比叡山常行堂の阿弥陀如来を移して開創されたという天台宗の古刹で、正式には鈴声山真正極楽寺という。江戸時代には堂宇40余、塔頭11を数えたという大寺で、境内に本堂、本坊、大師堂、観音堂、三重塔など諸堂や塔頭寺院が残り、閑静なたたずまいである。境内中央の本堂正面の宮殿（五代将軍綱吉と桂昌院の寄進）の中に安置される本尊阿弥陀如来立像（11月15日のみ開扉）は、いわゆる来迎形の阿弥陀像としては最古のものといわれ、永観堂や清水寺とともに京都六阿弥陀仏に数えられる。宮殿には不動明王[94]（安倍晴明の念持仏）・千手観音も祀られている。仏師運慶の願経として知られる法華経六巻（国宝）など寺宝を多く所蔵。毎年7月25日は宝物虫払会がある（雨天中止）。庭園「涅槃[75]の庭」は、東山三十六峰を借景[42]とした枯山水で大文字山の眺めがよい。紅葉の美しい寺としてすごい人出となるが、普段はのんびりとした風情の寺である。

安楽寺　7D1　114

　哲学の道の山側、冷泉天皇陵に隣接する安楽寺は、浄土宗の祖法然の弟子住蓮房、安楽房が修行したところの、のちに専修念仏に帰依した後鳥羽上皇の寵姫松虫・鈴虫が同寺で出家したことから上皇の逆鱗に触れ、二僧は死罪、師の法然や高弟たちは流罪となるいわゆる承元の法難の舞台となった。

　境内には二僧や松虫・鈴虫の墓、松虫・鈴虫の像などが伝わっている。庭の植物（桜・ツツジ・サツキ・紅葉）の見頃や11月中の土・日・祝日などに特別公開される。

法然院　7D1　120　萩：9月上旬

　ここで法然は住蓮房、安楽房らと共に六時礼讃（朝夕に阿弥陀仏を礼拝する）を修したという。承元の法難の後永く荒廃していたものを、江戸時代に知恩院38代の萬無心阿が再興現在に至る。

　伽藍内は非公開で毎年4月1日～7日・11月1日から7日までの年2回、一般公開される。方丈は伏見城の遺構ともいわれ、襖絵は、狩野光信筆・堂本印象筆。また、本堂の阿弥陀如来は恵信僧都源信の作と伝えられている。本堂北側の中庭には、三銘椿（五色散り椿・貴椿・花笠椿）が整然と植えられている。

　侘びた茅葺の山門[34]や、池泉、白砂壇を配し、善気水が湧く境内など、四季折々に趣の深いお寺である。墓地には谷崎潤一郎や河上肇ら著名人の墓がある。

真如堂三重塔

哲学の道沿いのカフェ　南禅寺から続く哲学の道沿いにはカフェが多い。おとぎ話のような洋館カフェ GOSPEL、和風の茶室で味わう叶匠寿庵など。個性的なお店を巡ってみては？

銀閣と錦鏡池

幽玄美の表象

銀閣寺（慈照寺） 7D1 115 世界文化遺産

　文明14年（1482）、八代将軍足利義政は、祖父義満の金閣寺にならってこの大文字山のふもとに山荘を建てようとした。しかし応仁の乱のあと、室町幕府の力は衰える一方で、8年後には義政も亡くなり、その遺言によりお寺（慈照寺）として完成。当代きっての趣味人だった義政は、この山荘を建てるために腐心したのだが、政治家としてはそれほど有能ではなかったという。

　義政の統治した時代を東山時代というが、その文化の華が開いたのは、この東山山荘を中心に、武家の出である足利氏たちが、公家文化への憧れを実現しようと繰り広げた努力の結果であった。五山の禅僧たちによる禅思想（宋文化への憧れ）も大きな役割を果した。そして、茶道や華道、能、絵画、建築等に、一種の渋味を愛する幽玄の美が展開された。

　総門をくぐると、左右を銀閣寺垣に囲まれた長さ約50mの参道が中門66へと続く。中門の右手に銀閣（国宝）がある。観音殿ともいい、室町時代の代表建築のひとつである。完成年は不明だが、長享3年（1489）、上棟式が行われている。おそらく義政生存中には、銀閣は完成しなかったのではないか。重層、宝形造84、柿葺26。屋根の頂上に金銅でつくられた鳳凰が羽ばたく。下層心空殿は書院造46で、上層潮音閣は禅宗仏殿様式につくられており、いわば住居とお寺の折衷様式の建物である。しかし、ついに銀箔が貼られることはなかった。

　この銀閣の東に、錦鏡池といわれる池があり、銀閣の清楚な姿を池面に写している。池は、凝ったつくりで、それぞれの部分や橋に名前がつけられている。

　庭の前に有名な波紋を表現した銀沙灘・向月台と名付けられた白砂を盛り上げた砂山がある。これらは、月待山（大文字山の隣りにある優美な形をした小山）に昇る月を愛でるためにつくられたのである。

　この錦鏡池を中心にした銀閣寺庭園（特別名勝）の設計は、義政自身が行い、善阿弥らがつくったといわれる。庭の北側に東求堂（国宝）（特別公開あり）がある。単層、入母屋造、檜皮葺81の書院建築である。かつては、阿弥陀三尊が安置されていた義政の持仏堂であった。現在は、恵心僧都作といわれる阿弥陀如来74像が祀られ、その隣には、僧侶の姿をした義政自身の木像がある。堂内の四畳半書院「同仁斎」は、茶室の源流、また四畳半の間取りの始まりといわれている。

　義政遺愛の品はすべて灰燼に帰したが、本尊の釈迦牟尼仏を安置する方丈（本堂）（特別公開あり）には与謝蕪村と池大雅の襖絵などもある。方丈から見る月待山はおすすめだ。

　弄清亭（特別公開あり）は、香道の香座敷で奥田元宋の襖絵がある。

　近年、東部の山腹が整備され苑路や展望所が設けられている。

五山送り火

　8月16日、夏の夜空を彩る「五山送り火」は、お盆の精霊を送る宗教行事です。五山とは、大文字（東山如意ヶ嶽）、妙法（松ヶ崎西山・東山）、船形（西賀茂船山）、左大文字（衣笠大北山）、鳥居形（鳥居本曼荼羅山）をいう。

　五山の送り火は、京の夏の終わりを飾る行事である。

隣接するレストランNOANOA
（旧橋本関雪邸洋館）

白沙村荘（橋本関雪記念館）
7D1 119

　白沙村荘は銀閣寺の参道沿いにある広大な邸宅で、大正から昭和の京都画壇で活躍した日本画家・橋本関雪が大正5年（1916）に建てた。広さ7,400㎡もあるという庭（国指定名勝）には、閑雅で苔むした石や池や竹垣があり、樹木のあいだに、関雪が収集した中国の古い石仏や石塔、平安・鎌倉期の石燈籠などがさりげなく置かれている。大文字山（如意ヶ岳）を借景42にした池泉回遊式庭園65である。展示館（橋本関雪記念館）があって、そこには、関雪が集めた多くの美術品—中国・ギリシャ・ペルシャ・インド等々—が入れ替わり展示され、また、関雪の作品も陳列・紹介される。

大文字本尊
安置所
浄土院
木陰で
夏は涼しい
新書院
弄清亭
庫裏
銀閣寺垣
方丈
東求堂
観明軒
34段
和尚の井
渡れない
WC
和・洋式
手すりあり
向月台
仙人洞
銀閣
61段
山道を歩くのがとてもしんどい人はこのまま池を回って銀閣の目の前を通り外へ
この辺りから写真を撮ろう！
この辺から銀閣が見おろせる
43段
下り
0m 33段 50m

銀閣寺
N

　おめん　7D1　京の麺処として不動の人気　看板メニューの「おめん」は群馬の郷土料理にヒントを得たつけ麺タイプのうどん。大根・白菜・きんぴらごぼうなど盛り付けの薬味野菜が皿の上に立つように山型に盛られている。これにカツオだし、白ゴマが一体となった味は抜群だ。

ぶらり洛北

地図P6・8

昭和の年代には、まだ田畑の多かったと記憶する、ここ、一乗寺・修学院の辺りも、岩倉へと至る幹線道路（白川通り）ができて以来、京都の中でもめまぐるしく変化してきた場所のひとつであろう。

しかし、それでも尚、白川通りから比叡の山裾の方へ一歩足を踏み入れると、旧道とはっきり識れるそこここに、いくつもの古刹が残されている。

嵯峨野の落柿舎と並んで俳諧の遺跡で有名な金福寺。寛永18年（1641）江戸初期の文人、石川丈山が建て、三十余年隠棲した詩仙堂。白砂とツツジや山茶花を配した唐様の庭から聞こえる、どこまでも澄んだ鹿おどしの単調な響きは、はるかな時間を跳梁して丈山隠棲の意味を問いかける。

詩仙堂から北へ向かっていくと、楓の庭の圓光寺、小浜藩士梅田雲浜が隠れ棲んだ葉山観音堂、この辺り一帯の産土神である鷺森神社、（五月五日のさんやれ祭は、農産物の豊穣と性的神事の結びついた古制を残す祭祀だといわれる）、名利曼殊院、林丘寺、修学院離宮、赤山禅院へと続く。

時間があれば、地下鉄国際会館駅から京都バスで、実相院へ足を伸ばすのもよい。襖や衝立の狩野派の絵画は一見に価する。実相院のすぐ近くには岩倉具視の旧宅も現存する。ケーブル八瀬近くの蓮華寺には丈山作と伝えられる池泉回遊式庭園がある。小寺ながら味わい深いところである。

この辺りから、三千院のある大原の里へは京都バスを利用。鞍馬・貴船へは叡山電車鞍馬線を利用する。夏は、市街より4〜5度も気温が低く、おすすめだ。

賀茂川の上流、御薗橋の東方には、京都で最も古い神社のひとつといわれる上賀茂神社がある。平安京成立以前から、この京都盆地に棲んでいた賀茂氏の祖神信仰は、この神社と、下鴨神社の年中祭祀の中に、今も息づいている。この二つの社を訪れたとき、ふと感じるのは、人為的な神話的世界の事柄である。これはひもなかった都市として創られた京都には、生じようとりがちの思い過ごしであろうか。古都の風土記はまだ、誰からも忘れられていない。

明神川に沿って、美しい社家の並ぶ道を東へいくと、五月には紫の花をつける、杜若の大田神社に至る。深泥池には珍しい水生植物が自生し、その中のひとつジュンサイは、京料理には欠かせぬ材料である。深泥池を北へいくと、比

叡山を借景にした庭園で有名な円通寺がある。

上賀茂神社から南へ、北大路堀川を少し西へいくと、茶室・庭園・絵画・建築など、室町期から江戸時代にわたる多くの文化財を有する禅宗の名刹、大徳寺へと至る。塔頭寺院も見るべきものが多い所だ。やすらい祭で知られる今宮神社もすぐ近くである。

鷹峯には、六条柳町の名妓吉野太夫が寄進した赤門や、吉野太夫の墓のある常照寺、伏見城の遺構と伝え、血天井のある源光庵、江戸初期随一の文人芸術家、本阿弥光悦ゆかりの光悦寺

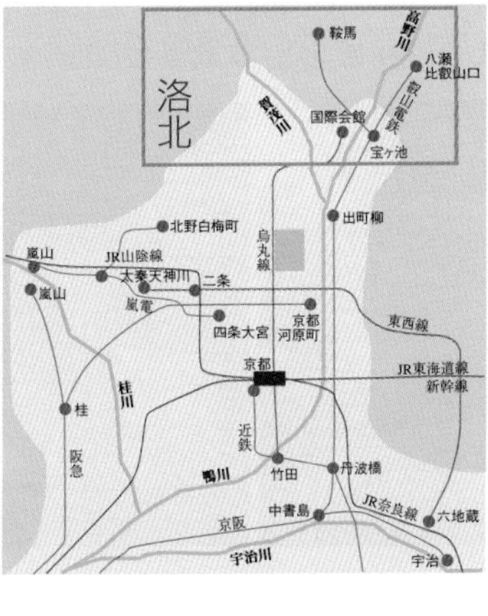

西賀茂の正伝寺にある枯山水借景庭園は、小堀遠州の作と伝えられる清楚な庭である。訪れる人も少なく静かにもの思う人におすすめしたい禅寺である。西賀茂の弘法さんといわれる神光院は、梅、桜そして紅葉など四季折々に楽しませてくれ、7月の「きゅうり封じ」も有名である。

洛北

鞍馬　高野川　八瀬比叡山口　国際会館　宝ヶ池　出町柳　北野白梅町　JR山陰線　烏丸線　太秦天神川　二条　嵐山　京都河原町　四条大宮　東西線　JR東海道線　新幹線　京都　桂　近鉄線　竹田　丹波橋　中書島　JR奈良線　六地蔵　桂川　宇治川　宇治

55

白い砂と緑の対比が美しい

詩仙堂（しせんどう） 8D5 *117*

🌸 さつき:5月下旬〜6月上旬　🌼 あじさい:6月中旬

寛永（かんえい）18年（1641）、石川丈山（じょうざん）が建てた。詩仙堂という名前は、一室に中国古代の詩家36人の肖像（狩野探幽筆（かのうたんゆうひつ））が掛けられているところから呼びならわされるようになった。

入口の門を小有洞（しょうゆうどう）という。右脇に「詩仙堂」の石碑があり、門を入るとすぐに石段がある。両側には竹が鬱蒼（うっそう）と繁って幽玄な雰囲気をつくっている。段を登ると、石畳の径（こみち）が続き、老梅関（ろうばいかん）に至る。老梅関右手に凹凸窠門（おうとつかもん）が続く。凹凸というのは、デコボコの土地に建っている家、という意味で、丈山はこのデコボコの土地を利用して「十境（じゅっきょう）」を見立てるように設計した。小有洞、老梅関のつぎに詩仙堂の玄関がある。ここの「詩仙の間」に中国三十六詩家の肖像とそれぞれの詩の額が掲げられている。

廊下をつたって隣堂に行くと、そこは猟芸巣（りょうげいそう）（至楽巣（しらく））という。嘯月楼（しょうげつろう）ともいわれ、ここで丈山は、興が湧けば月に向って詩吟（しぎん）を詠（うた）った。

猟芸巣の隣に、膏肓楽（こうもうらく）と名付けられる深い井戸があり、その隣が躍淵軒（やくえんけん）である。

嘯月楼（猟芸巣）から見る庭の趣は格別である。苔と樹々の緑の輝きに、建物（瓦葺平屋建（かわらぶきひらやだて））の壁や柱の色あいが何とも言いあらわしがたい静かな美しさを醸（かも）しだしている。

草履（ぞうり）にはきかえて庭へ下りると、やわらかな土の感触が草履を通して伝わってくる。建物の東に、洗蒙瀑（せんもうばく）。これは、小さな滝で、東山の谷から引かれた清水が流れ落ちている。この水が小さな流れをつくり、秋ともなれば、紅いモミジの葉を浮べべて庭を横切る。この流れを流葉洓（りゅうようはく）という。また、庭のはずれには鹿おどし（添水（そうず））が透明な音をたて、庭の空気をひきしめている。

庭は季節ごとにさまざまな花を咲かせたり、松の巨木を按配（あんばい）したり、趣を出すために、いろいろな苦心がなされている。丈山好みの唐様庭園（からようていえん）である。

時の流れは、庭を、丈山創建当時のままではなくならせてしまったが、江戸初期の庭園の味わいを色濃く漂よわせる名園といえよう。

石川丈山は、江戸初期の儒者[44]として、詩に書に優れ、また作庭にも才を発揮した。桂離宮（かつらりきゅう）や渉成園（しょうせいえん）（枳殻邸（きこくてい））の補修にも丈山の手が入っているといわれている。

丈山はもと武士で、家康（いえやす）に仕えていた。大坂夏の陣のとき、先鋒隊（せんぽうたい）の一員として活躍したが、敵将をひとり逃してやったこと（先陣争いの禁を破ったことも）から、家康に蟄居（ちっきょ）を命ぜられ、仏門に入った。晩年、ここに草庵を結び、隠棲（いんせい）し

金福寺茶室「芭蕉庵」

金福寺（こんぷくじ） 8D5 *116*

一乗寺下り松（いちじょうじさがりまつ）は、宮本武蔵（むさし）が吉岡一門と決闘した場所とされ有名である。今も松の木が一本植えられて、これを記念している。この下り松を少し南へ行ったところに、金福寺がある。安恵僧都（あんねそうづ）が創建した寺だが、長い間荒廃していた。江戸時代に入って、鉄舟（てっしゅう）和尚が再興した。芭蕉（ばしょう）もここを訪ねたことがあり、その名に因んでの茶室（芭蕉庵）が建てられている（江戸中期の建造）。その後、芭蕉の遺跡を慕って多くの俳人がこの寺を訪れ、彼らの墓や句碑が建っている。

与謝蕪村（よさぶそん）もそのひとりで、彼は若いころ、芭蕉に焦がれて江戸に行き、俳句のほか、文人画の勉強にも精を出した。長年の放浪生活を経て京へもどり、俳画の境地を開き、俳人として、また文人画家として独特の表現世界をつくりあげた。

また、「花の生涯」の村山たか女が尼として過ごした寺でもある。小さな庭園だが、春は桜、ツツジ、夏は桔梗（ききょう）が美しい。

詩仙堂庭園（左）と、鹿おどし（右）

一乗寺中谷（なかたに） 8D5　武蔵饅頭で一躍注目　一乗寺中谷の名物でっち羊かんは、丹波小豆と米粉を練り上げ、竹の皮に包んで蒸した素朴な羊羹。でっちとは練るという意味の「でっちる」に由来。武蔵の刀の鍔をかたどった武蔵饅頭も人気。豆腐ていらみすなど洋菓子やケーキもある。

たのである。

詩仙堂には、丈山遺愛の品々が今も保存されており、5月23日の丈山忌（一般拝観休止）、25日～27日の3日間遺愛品などが展示公開される。そのほか、江戸期の文人たち（佐藤一斎、菅茶山、柴野栗山、林羅山、池大雅など）の書や偏額などもある。もちろん、丈山の遺したものもたくさんある。

曼殊院

見所は枯山水の大庭園

曼殊院 8D5　*120*　✿紅葉：11～12月

比叡山のふもと、だんだんと登り調子になる道を樹木と田畑を両脇に見ながら歩いていくと、曼殊院に辿りつく。ここらあたりにくると、京の街のざわめきから離れ、鳥のさえずる声さえ聞こえてくる静けさがある。

京都でも指折りの、皇室と関係深い門跡寺院で、創建は8世紀にまで遡るというが、さまざまな変遷を経て現在の地に移ったのは、明暦2年（1656）のことである。桂離宮、修学院離宮と並んで、後水尾天皇とゆかり深い寺院である。桂離宮を造営した智仁親王の次男、良尚親王（後水尾天皇の猶子）が13歳で出家したとき、父の智仁親王が建立したのが、この寺である。良尚親王は密教[93]の奥義を極め、天台宗座主を務めたほどであったが、一時御所にもどり、後水尾天皇、内親王らにお茶やお花を教えたこともあったという。明暦2年（1656）は、良尚親王32歳のときにあたる。曼殊院が今の地に移ってからは、生涯そこに住んで、茶道・華道・書道・画道・香道など江戸期の公家芸術を開花させた。

絹本著色不動明王[94]像、古今和歌集（曼殊院本）（いずれも国宝、非公開）などは、親王由来のものである。

枯山水庭園[10]や**八窓軒茶室**（拝観有料）は、遠州好みの渋いもので、そのほか本堂（大書院）や書院（閑静亭）には、狩野永徳、探幽、岸駒らの襖絵も豊富にあり、江戸三筆のひとり、松花堂昭乗の筆になる閑静亭の偏額がさりげなく架かっていたりする。

令和5年（2023）宸殿が150年ぶりに再建された。

緑豊かな庭園で、秋の紅葉と春の霧島ツツジの頃は一段と華やぐ。

日本最古の木版活字を所蔵

圓光寺 8D5　*114*

現在は詩仙堂の北側にある圓光寺は、慶長年間（1596～1615）に徳川家康が天下統一後の文治政策の拠点として、伏見城下の指月の地に学問所として建立したという珍しい由緒をもつ。家康が当寺に保管させた朝鮮の書籍や木活字を元にして多くの図書が出版され、これらは圓光寺版または伏見版と呼ばれる。伏見城の廃城と前後して寺地は相国寺境内へ、さらに寛文7年（1667）に一乗寺下り松の現地に移ったが、当寺に保存されている木活字は、わが国の印刷史上極めて貴重なものである。明治の廃仏棄釈の後は、南禅寺派の道場として再興された。池（栖龍池）を中心として楓樹と苔が美しい庭園（十牛の庭）が、静かなたたずまいを見せている。紅葉時は人気名所だ。

蓮華寺 8D4　*121*

✿紅葉：11～12月

本堂前に、六角形で急な勾配をした笠の石燈籠があって、蓮華寺型石燈籠と呼ばれている。江戸期には茶席の庭によく使われたという。

江戸時代の初め、洛中からこの地に移された。本堂、鐘楼、井戸屋形は、再興当時のもので、天台宗のお寺だが、禅寺の情緒がある。

庭は石川丈山の作という。石楠花が咲き、また、四季の茶花が多い庭だ。座敷の奥から建物を額縁に見立てて庭を眺めるのがよい。高野山の北、落ち着いた雰囲気に包まれて小ぢんまりと建っている。

双鳩堂やまばた本店 8C5　鳩を象った愛らしい団子　修学院やまばた通にある小さなお店が双鳩堂茶店。鳩餅は双鳩堂の創業以来の名物で、子供の護り神として親しまれる三宅八幡宮のお使いの鳩にちなんだお菓子。米の粉を蒸した鳩形の団子で、白・ニッキ・抹茶の3種類がある。

比叡山を借景とする

円通寺　8A3　114

　岩倉の山里、まだ山間の集落の雰囲気を残す鞍馬街道へ抜ける道に円通寺はある。時節々々に変化する緑の匂いがすっぽりと小さなお寺を包んでいる。

　この寺は、その昔、後水尾上皇の幡枝御殿だったところで、のちに尼寺となったことがある。当時の茶室などもあったが、今は本堂、客殿、庫裏[19]があるにすぎない。しかし、比叡山を借景[42]にした円通寺庭園は、飾り気のない静かな美しさを見せる。ちいさな横長の庭に、一面苔が生えている。向こうの生垣の方から何十個もの石が湧き出るように、あるいは歩むように組まれていて、苔と石組とが不思議なハーモニーを醸し出している。ツツジや山茶花などの低く整然と刈りこまれた生垣が庭を区切り、その向こうに杉が高く生立つ。不等間隔にそそり立つ杉の幹の間から、比叡山が優しい姿をみせる。建物の奥に座り、開け放たれた縁側よりこの景観を望む、いつまでも守りたい借景だ。

宝ヶ池　8B3
　周囲約2kmの灌漑用池。周辺は宝ヶ池公園として整備され、手漕ぎボートやペダルボートが浮かぶ池や並木が続く遊歩道など、開放感いっぱい。週末や休日にはボート遊びを楽しむカップル、家族連れなどでにぎわう。広い園内には桜の森、梅林園、子どもの楽園などがあり、紅葉や梅、桜の頃が美しい。

　隣接する国立京都国際会館は、昭和41年（1966）に建設された。その名の通り国際交流や親善を目的とした会議場。設立当初は同時通訳等の設備を完備した関西唯一の本格的な会議施設であり、現在に至るまで数々の国際会議の舞台として活躍している。特徴的な外観は大谷幸夫の設計で、神社建築や合掌造といった日本古来の造形が大胆に取り入れられている。施設見学は、月に一日、指定の日に事前予約で可能。

岩倉具視（1825～1888）
　幕末・明治期の公家・政治家。「桜田門外の変」後、「公武合体」をすすめ、内親王である和宮を将軍に嫁がせる「和宮降嫁」を推進。このため、佐幕派と看做され排斥される。出家し、西芳寺（苔寺）に移り住み、後、岩倉に幽居した。そこでも活動を続け、薩摩藩の動向に呼応する形で倒幕派へと路線を変更。明治維新後、右大臣まで昇任、特命全権大使として「岩倉使節団」を組織し、欧米の文化・制度を視察。

「床もみじ」「床みどり」

実相院　8B2　117

　天台宗寺門派の門跡寺院。寛喜元年（1229）洛北、紫野の地に創建されたものが、応仁の乱のあと現在のところに移された。当時は大雲寺（天禄2年・971の創建。今では実相院の末寺だが、かつては七堂伽藍[36]を誇った大寺であった）の一院であったが、桃山末期から江戸時代にかけて発展した。

　境内には江戸中期、東山天皇の中宮・承秋門院の御殿を移転した、正面の門「四脚門[35]」、玄関横の「御車寄」、中の建物「客殿」などがある。狩野派の襖絵も多く、特に玄関衝立の唐獅子図は狩野探幽が描いたと伝えられる雄壮なものである。歴代門主や坊官が綴った、260年間にも及ぶ日記、「実相院日記」は歴史の貴重な資料だ。岩倉具視もここに住んで密談をした様子などが記された日記も残っている。

　池泉回遊式庭園[65]と「こころのお庭」といわれる、枯山水の雄大な石庭をもち、楓が美しく紅葉のシーズンには夜間ライトアップも行っている。

　付近の岩倉具視幽棲旧宅（P114）は、具視が文久2年（1862）9月から慶応3年（1867）11月までの約5年隠棲した建物である。岩倉具視は公武合体を図り、強引に和宮降嫁を実現したため、佐幕派の烙印を押され尊攘派の反感を買う。文久2年（1862）とうとう剃髪のうえ洛外追放の処分を受け、岩倉村に蟄居することになった。しかし、幽棲中に倒幕派と変わり密かに活動を起こし、薩摩の大久保利通、土佐の坂本龍馬、中岡慎太郎らとともに、討幕・王政復古の計画を練った。

グリルじゅんさい　8B3　ランチがお得な洋食屋さん　ビーフカツやクリームコロッケといったラインナップは、ご飯と味噌汁と相性がよい。まさに町の洋食屋さんという風で、お得なランチタイムは混み合っている。国際会館駅のすぐそば。

苔むした庭に往生極楽院

三千院 8B1 *116*

🌸桜:4月上旬　🌺あじさい:6月中旬〜　🌼秋海棠:9月中旬　🍁紅葉:11〜12月

　洛北、敦賀街道の東、大原の里を望む山中に、閑静な伽藍が広がる。がっしりと組まれた石段の向こうに御殿門が建つ。門柱には「三千院」と「往生極楽院」の札が掛けられていて、門の造りは、武家造り風で、他の寺の山門[34]とは少し異なった出で立ちである。苔むした石垣と楓の木がこの門を包み、浄土[49]への入口のような感じを漂わせている。

　天台宗 五箇室門跡の一つで、由来を辿れば最澄（伝教大師）が比叡山根本中堂を造営したときにまで遡るという。その後、代々法親王が住み、門跡となった。

　客殿、宸殿を通り、往生極楽院へと至る。**客殿**は、16世紀末の建立と伝えられるが、現在の襖絵は、明治・大正時代の京都日本画家（竹内栖鳳、菊池芳文、鈴木松年、望月玉泉、今尾景年）たちが腕を競ったものである。客殿・見所台からは庭・聚碧園が見られる。

　宸殿には、恵心僧都がつくったといわれる、阿弥陀如来[74]像や鎌倉時代の救世観世音菩薩[87]、

三千院山門

宝泉院 8B1 *120*

　三千院の近く、勝林院の坊として建立された。伏見城遺構の血天井があり、樹齢700年を超える五葉の松は、近江富士をかたどったという。大原借景の額縁庭園も一見。なお、珍しい2連式の水琴窟をそなえている。一聴の価値あり。

勝林院 8B1 *117*

勝林院 8B1 *117*

　日本音楽の源流といわれる仏教音楽声明発祥の地。また、法然上人が他の諸宗派の僧侶たちと宗論を戦わせた、いわゆる大原問答で有名なところで、境内には本堂と鐘楼があるだけのひっそりとした寺である。

　本堂には、「証拠の阿弥陀」といわれる、阿弥陀如来像が安置されている。鎌倉時代の阿弥陀像だが、江戸時代中ごろの元文2年（1737）、証拠阿弥陀像として改造された。大原問答のまっ最中に、この阿弥陀様が手から光を放って、「念仏は衆生を救う」という証拠を示したといういい伝えからつくられたものである。本堂内ではボタンを押すと声明が自由に聞けるようになっている。

雲井茶屋　8A1　宿泊しなくてもOKの大原名物　大原の各民宿で出る名物が味噌鍋。地鶏肉やたっぷりの地野菜、豆腐、うどんなどを、熟成させた自家製味噌をのばしただしで煮込んだ鍋だ。味噌鍋を考案した民宿大原の里が営む雲井茶屋ではその味が気軽に楽しめる。一人鍋もある。

実光院 8B1 *117*

　このお寺の庭は、東側に池泉観賞式庭園で律川から水を引いた心字池がある契心園、西側に茶室理覚庵がある池泉回遊式庭園[65]がある。11月頃にもまた咲くという不断桜があり、紅葉との対比がおもしろいという。客殿に詩仙堂の三十六詩仙画像の模写が掛かり、声明に使用する楽器なども陳列されている。

来迎院 8B1 *121*

　呂川沿いの来迎院は、お経に音曲をつけて唱える声明を良忍上人が天台声明魚山流としてまとめた「魚山声明」発祥の地として知られる。本堂には藤原時代の薬師、阿弥陀、釈迦三如来坐像が安置されている。

建礼門院（1155～1213）

　第80代高倉天皇の中宮で、第81代安徳天皇の生母。平清盛の娘・徳子。平氏とともに都落ちし、「壇の浦の合戦」で平家が破れると、まだ幼い安徳天皇を抱いた二位尼と共に入水。だが建礼門院は助けられる。

　帰洛後、出家して「長楽寺」で仏門に入った後、大原の「寂光院」に隠棲。第77代後白河法皇の訪問は、「平家物語」の「灌頂巻・大原御幸の段」で名高い。陵墓は「寂光院」南の「大原西陵」。「平家物語」は、建礼門院の侍女「横笛」の悲恋も併せて伝えている。

室町時代の不動明王[94]が安置されている。宸殿玉座の間には、下村観山筆の襖絵があり、その虹の絵は夕陽に映えるとき、くっきりと美しい。虹の間といわれる所以である。

　庭園には2つの池がある。杉木立ちの中に静かな佇まいを見せる。苔むした庭（有清園）の池の間の径を抜けると**往生極楽院**が建つ。単層、入母屋造、柿葺[26]で三間四方の小さな建物であるが、堂内には、**阿弥陀三尊（国宝）**が安置され、極楽浄土[49]の世界をつくっている。恵心僧都が姉の安養尼とともに建立したといわれ、念仏三昧にふけって往生安楽を祈るところである。建立は久安4年（1148）（寛和2年・986説もある）、小さな堂宇に大きな仏像[82]を納めるために考え出された舟底天井を中心に、阿弥陀如来[74]、向かって右に観世音菩薩[87]、左に勢至菩薩が金色まばゆく坐っている。両脇の菩薩が正座しているのが珍しい藤原仏である。天井には、二十五菩薩来迎図や天女の奏図などが描かれている。庭は広く、春には石楠花、ツツジ、紫陽花が次々に咲き、秋には萩や紅葉が美しい。冬の雪景色も素晴らしい。

建礼門院ゆかりの寺
寂光院 8A1 *117*

🍁紅葉：11～12月

　建礼門院の遺跡として知られる小さなお寺だが、創建は推古2年（594）、聖徳太子が用明天皇の菩提を弔って建てたものといわれる。高野川の向こう、山深い里にひっそりと佇んでいる。

　建礼門院は平清盛の娘であり、高倉天皇の中宮・安徳天皇の母である。壇ノ浦の戦いで平家が敗れたとき、幼い安徳天皇とともに海へとび込んだが、源義経に助けられた。その後、出家し、この寂光院に阿波内侍らとともに、平家一門の冥福を祈り、念仏三昧の余生を過ごした。この話は、「平家物語」などでよく知られている話であり、多くの人々がここを訪ねるようになった。

　境内には書院や汀の池など「平家物語」に因んだ史跡も多く残っているが、本堂と国の重要文化財でもあった本尊[90]の地蔵菩薩立像は、残念ながら、平成12年5月に火災のため焼損したが修復できたという（胎内仏木造地蔵菩薩立像3,417体は無傷）。本堂は平成17年（2005）に復元された。

大原女まつり　例年は春（4月下旬～6月上旬頃）・秋（11月初旬～中旬頃）

大原地区一帯で開かれ、大原女姿やシソ苗植えなどを体験できる。

　大原女はその昔、手甲・脚絆をはめ白足袋をはき紺衣を着て、頭上に薪や柴を乗せて売り歩いていたという。衣装は、大原観光保勝会が貸し出し（期間中は1500円、期間外は2500円、要事前予約、075-744-2148）をしてくれる。期間中、「シソ苗植え」の体験の日もあり、植えたシソは後日、大原特産のしば漬けにして参加者に郵送されるそうだ。

　大原女時代行列の日（4・5月頃）は、室町時代、江戸時代などそれぞれの時代の大原女衣装を着た女性たちが、寂光院から三千院までの道のりをゆるりと練り歩き、洛北の地、大原の里になつかしき時代の情緒がよみがえる。

日本仏教の母山

延暦寺 8D3 *114* 世界文化遺産 🍁紅葉：11〜12月

転法輪堂

京都と滋賀の県境に高くそびえる比叡山（海抜848m）は、東山三十六峰の北端をなす山である。

延暦寺は、平安初期、平安京の鬼門の方向に建立された天台密教[93]の本山だ。その以前、最澄が奈良の南都仏教に反対して、延暦7年（788）庵を建て、後に一乗止観院と名付けたのが、根本中堂の前身である。最澄が桓武天皇から天台宗の勅許を得、弘仁14年（823）、延暦寺の寺号を与えられた。こうして、空海の東寺とともに、平安京を護る寺として勢力を伸ばしてきた。

今日でも、14〜17世紀の建造物が現存し、10にのぼる国宝、50以上の重要文化財がある。

延暦寺の寺域は3つに分かれる。東塔と西塔、横川である。**東塔**には、根本中堂（国宝）のほか、大講堂、阿弥陀堂、文殊楼、戒壇院などがある。現在大改修中の**根本中堂**（国宝）は、延暦寺一山最大の仏堂である。本尊[90]は薬師如来[96]。寛永19年（1642）、徳川家光の命で現在の建物が再建された。単層、入母屋造、銅板葺。廻廊をめぐらした総丹塗の建物。内陣[72]は外陣[20]より3mほど低い石敷の床につくられていて、内陣の奥に須弥壇[45]が設置され、なかには薬師如来や日光・月光の脇侍[13]、十二神将、祖師像などが安置されている。内陣が外陣より、一段低くなっているのは、天台宗の仏殿様式で、小暗い内陣には線香の煙がたちこめ、神秘的ですらある。不滅の法灯は、根本中堂創建以来、1200年余もの間一度も絶やすことなく守られてきたという。

西塔には、転法輪堂（釈迦堂）、浄土院、にない堂（法華堂・常行堂）、椿堂などが点在する。北部の瑠璃堂は、小さなお堂だが、信長の焼討ちを逃れた唯一の室町末期の建物である。

横川には、横川中堂（嘉祥元年（848）円仁が開いたが、焼失してしまったのを昭和46年（1971）に再建。今はコンクリート造である）、元三大師堂（四季講堂）、如法塔、恵心院などがある。横川中堂の外陣より低くなった内陣のずっと奥に、聖観音菩薩[87]が安置されている。平安末期の像で観音の脇侍が、不動明王[94]と毘沙門天という三尊形式[33]の走りとなるものである。

延暦寺は、三代座主・円仁と五代座主・円珍の門下の間で争いがおこり、山門派（延暦寺）と寺門派（園城寺）とに分裂してしまった。法衣と長刀姿の僧兵時代を作ったのはそのころ。しかし、この伝統ある密教寺院からは円仁、円珍、空也、源信、法然、慈円、親鸞、栄西、道元、日蓮、一遍など、鎌倉時代の新仏教を生み出したすぐれた僧等が数多く出ている。南都（興福寺）に対し北嶺と称し、寺勢は増し、山中の「三塔十六谷」には僧兵を含む数千人が住んだという。ついに織田信長と衝突し、元亀2年（1571）全山焼討ちにあって、僧や信徒数千人が殺された。その後、秀吉や家康の命を受けた比叡山探題奉行天海により、再興された。しかし、家康の死後、黒衣の宰相と呼ばれた天海僧正により、江戸上野に東叡山寛永寺が建立され、以後、宗務の実権は江戸に移り、完全な復興とまでにはいたらなかった。今日の姿になったのは、昭和に入ってから。現在では、東塔と西塔、横川、比叡山頂を結ぶシャトルバスが運行され、比較的巡りやすくなっている。

最澄（伝教大師）（766〜822）
平安初期の僧で日本天台宗開祖。近江の出身。

比叡山で修行し、延暦23年（804）に遣唐使に伴い入唐。天台、禅、密教を学び、翌年に帰国し、大同元年（806）に天台宗を開き、比叡山に薬師堂を建立。天台宗確立に向けて奔走し、比叡山上に大乗戒壇院の建立を図るが、南都僧の反対で実現せず、没後7日目に嵯峨天皇によって勅許された。

ガーデンミュージアム比叡

8C3 *114* 😊睡蓮：5月中旬〜

琵琶湖・京都を望む標高840mの山上に位置する。庭園は、咲き誇る花々に囲まれ、モネをはじめ、ルノワールやセザンヌ、ゴッホが夢見た自然の風景を再現。

印象派の代表的な絵画42点を原寸大の陶板画で、庭園に展示している。自然を歌いあげるように描かれたその色彩は、私たちの心を不思議と癒してくれる。庭には、香りの庭、こもれびの庭、睡蓮の庭、藤の丘、花の庭、ローズガーデンなどがある。12月から4月上旬は休園しているのでご注意。

延暦寺会館 8D3 伝統的精進料理を比叡山で　延暦寺の境内にある宿坊で、昼でも精進料理が味わえるのが延暦寺会館。コースは幕の内風の「牛若」はじめ種類も豊富なのが魅力だ。湯葉や手間ひまかけて作る胡麻豆腐など宿坊の味を楽しみたい。写経などの体験プログラムもある。

豊かな自然、緑深く眺望もよい

鞍馬寺 （くらまでら） 6C1 *115* ◉桜：4月上旬 ✿紅葉：11〜12月

貴船川と鞍馬川にはさまれた険しい山あいに、緑深く包まれて鞍馬寺がある。牛若丸が天狗と出会って修業をしたところと伝えられ、親しまれている。

創建は、宝亀元年（770）、奈良の唐招提寺を開いた鑑真和上の弟子、鑑禎によるといわれる。鞍馬寺と名乗って伽藍が造営されたのは、延暦15年（796）のことである。たびたびの火災で、伽藍は本坊、宸殿、山門[34]、勅使門を残してすべて焼失した。最近、本殿金堂[29]、多宝塔[63]、転法輪堂などが鉄筋コンクリート造で再建された。

木造毘沙門天立像は、鑑禎が本尊[90]として祀った像といわれている。そのほか、吉祥天・善膩師童子像[70]、鞍馬寺経塚遺物など寺宝も豊富である。境内の「鞍馬山霊宝殿」の1階は、山内の動植物、鉱物などを展示する自然科学博物苑展示室、2階は寺宝展観室と與謝野晶子の遺品を展示する與謝野記念室、3階は木造毘沙門天立像（国宝）などの仏像[82]奉安室、宝物収蔵庫がある。鞍馬山では、牛若丸ゆかりの遺跡も多く見られる。

古来より水の神さま

貴船神社 （きふねじんじゃ） 6C1 *115* ✿秋明菊：9月 ✿紅葉：11〜12月

貴船川のたもとに建っているこの神社の縁起[6]は、千五百年以上も前に遡ると伝えられる。水の神様として古代から信仰を集めている。平安時代には、和泉式部や源氏物語に登場する宇治の橋姫などもここへ詣でたという。本宮より500m上流の奥宮が、元々の鎮座地で、天喜3年（1055）に現在地に移築されたという。

狭い本宮境内だが、本殿と拝殿が、生い繁る古木の影に建ち何やら神秘的な空気を醸し出している。拝殿には、狩野探幽筆と伝える三十六歌仙の偏額が掛けられている。

境内の霊泉に浮かべると水の霊力によって文字が浮かんで見えてくるという「水占みくじ」が、若者に人気だ。

鞍馬の火祭り

10月22日の鞍馬の火祭りは鞍馬寺山内の由岐神社の例祭で、京都三大奇祭のひとつ。春の桜や秋の紅葉も、市内の観光地では味わえない鮮かな美しさを見せ、しんとした山の空気を満喫できる。

源 義経 （みなもとのよしつね）（1159〜1189）

平安末期の武将。源義朝の9男で、幼名は牛若丸。「平治の乱」後に捕われたが助命され、「鞍馬寺」に入る。奥州に赴き、兄・頼朝の挙兵に馳せ参じ、木曽義仲、平氏を討つ。その後、頼朝と対立、追及を受け奥州 衣川で敗死。

修業の地・鞍馬山には「牛若丸背比べ石」、「義経息次の水」、「義経供養塔（義経が暮らした東光坊跡）」、「義経堂」などがある。

多聞堂 6C1　鞍馬寺門前の餅　多聞堂の「牛若餅」は、鞍馬で採れる栃の実入りの餅にこし餡がたっぷり詰まった素朴な餅。毎朝つきたてが店頭に並ぶ。お店の奥ではうどんや甘味など、軽食も頂ける。夏ならかき氷もおすすめ。

上賀茂神社楼門

烏相撲は立砂の前で奉納される

神秘的で清浄な雰囲気

上賀茂神社 8B4 114　世界文化遺産　萩:9月中旬

賀茂別雷神社が正式の名前である。この神社の縁起も「古事記」の世界だ。神代の昔、本殿の北北西にある神山に賀茂別雷神が降臨したのがはじまりだという。欽明天皇のころ（6世紀）には、祭礼が行われていたという記録があるし、天武天皇の御代（677）には、社殿が造営されている。

平安遷都後、京の王城を護る神のいますところとして、伊勢神宮に次ぐ崇敬を得、その後も、京の氏神として農事産業の守護神として人々の信仰を集めてきた。弘仁元年（810）以来、歴代皇女が斎王を務めた。

昔、社殿は、21年毎に建て替えられた。長元9年（1036）から、文久3年（1863）まで、32度の造営が行われた。現在の社殿は、本殿・権殿（ともに国宝）が文久3年（1863）、その他の社殿は寛永5年（1628）造替されたものである。現在も、この同じ土地に広大な社域を有し、多くの参詣者に支えられている。年中行事も豊富で、なかでも5月5日の競馬会神事（平安末期より続く、馬の競争によって豊作を占う行事）や、烏相撲（9月9日、子供たち20人に相撲をとらせて神様に供える行事）や葵祭（5月15日に平安時代の風俗絵巻をくりひろげる行事）は名高い。

付近には、杜若で有名な大田神社（P114）などもあり、また、明神川沿いには、土塀つづきに社家（上賀茂神社の神官の家）が並び、風情のある散歩が楽しめる。

大田神社の杜若（天然記念物）
杜若:5月中旬

高麗美術館 8B4 116

三国時代・統一新羅・李朝の陶磁器を中心に、石造美術・絵画、家具調度類まで、朝鮮半島の美術工芸品を、専門的に収集展示する全国でも初めての美術館。

朝鮮・日本文化の比較と相互理解が展示のテーマで、李朝当時の室内を再現した家具調度展示や、半島と日本の陶磁器の比較など展示も工夫されている。

周辺は秀吉が築いた環壕土塁「お土居」の北東端にあたり、遺構が現存している。

上賀茂伝統的建造物群保存地区

この付近は、室町時代から上賀茂神社の神官の屋敷町として町並みが形成されてきた。明治維新までの旧集落は、神官と農民が集住する特殊な性格を持つ集落であり、一般に社家町と呼ばれるようになった。変遷はあるも、ここ明神川沿いには今日も社家が旧来のまま地域を成し、他所で滅びた貴重な社家町が残っている。明神川に架かる土橋、川沿いの土塀、社家の門、妻入りの社家、土塀越しの庭の緑、これらが一体となって江戸期にできた社家町の貴重な歴史的風致を形成している。

社家の家並み

神馬堂 8B4　参詣のあとの楽しみ　上賀茂神社の参詣を済ませたら、バス停の西向こうにある神馬堂に寄ってみるのもいい。「名物やきもち」と染め抜いた暖簾が目印。葵餅・双葉餅とも称し、小倉館を入れた腰高の丸餅を鉄板の上で焼く。冷めたのを焼き直していただくのも乙なもの。

■**大徳寺の主な塔頭**[62] 8B5

大仙院 P118 は、永正6年（1509）の創建。大聖国師作という書院庭園（特別名勝）は、枯山水で鶴島と亀島の間に蓬莱山があり、そこから滝が流れ落ち、石橋の下を透渡殿の下をくぐり大河となって、方丈南側の大海に流れていくさまが表現されている。石を立てて滝の音を表わすなど枯山水の妙技を見せている。方丈は、龍源院とならんで我国最古の方丈建築といわれ、相阿弥の瀟湘八景[48]、狩野元信の花鳥図などの屏風絵がある。

高桐院 P116 は、慶長6年（1601）建立。千利休の邸宅を移築したという書院、黒壁の茶室・松向軒がある。客殿の西にある庭は細川家々々の墓所となっており、そこに立っている石燈籠が、細川忠興（三斎）とガラシャ夫人（明智光秀の娘）の墓となっている。楓が生い茂る参道は、秋には真っ赤なトンネルのようだ。

龍源院 P121 は、文亀2年（1502）建立。応仁の乱後、大徳寺門徒は幾派にも分れ、ここは大徳寺南派の本庵となった。本堂は、室町時代でも有数の古い方丈建築。方丈の襖絵は、周文の弟子、等春の筆。方丈を中心として、南庭、北庭、その他いくつかの味わい深い庭がある。方丈の東にある東滴壷は日本でも一番小さい庭であろう。縁に囲まれた細長い白砂の庭に呼応しあうように配置された石が、神秘的な空間をつくっている。庫裏[19]の書院脇にある庭は、滹沱底と呼ばれ、中国華北の滹沱河になぞらえている。鎌倉時代の釈迦如来坐像もある。

大徳寺境内

大徳寺三門「金毛閣」

数多くの塔頭をもつ大寺

大徳寺 8B5 *118* ★紅葉：11～12月

京都を訪れる目的にこの寺を挙げる人も多い。この寺の創立は大燈国師（宗峰妙超）が、正和4年（1315）に小院を建てたのにはじまり、建武元年（1334）には五山の上位に列せられ、寺域は広がっていった。その後足利幕府は、至徳3年（1386）、五山の制度を改めて大徳寺を五山から下ろしたりもした。このころの禅寺は、政治と結託して権力欲のうずまく世界だった。大徳寺もその嵐の中に巻き込まれていたが、一休宗純のような和尚が出たり、また桃山時代には、千利休も関与して、庶民に愛される一面も持っている。

桃山時代には信長や秀吉の庇護も厚く、天正10年（1582）に秀吉は、ここで信長の葬儀を行っている。秀吉はまた、天正13年（1585）に大茶湯会を催しており、大名たちも競って境内に塔頭[62]を建てたりしたのだ。

幕末から明治にかけて廃仏毀釈[76]運動が起こり、大徳寺の諸塔頭も壊された。

広大な寺域に入る道はいくつもあるが、総門から入ると、すぐに顕著な桃山様式を見せる装飾の勅使門がある。切妻造[16]、檜皮葺[81]、四脚門[35]である。

三門（内部は非公開）は、16世紀のはじめ、初層のみが出来上っていたが、天正17年（1589）に千利休が施主となって大修理を行い、上層をつくりあげた。入母屋造、本瓦葺[88]だが、建築の時期のズレから初層と重層との間に微妙な様式のちがいを見ることもできる。上層（金毛閣）には釈迦如来[74]像（応永11年・1404）や羅漢[100]像があり、天井には長谷川等伯の描いた龍の画がある。ここの天井は鏡天井といい、天井一面に板を張ったものである。禅宗建築の特色のひとつで、そこに画が描かれていることが多い。ここには千利休が自像を置いたことから、秀吉の怒りを買い、ついに自刃するに至った話がまつわっている。

仏殿は、徹翁和尚の創建と伝えられ、享徳年間（1452～54）に焼失。再建後、再び応仁の乱の戦火をうけた。現在の建物は文明年間（1469～87）の再建である。内部には、釈迦如来像が安置され、天井には天人などの画が描かれている。重層、入母屋造。

法堂は、寛永13年（1636）の再建で、重層、入母屋造、本瓦葺の堂々たる大きな建物である。天井は鏡天井で、探幽筆の雲龍図が描かれている。

大徳寺

一和とかざり屋 8B5 あぶり餅で一服 大徳寺・今宮神社界隈へ来た時の楽しみは、あぶり餅。今宮神社の東参道に、昔の宿場を思わせる大きな茶店が向かい合っている。名物「あぶり餅」を焼く一和とかざり屋で、互いに店先に火鉢を据え、竹串に刺した餅を焼く。香ばしい匂いがたまらない。

方丈85（国宝）も寛永13年（1636）の再建。単層、入母屋造、今は桟瓦葺32だが、元は檜皮葺だったのだろう。襖絵は探幽の筆と伝えられるものが多い。方丈に江戸時代初期を代表する枯山水の2つの庭がある。大きな岩と盛りあげられた白砂を組み合わせて、椿の刈り込みを配した南庭（特別名勝）と、比叡山を借景42にした東庭がある。東庭は小堀遠州の作といわれる。

唐門（国宝）は、秀吉が造営した大邸宅、聚楽第の遺構を移したものとして有名で、切妻造、檜皮葺の四脚門である。桃山の三唐門と呼ばれ、西本願寺、豊国神社とならび称されている豪華絢爛たる建物である。その豪華絢爛さは何よりも門の前後にある、軒唐破風77の彫刻の見事さにある。雲や波や海馬、虎、獅子、麒麟、鳳凰、孔雀、鶴、小鳥、仙人、天人、竹、椿、松、牡丹、杜若などが彫られていて実に壮観である。

国宝を含む数々の寺宝は10月上旬日曜日の曝涼展で拝観できる。

本坊の北の方にある塔頭・**真珠庵**（P117）（特別公開あり）は、一休和尚（脚註参照）の住んでいたところである。

一休没後の10年目、延徳3年（1491）、一休和尚の塔所となり、寛永15年（1638）に改築された。方丈には、曽我蛇足と長谷川等伯の襖絵がある。そのほか、一休和尚画像や木造坐像のほか、自筆墨跡、大燈国師の墨跡など寺宝も多い。

方丈の庭園（七五三の庭）は、桃山時代の茶人・村田珠光作と伝えられる。方丈の北にある通僊院（書院造46）の庭は、金森宗和の作という。茶室（庭玉軒）は宗和好みの茶室として知られる。

そのほか、秀吉遺愛のわびすけ椿の名木を有する**総見院**（P118）（特別公開あり）など、大徳寺には数十の塔頭がある（脚註参照）。実に数多くの寺宝を有した美術史の上からも重要なお寺である。

やすらい祭りとあぶり餅
今宮神社 8B5 *114*

疫病の神を祀る神社としてよく知られている。正暦5年（994）、近くの船岡山に創建された疫神社が由来となって、のちにこの地に移された。大徳寺のすぐ近くにあり、社殿は明治に再建されたものである。

今宮さんには、線彫りの四面石仏があった（現・国立京都博物館蔵）。「阿呆賢さん」（叩いたりすると重くなって持ち上らなくなり、撫でたり拝んだりすると軽くなる石）は、今も境内の人気者で、不思議な昔からいい伝えられていた石など、おもしろいものがある。

やすらい祭は、4月の第2日曜日、近所から赤毛や黒毛の鬼とともに笛や太鼓のお囃子にあわせて「やすらいばなや」と唱えて人々が参詣するお祭である。その行列の傘の下に入ると、1年間疫病から免れられるといういい伝えがある。鞍馬の火祭、太秦の牛祭と並んで、京都三奇祭のひとつである。東門を出た所には、名物「あぶり餅」を売る店が向かい合う。

瑞峯院 P118 は、天文4年（1535）大伴宗麟の建立。宗麟はキリシタン大名で、方丈裏の閑眠庭という庭は、縦に4個、横に3個の石を十字架状に組んである。方丈の襖絵には、金剛山がダイナミックに描かれており見事なもの。

黄梅院 P114（特別公開あり）は天正16年（1588）の建立。本堂は桃山初期の様式を伝える。雲谷等顔（雪舟派門人の一人）筆といわれる襖絵などある。昨夢軒と名付けられた茶室がある。

芳春院 P120（特別公開あり）は慶長13年（1608）の建立。加賀藩主・前田利家正室、まつ・芳春院が、息子とともに開いた前田家菩提寺。現在の建物は、明治になってからの再建。本堂前には、枯山水庭園10、その背後に呑湖閣という名の重層楼閣があり、小堀遠州と伝えられる。

千利休〔1522～1591〕
利休は、桃山時代を代表する茶人で、最初、秀吉の寵愛を得、この大徳寺を中心にして、茶道文化を形成させた。最後は秀吉の理不尽な怒りにより、自刃したが、その姿には己の芸の道に殉じたきびしさが感じられる。

一休（宗純）〔1394～1481〕
室町期の禅僧で、父は後小松天皇とも。一般にとんち上手のお坊さんとして親しまれているが、実際は大変厳しく、また風変わり人物であったという。正月に、杖の先にドクロを付け、「ご用心、ご用心」と練り歩いたなど、奇抜な逸話も多い。

幼くして相国寺に入り、大徳寺などで修行を積む。文明6年（1474）に大徳寺住持となり、晩年は京田辺市の酬恩庵（一休寺）で、世俗を離れ、盲目の森女を愛して奔放に参禅三昧の生涯を送った。

当時の禅宗は、政治権力との癒着などで著しく腐敗しており、一休はこれを風刺し警鐘を鳴らした。

大徳寺一久 8B5 一休さんの納豆　大徳寺の東側、500年の歴史を伝える精進料理の店。その食前のお薄にも添えられ、店頭でも買えるのが大徳寺納豆。発酵させ塩味を付けた大豆を、天日で干し上げた黒色の塩辛い納豆で、あのー休さんが初代の一文字屋久兵衛に伝授したものとか。

正伝寺　8A4　117

伏見城落城の出来事は、徳川時代に入ってもなお、人々に語り継がれるほどに大きな事件であった。とりわけ、鳥居元忠ら千名を超える人々が自刃したことは、鮮烈な印象を色濃く与えたのだろう。血にまみれた廊下の板を天井に使ったというお寺が、京都にはあちこちに見られる。この正伝寺もそのひとつで、本堂の廊下の天井に、その遺構と語り継がれている。

大文字の送り火の夜、船形のシルエットをくっきりと浮き上がらせる船山の麓に立地する。あたりは、深い緑におおわれて静かなのどかさを見せている。創建は鎌倉時代といい、小堀遠州作といわれる枯山水の庭を有する。敷きつめた白砂にあしらわれたツツジの刈り込みは、七・五・三に配分され、その姿は獅子の親子を想起させるということから「獅子の児渡し」と呼びならわされている。

神光院　8B4　117

「西賀茂の弘法さん」と地元の人から呼ばれ、東寺・仁和寺と並ぶ京都三弘法の一つ。本堂は上賀茂神社の一部を再興したもので、そこには弘法大師自作と言われる自像がある。境内に陶芸で有名な富岡鉄斎が姉のように慕ったという幕末期の歌人・大田垣蓮月の庵(茶所)が残る。梅、桜そして紅葉など四季折々に楽しませてくれる。7月21日と土用の丑の日には「きゅうり封じ」も行われ、賑わう。

本阿弥光悦が庵を結んだ地

光悦寺　8A4　116

元和元年(1615)、本阿弥光悦は、徳川家康からこの鷹峯に広大な土地を贈られた。光悦は、そこにいろいろな工芸家を呼び集め、それぞれが腕を競い合う場をつくった。

本阿弥光悦という人は、本来、刀剣の鑑定と研磨を業としていたが、諸芸術に長け、書画、陶芸、漆工、茶道、作庭等々にも目を見張るような仕事を残した。時代は、豪華絢爛たる桃山文化から質素を旨とする徳川文化へと移りゆく転換期であり、そのなかにあって光悦は、家康の思想を受けとめながらも、華麗な芸術を開花させていった。桃山期から引き続き徳川幕府の御用絵師[4]となって、天下を謳歌した狩野派たちの美意識には見ることのできない柔軟さと深さがそこにはある。光悦を飛躍台にしてこそ、のちに尾形光琳のような芸術家も誕生し得たといえよう。

この光悦が庵を結んだ地を記念するのがこの寺である。大正4年(1915)に再建されたのだが、光悦垣といわれる垣根や、大虚庵や光悦の像を安置する三巴亭、了寂軒など七つの茶室があり、境内に足を踏み入れると、誰もが光悦の芸術的境地に触れることができそうだ。

「悟りの窓」「迷いの窓」

源光庵　8A4　116　★紅葉：11～12月

この寺の歴史は、大徳寺の住職だった徹翁国師が隠居所として貞和2年(1346)に建てたことからはじまる。のち、元禄7年(1694)曹洞宗の寺に改められた。重層の山門[34]の奥にある入母屋造の本堂、廊下の天井は、ここもまた、伏見城遺構の血天井であるという。

窓越しに庭園を望むことができる本堂の「悟りの窓」という丸窓と、「迷いの窓」という四角い窓は、あまりに有名。

吉野太夫ゆかりの寺　　桜：4月上旬

常照寺　8A4　117　萩：9月中旬

源光庵の隣にある日蓮宗のお寺。旧山城六檀林(学寮)のひとつで、元和2年(1616)に創建された。かつては、多くの堂塔を誇る大きなお寺だったが、今はもうその面影はとどめず、六条柳町の名妓・吉野太夫が寄進したという赤門(吉野門)、本堂、庫裏[19]、茶室が残っているだけである。

本堂の裏に墓地があり、吉野太夫の墓も、彼女を身請けした当時の豪商灰屋紹益の墓もある。太夫を偲んで植えられたという吉野桜が満開の頃の毎年4月第2か第3日曜に行われる「吉野太夫花供養」では、光悦寺から常照寺本堂までの太夫道中や野点茶席が設けられ、賑わう。

光悦茶屋　8A4　からみ大根が薬味の名物そば　常照寺の西、然林房のすぐ前にある茶店が光悦茶屋。京都で二軒ほどしか作られていない"からみ大根"をおろして薬味にした「光悦そば」はぜひ一度試したい味。そば鍋などのほかぜんざいや甘酒、生菓子付きの抹茶などの甘味もある。

衣笠・御室・花園・太秦の各社寺は、庭園・絵画・彫刻・建築など、それぞれに、見応えのある古文化財を多く有している。

北野白梅町を北へいくと、室町期、北山文化の面影を今に伝える金閣寺に至る。受付をくぐり、鏡湖池の向こうに見るまばゆい金閣は、感動ものである。そこから踵を返して衣笠山の裾を南西へ歩くと二十数分で、枯山水石庭で有名な龍安寺がある。

さらに「きぬかけの路」を進んだ真言宗御室派本山の仁和寺は、また御室御所とも呼ばれる。金堂や御影堂は御所の建物を移築したものであり、本坊や書院のある仁和寺の名残りをよく伝える。御室の桜の開花期は、京都で最も遅咲きと

仁和寺の南、花園には、今も広大な寺地と

四十数院の塔頭を誇る妙心寺がある。大徳寺同様、堂々とした禅宗の七堂伽藍を備える。当寺塔頭のひとつ、退蔵院の方丈庭園は室町期の名園である。

弥勒半跏思惟像で有名な、太秦の広隆寺は、一名「太子寺」とも呼ばれる。古代の有力氏族秦氏の氏寺であり、聖徳太子とのゆかり深い寺や、日本で唯一といわれる三柱鳥居のある蚕の社（木島神社）などがある。

京都盆地の西端に位置する嵐山・嵯峨野一帯は、閑静な風景の中に、古寺や草庵が点在している。渡月橋の畔を少し西北、茶屋の奥に佇む、小督塚がある。悲運の女性の物語が、いつの世にも人の心を把えて離さぬのはなぜであろうか？

京都五山の第一位、臨済天龍寺では、曹源池を回遊する庭園を見逃す訳にはいかない。開山夢窓国師作の名園である。南には、京都画壇中心の福田美術館や「小倉百人一首」がテーマの嵯峨嵐山文華館がある。

小柴垣、黒木の鳥居の野宮神社は、源氏物語に、伊勢に奉じる斎宮たちが、一年間の潔斎をしたところだと伝えるが、その場所については定かでない。この国の古代の祭政の残滓が、年端もいかぬ乙女たちに課せた負価の記憶のみが、今も浮遊するのだろうか。

嵯峨野には、野の花が美しい。

小督の遺品、東琴などを残す常寂光寺は、紅葉の秋が特によい。俳人去来が閑居した落柿舎、その黙して語らぬ小さな墓石は、五・七・五では語り尽くせぬ静寂の世界を感じさせる。

二尊院に安置されたふたつの如来の、仏えんであるにしても、その特異さにおいて、仏師の心的世界に、思わず立ち入ってみたい衝動を起こさせる。

滝口入道時頼と、建礼門院の侍女横笛の悲恋の物語について、ここでは多く語れない。平家物語は滝口寺や祇王寺などの草庵に、ただその名を残しているだけではなく、今も人々の心に内深く棲んでいる。

千燈供養で有名な化野念仏寺に、累々と続く無縁の石仏を前にしたとき、ここでは百万言の念仏さえむなしく憶える。ただ、沈黙の世界のみがふさわしい。

清涼寺は嵯峨の釈迦堂として知られる。この寺に安置される釈迦如来立像は、中国・宋からの請来仏であり、これを範にした仏像が清涼寺式として、各地に残されている。

このあたりから、古い歴史の門跡寺院・大覚寺、直指庵を巡る奥嵯峨は、いまも心やすらぐ小道である。

感動のまばゆさ

金閣寺（鹿苑寺） 9C1 *115* 世界文化遺産 ★紅葉：11〜12月

足利義満〔1358〜1408〕

室町幕府3代将軍。邸宅を三条坊門より北小路室町「花の御所」（室町殿）に移した。「南北朝合一」を成し遂げ、管領の細川頼之・斯波義将の支えで、各地の強力守護大名を制圧し、幕府権力を固めた。出家後、明の皇帝に朝貢する形式をとった「勘合貿易」を応永11年（1404）からはじめた。日本からは刀剣・槍・鎧などの武器・武具類、漆器・扇・屏風などの工芸品、銅・硫黄・金などの鉱山物が輸出され、明か

応永元年（1394）、将軍職を辞した足利義満が、隠棲の場所として山荘・北山殿を築いた。山荘の完成は、3年後の応永4年（1397）のことである。義満の死後、遺言どおり義持がここを禅寺に改め、夢窓国師を開山とし、義満の法号鹿苑院殿から二字をとり、鹿苑寺と名付けた。

金箔を施した豪華絢爛たる建物を中心に、その姿を映す池（鏡湖池）をめぐる庭（特別名勝）は、**北山文化**の象徴でもある。

金閣は、三層宝形造[84]で、第一層は寝殿造[54]、金箔は第二層（武家造）と第三層（中国風の禅宗仏殿造）の内外ともに施されている。

藤原氏の末流・西園寺家が13世紀初めに、山荘を営んだのがはじまりであるが、その後、西園寺家は没落し、この山荘も荒廃していき、その地を義満が、西園寺家から譲り受けた。庭園も西園寺家のそれに義満が存分に手を加えたもので、大小さまざまな形をした奇岩名石、竹藪や松林が配され、北山、特に衣笠山を借景[42]に使っている。

鎌倉幕府の荒々しい、いわば野武士のような文化の跡を受けて京都に幕府を開いた足利氏たちは、禅思想を土台にした公家文化と武家文化の混成を試みた。中国（明国）との貿易を盛んにして文化が発展した北山時代は、足利氏の勢力旺盛な時期で、その特質がこの金閣寺によく表れている。その後、**東山時代**ともなれば、豪華さは後退し、禅思想に裏付けられた渋味と幽玄さが表だってくる。しかし、この金閣を頂

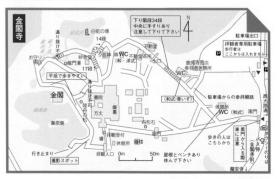

Zip Cafe 9C1 2階からの眺めが最高！ 金閣寺のすぐ側、お土産物屋の2Fのカフェ。左大文字がくっきり見えるロケーションから写真を撮ればそれだけでお土産になる。京都らしいカフェメニューもおススメ。修学旅行生のものランチサービスもある。

点とする鹿苑寺は、室町初期の勃興する力を一身に受けとめ、建築に庭園に、ひとつの完成された美を表現し得たともいえよう。

　最初の金閣は、応仁の乱をまぬがれたが、昭和25年（1950）、寺に住む一僧の放火によって全焼した。昭和30年（1955）には復元され、華やかな姿を再び池に映すようになったが、この放火した僧と金閣という美の象徴的存在とが葛藤する心理をテーマにして、三島由紀夫は「金閣寺」という小説を書きあげた。さらに、昭和62年（1987）秋、漆の塗替えや金箔の張替え、そして天井画と義満像の復元を行った。

足利家の菩提寺
等持院 9C1 *119*

🌼椿：2月中旬～　　芙蓉：9月中旬

　足利氏の菩提寺。暦応元年（1338）、足利直義が等持寺を開いた。3年後尊氏が北等持寺を別院として衣笠山の南麓に建て、夢窓疎石を開山に迎えた。尊氏の死後、北等持寺は尊氏の墓所となり、等持院と改められた。本寺の方は、応仁の乱後、姿を消す。方丈[85]、庫裏[19]、書院などの建物のうち、方丈は、妙心寺の塔頭[62]・海福院を移建したものである。その他のものは江戸時代に再建されたものがほとんどである。霊光殿には、足利歴代将軍13人の木像が安置されている。

　夢窓疎石の作と伝えられる庭は、東西に分かれ、西の庭は芙蓉池と称し衣笠山を借景[65]にした池泉回遊式[65]であり、北側に義政好みの茶室清漣亭がある。有楽椿やサツキがたいへん美しい。京都で紅葉が一番早く色づくといい、座敷からのんびりと庭園紅葉を見物するのもよい。

　衣笠山は、こんもりと碗をふせたような円いなだらかな形をしており、かつて宇多法皇が夏の盛り、この山に絹を覆い、雪と見たてたという故事に因み、その名がついた。

戦争の悲惨さと平和の尊さ
立命館大学国際平和ミュージアム 9C1 *121*

　平成4年（1992）の開館。令和5年（2023）9月にリニューアルオープン。戦争の悲惨さと平和の尊さをテーマとした博物館で、戦時関連資料として実物資料約650点・写真資料約550点を展示、また映像資料、戦時中の町屋の復元、シアターなども設置。

館では、ひろく戦争と平和に関する資料を収集している。

　地下1階では、「十五年戦争」「現代の戦争」と題した柱に沿って展開し、また、年に数回の特別展も開催している。2階の展示室には、「平和をもとめて」をテーマした平和創造展示室や、平和を願って描かれた絵画や児童文学者を紹介するコーナーがある。見学日の2週間前までに予約をすれば、ボランティアガイドによる展示解説を受けることができる。

らは銅銭（永楽・洪武・宣徳の各通宝）の他、生糸・絹織物・陶磁器・書画・書籍などが輸入され、「唐物」と呼ばれて珍重された。そして、幕府はその貿易を博多・堺などの民間商人に請負わせたという。義満は将軍職を退いても、太政大臣として実権を握る。「相国寺」を建立、禅宗寺院の統制の為、五山制度（五山・十刹・諸山）を整備した。

北山文化と東山文化

　北山文化とは、室町初期（14世紀末～15世紀前半）の文化で、三代将軍足利義満の北山殿に代表される。南北朝動乱を経て、それまで伝統的であった公家文化と、新たに台頭した武家文化の融合が特色で、明との勘合貿易、禅宗を通じて大陸文化の影響も受けている。狂言、猿楽能、五山文学、水墨画[55]などが花開いた。

　東山文化は、15世紀後半、室町中期の文化を指す。八代将軍足利義政が、浄土寺跡地に築いた東山荘を中心に、武家、公家、禅僧らの文化が融合して生まれたとされる。義満の金閣にならった銀閣は東山文化を代表する建築である。応仁の乱（1467）以降、戦乱に明け暮れる世の中になったが、一方では能、茶の湯、生け花、庭園、建築、連歌など多様な芸術が花開いた時代で、それらは次第に町衆にも浸透し、今日まで続く日本的な文化を数多く生み出した。また、京の戦乱を避けて多くの公家が地方の守護大名のもとに身を寄せたため、東山文化の地方伝播が進行した。貴族的・華麗な足利義満の北山文化に対して、幽玄、わび・さびに通じる美意識に支えられていると評される。

京都府立堂本印象美術館 9C1 *119*

　京都画壇の重鎮で日本画や抽象絵画で知られた堂本印象（1891～1975）は、様々な技法を駆使しあらゆる画題をこなし、各地の寺社仏閣の障壁画においても、多くの作品を残した。

　ここは彼の作品を展示する美術館で、画伯の没後、旧堂本美術館の寄贈を受けた京都府が公立の美術館として管理している。ユニークな外観の建物や内部設計はもとより壁面装飾やベンチ、ドアノブに至るまでも印象の感性が反映されている。収蔵作品は約2,200点にのぼり、個人の記念美術館として他に類を見ない完成度を誇っている。

おむらはうす 金閣寺店 9C1　名前はオムライスだけど……　おススメはとろ湯葉オムライス。フワフワ玉子の中はヒジキごはん、玉子の上にはとろとろの生湯葉をたっぷりとかけた和風な味わい。アクセントのワサビが効いている。

禅宗の七堂伽藍の風格

妙心寺 9B2 *121*

〔東林院〕 沙羅特別公開:6月中旬〜
〔退蔵院〕 椿:3月下旬〜

妙心寺

花園、双ヶ丘の近くに、広い寺域を誇る妙心寺がある。臨済宗妙心寺派の本山で、南門から入って放生池の前に立つと、三門、仏殿、法堂、方丈[85]、庫裏[19]の大伽藍が縦一直線に並ぶ。周囲には木立ちのほかに、数々の塔頭[62]が建っている。その数は46ヶ寺。かつては離宮であったのを花園法皇(第95代天皇)が禅寺に改めた。建武4年(1337)のことである。

いつも公開されているところは、本坊(法堂・天井の雲龍図、国宝の梵鐘、大庫裏)、退蔵院、大心院、桂春院だけである。 行事等による拝観中止日があり、注意すること。建物は応仁の乱などの災難を経て壊れたり燃えたりして江戸時代のものが多い。

三門は、慶長4年(1599)に建てられた。重層、入母屋造[3]、本瓦葺[88]。楼上には、観世音菩薩[87]、善財童子、月蓋長者、十六羅漢[100]などが安置されており、天井や柱には色鮮やかに龍や天人が描かれている(狩野権左衛門筆)。ここは毎年6月18日(観音懺法会)特別開扉される。

三門の東側に位置する浴室は、通称**「明智風呂」**と呼ばれている。

仏殿は、天正12年(1584)の建立、文政10年(1827)に改造された。いかにも禅寺にふさわしい唐様建築で重層、入母屋造、本瓦葺である。廊下で北側の法堂と繋がっている。

法堂は、明暦2年(1656)建立。重層、入母屋造、本瓦葺で、法堂の鏡天井には、狩野探幽が描いた「雲龍図」があって、ただちに堂内に入った者の眼をとらえる。八方にらみの龍と俗称され、堂内のどの角度から見ても龍の眼に射すくめられる。筆運びは雄壮で迫力のある雲龍図である。天井の片隅に「探幽法眼守信筆」とある。「法眼」というのは「法印」「法橋」とともに、優れた画家に与えられた位である。この図は、明暦2年(1656)探幽55歳のときの画といわれ、探幽の作品のなかでも代表的なものであろう。

探幽は、江戸狩野の創始者で(それまで狩野派の本拠は京にあった)正信、永徳、松栄と続いた狩野派の伝統を受け継ぎつ

紫衣事件

慶長18年(1613)、江戸幕府は、「勅許紫衣法度」を、2年後には「禁中並公家諸法度」を定め、朝廷がみだりに紫衣や上人号を授けることを禁じた。だが、後水尾天皇は十数人の僧侶に紫衣着用の勅許を与える。これに対して幕府は勅許の無効を宣言、紫衣の取り上げを命じた(1627年)。朝廷をはじめ妙心寺の東源慧等ら京都の高僧[22]はこれに反発、幕府に抗弁書を提出したが、結局高僧たちは流罪になり、また後水尾天皇の退位(1629年)の一因になったという。幕府と朝廷の関係に深刻な影響を与えた事件。

明智風呂

浴室(重要文化財)は明智風呂と呼ばれ、江戸時代の建立で、明智光秀の菩提を追善するために建立された。かつては風呂の沸かされた合図の鐘が春日局によって建立されていたが、火災によって焼失。近年、京都の東山二王門の信行寺にあった鐘楼を譲り受け、移築したのが現存のもの。これも春日局が塔頭・麟祥院に寄進したものだったといわれている。

三門

仏殿と法堂

萬長 9B2 徒然草にちなんだお弁当 妙心寺近くの双ヶ丘は吉田兼好が庵を結んだ地。兼好の『徒然草』にちなんだ「つれづれ弁当」で知られるのが妙心寺北門前の萬長。色とりどりの旬の味が詰まった二段の手桶弁当にお造り、汁物、小鉢などが付く豪華なお弁当をぜひ一度。

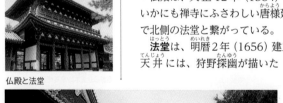

妙心寺方丈庭園

■その他の主な塔頭　9B2
宿坊・**大心院** P118 は、昭和の作である庭、「阿吽庭」で知られる塔頭である。枯山水庭園で、白砂、奇岩、苔で竜がまさに天に昇ろうとする姿を表現しているという。

東林院　沙羅双樹

東林院 P119 は、平素は非公開で宿坊と精進料理だが、庭園に樹齢350年程、高さ15mという沙羅双樹があり、毎年6月12日から6月30日まで「沙羅の花を愛でる会」でにぎわう。他にも、1月の「小豆粥の会」、春秋の「梵燈のあかりに親しむ会」と行事が盛ん。

大法院 P118（特別公開あり）
真田幸村の兄、信之菩提寺で、墓所に佐久間象山の墓もある。春の牡丹、秋の紅葉がよい。春日局ゆかりの**麟祥院** P121 も特別公開がある。

大雄院 P118（特別公開あり）は、慶長8年（1603）の創建。客殿と書院は享保年間に再建され、庫裏は江戸末期に改造された。客殿の襖絵72面は、江戸末期から活躍した蒔絵師柴田是真の作。客殿の障壁画では、滝猿図、唐人物図など多くの秀作が見られる。

つ雪舟や雪村、中国の宋、元、明の絵などを学び直して硬直化しつつあった狩野派をよみがえらせた。その後の狩野派は、この探幽を越えることができず、一層硬直化の道を辿ることになるのだが。

寛永6年（1629）、江戸幕府の寺院法度に抗議した「紫衣事件」は有名。

塔頭のひとつ**退蔵院**（P118）は、応永11年（1404）創建の古刹である。応仁の乱で炎上し、のち何度も建て直された。ここには、雪舟らの先駆けとなった、水墨画[55]僧如拙筆「瓢鮎図」（国宝）が所蔵されている。現在、京都国立博物館に保管されていて、退蔵院には江戸時代の模本が掛けられている。ヌルヌルとして、ただでさえ捕まえにくいナマズを瓢箪でどうして捕えるか、という禅問答を図にしたもので絵の上半分は当時の京都五山の高僧[22]たちによる賛[31]がびっしり書き込まれている。宮本武蔵も自問自答したという。癒しを与える音としても注目を浴びている水琴窟も人気がある。方丈庭園は、狩野元信（室町時代）の作と伝えられる枯山水の庭だ。退蔵院にはいくつもの庭があり、約1千坪の「余香苑」は昭和の作で広々とした庭に水も流れている。紅葉時にはライトアップもある。**桂春院**（P116）は、江戸時代の枯山水庭園[10]があり、清浄、思惟、真如、侘の四つの庭がそれぞれの手法で四季の趣を放っている。隠れたように建てられている既白庵という茶室があるのが珍しい。大徳寺には茶室が多いが、この妙心寺は、もっぱら参禅にいそしむことを旨とし、芸術、茶道を楽しむことを邪道としたため、茶室や路地庭は少ないのである。

妙心寺塔頭（脚注参照）は、室町時代から桃山へとかけて（義満の弾圧もあったが）、たくさんの優れた僧が住み、美術史上重要な遺品が数多くある。なかでも、海北友松の屏風絵（花卉図、三酸図、寒山拾得図）、狩野山楽の龍虎図、長谷川等伯の猿猴図などは特筆すべきもので、また秀吉が54歳のときに得た長男、鶴松（棄丸）がわずか3歳で亡くなったのを悲しんでつくらせた棄丸公像を乗せた玩具の船（木造・玉鳳院蔵・非公開）も貴重なものだ。

退蔵院庭園

桂春院

三河屋　9B2　3種類ある門前のわらび餅　「わらび餅がおいしい」と評判なのが妙心寺の門の西にある三河屋。抹茶、小豆、きな粉の3種入りのわらび餅は、葛粉とわらび粉を混ぜてなめらかな食感を出し、甘みも氷砂糖で出す。一日80個限定の売り切れご免なので電話予約がベスト。

71

石庭

鏡容池

自由な解釈や連想を欲しいままにさせる石庭

龍安寺　9B1　*121*　世界文化遺産

⊛桜：4月上旬　⊛睡蓮：5月下旬～
⊛藤：4月下旬　⊛萩：9月下旬～10月下旬

宝徳2年（1450）、室町幕府官領・細川勝元が、徳大寺家の別荘を譲り受けて寺地とし、妙心寺の義天玄承（晩年に玄詔と改める）を開山として創建されたものであり、禅苑の名刹である。

応仁の乱で焼失して、長享2年（1488）勝元の子・政元が再興したが、寛政9年（1797）、火災で方丈[85]・仏殿・開山堂を焼失したため西源院方丈を移築したという。金剛山と龍を描いた襖絵がある。

方丈の前庭は、低い油土塀を背景に横長（東西30m、南北10m）の狭い石の庭。これが有名な、龍安寺方丈前の**石庭**（特別名勝）である。草や木は一本も生えてはいない。一面に敷きつめられた白砂に、ホウキの掃き目が際立つ。そこに15個の石が配置されている。東から（方丈前の縁に座って左から）石は、5・2・3・2・3個の集合で置かれていて、はるかな大海原に浮かぶ島のようでもある。白い砂と苔むした岩肌のみで織りなす世界は、不用なものを一切省いた簡潔美の極致を見せ、不思議な緊張感を与える。おそらくここに、禅芸術の極意が秘められているのだろう。訪れる人は絶えることがないが、庭は厳として己の静寂を保っている。白砂に配分された石組を見つめていると、絶妙に計算されつくして組まれていることに気付く。こんな狭い庭に、人間の知恵をこらして、ひとつの宇宙をつくりあげたのだ。

作者は、室町時代末期の作で特芳禅傑らの禅僧によって作られたもの（室町時代の相阿弥とも）と、伝えられているが、他説もあり確かではない。

寺域は広く、鏡容池という、樹木が生い繁る大きな池のまわりを巡るのもよい。周りに種々の花木が植えられ桜、雪柳、つつじ、藤、池の睡蓮、秋の紅葉、冬の雪景色、季節の彩りにあふれる。ちょうど、大珠院の向かい側あたりに立つと、池面に衣笠山の優美な姿が映ってみえる。石庭のみならず、十分に景色を愉しめる寺でもある。

吾唯足知のつくばい

石庭の北東にある銭形のつくばい。「つくばい（蹲）」とは茶室などの庭の手水鉢のこと。

矢、五、など一見意味の無い文字の羅列にみえるが、中央の四角を「口」として観ると、吾唯足知（われただたるをしる）と読める。禅の格言を謎解きの意匠として図案化したもので、無言の教え。徳川光圀寄進という（複製）。

西源院　9B1　龍安寺境内で湯豆腐　鏡容池の畔に建つ塔頭・西源院では、座敷で庭園を眺めながら七草湯豆腐が味わえる。これは水菜・椎茸・筍など季節の野菜7種類と生麩が入った湯豆腐で、胡麻豆腐、和和えなど精進料理が付いたセットも好評だ。「○天下一」の暖簾が目印。

伽藍の建造物の殆どが国宝又は重文

仁和寺 9B2 *119*

世界文化遺産　🌸桜：4月中旬

二王門

　仁和寺といえば、誰もが御室の桜を思い出す。腰の低い遅咲きの桜が京の桜ごよみの最後を飾る。けれども、仁和寺が白花の桜で知られるようになったのは江戸初期の頃からのことである。御室桜の開花中は「桜まつり」入料料が要る。

　仁和寺の歴史をひもとけば、平安時代初期の仁和2年（886）勅願され、同4年完成したことが分かる。宇多天皇が光孝天皇の菩提を弔うために創建したもので、宇多天皇みずからも落飾したあと入寺し、法皇の御所「御室」となった。以後明治維新頃まで、歴代の法親王が入寺して、門跡寺院の中ではもっとも位の高い寺となる。応仁元年（1467）に始まった応仁の乱によって、仁和寺は一山ことごとく焼失したが、百数十年の後、徳川三代将軍徳川家光の時代になって、今日見られるような仁和寺として再興した。

五重の塔

　大きな二王門（入母屋造[3]、本瓦葺[88]、寛永年間1624～1644）をくぐると、広々とした境内の向こうに、五重塔の姿がひときわ高い。五重塔も寛永年間の造営である。古代の塔（たとえば、法隆寺の五重塔）は、屋根が下層から上層へかけて、比率正しく縮小していくが、この御室の塔のように、近世的な塔は、屋根が縮小していかない。しかし、各層の木割[17]や細部の造作に安定感があり、調和のある重厚さを保っている。

　金堂[29]（国宝）は、桃山時代につくられた御所紫宸殿の遺構で、入母屋造、本瓦葺、寝殿造[54]の特色をよくあらわしている。

　内陣[72]には、創建時代の阿弥陀三尊像が安置されていたが、それはいま、霊宝館に移され、ここには江戸時代につくられた阿弥陀三尊が安置されている。

御室桜

　金堂をはさんで、西側が御室桜の林である。林の向こうに、観音堂、大黒堂、鐘楼などがあり、その奥にみえるのが御影堂である。

　御影堂は、弘法大師の真影を祀る。宝形造[84]、檜皮葺[81]。桃山時代の清涼殿の遺構である。

　建物は、このように宮殿風のものが多く、他の寺とはちがう一種雅な趣がある。建物内は御殿以外、全て内部は公開されていない。

　霊宝館には、数々の寺宝が収蔵されている。さきにふれた阿弥陀三尊像（国宝）は平安前期の木造漆箔[37]像。平等院鳳凰堂にある阿弥陀如来[74]像（定朝作）へと発展する藤原様式の橋渡しとなるものである。つまり、弘仁・貞観様式と藤原様式の接点にある転換期の作である。　　　（次項に続く）

御室桜

京都最後を飾る遅咲きの桜で、背が低く、花（鼻）が低いため「お多福桜」とも呼ばれる。

いっぷく茶屋　9B2　門前の茶店で桜づくしを　仁和寺山門前に建つ民家風の茶店「いっぷく茶屋」は、仁和寺内の御室桜の桜守を継承する8代目のご主人が始めた店。一杯ずつ挽きたてを出すオリジナルブレンドのコーヒーのほか、刻んだ桜葉と抹茶が入った桜だんごや桜アイスクリームを。

73

吉田兼好〔生没年不詳〕

鎌倉末期・南北朝期の文人・歌人で、本名は卜部兼好。「吉田神社」の神職の家に生まれ、第94代後二条天皇に仕えたが、天皇の死後、退官・出家。修学院、比叡山横川などに庵を結び、晩年は仁和寺近辺双ヶ岡西麓に隠棲。日本三大随筆(枕草子、方丈記)の一つ『徒然草』を執筆したほか、能作家でもあり、和歌にも秀で二条為世の門に入り、「二条家和歌四天王(頓阿(とんなとも。)、慶運、浄弁)」と称された。

家集に『兼好法師集』。双ヶ岡東麓の「長泉寺(非公開)」(右京区御室岡ノ裾町)に、江戸期に西麓の旧跡から移されたという墓「兼好塚」と「歌碑」があり、江戸期作の書物を広げた「兼好の木像」が祀られている。兼好自筆と伝わる歌集や江戸初期の「徒然草」の写本もある。

法金剛院 桜

法金剛院青女滝 附 五位山

極楽浄土を模した平安末期の池泉回遊式浄土庭園。荒廃し土の下に埋まっていたものを昭和45年(1970)に、庭園研究家・森蘊の手により復元された。北にある青女の滝(徳大寺法眼静意・伊勢公袢賢作)は、創建当初の遺構。国指定特別名勝。

東映太秦映画村オープンロケ風景

仁和寺は真言密教[93]のお寺であり、密教の資料も多い。「別尊雑記」(平安時代)、「高僧像」(平安時代)、「孔雀明王[94]像」(中国の宋から請来[51]したもの)(国宝)、「三十帖冊子」(平安初期、空海自筆のものも含まれる)(国宝)のほか、木造吉祥天像、四天王[38]像(いずれも平安後期)、宝相華[86]蒔絵冊子箱(平安前期、皮に漆をぬった箱でなかに三十帖冊子を納めていた)(国宝)など豊かな宝物を備えている。霊宝館は毎年春秋の両期(各約50日間)に開かれる。

また、二王門を入った左手には仁和寺御所庭園(国名勝)があり**「御殿」**(公開)と呼ばれている本坊が置かれている。仁和寺御殿は、江戸初期に再建された時、京都御所の「御常御殿」を中心にして構成されていた。明治20年(1887)焼失後、再建は明治42年(1909)に始まり、宸殿、霊明殿、白書院、黒書院、勅使門、唐門などの建造物と、宸殿南側の庭園が大正3年(1914)に完成。北側の庭園は仁和寺御殿本来の庭で、南庭とは対照的な、中央に心字池を配した池泉回遊式[65]。木立ちの奥に茶席・飛濤亭と遼廓亭がある。

この御室には、風雅を楽しんだ文人も多い。野々村仁清は、この御室の前に窯を開いたが、その名前は仁和寺からもらっている。尾形光琳も一時門前に住んでいたことがある。仁和寺に伝わるいけばな作法は、御室流華道として今日も一流派を形成している。

御所庭園、霊宝館とも、高校生以下拝観料無料。修学旅行おススメ。

蓮の寺
法金剛院　9B2　*120*　🌼花菖蒲:6月上旬　🪷蓮:7月中旬

白河法皇の養女で、鳥羽天皇の中宮となり、崇徳天皇や後白河天皇を生んだ待賢門院により、大治5年(1130)建立された。かつては、広大な寺地に、伽藍[9]や池や邸宅が並んでいたという。今ではその面影は偲ぶすがもない。しかし、木造阿弥陀如来[74]坐像(国宝・藤原後期)や厨子[57]入木造十一面観音像(元応元年・1319)など、その他工芸品や書跡などと宝物が多く、かつての栄華をそこに見ることができる。極楽浄土[49]を再現したという庭園(脚注参照)、初夏の紫陽花もよいが、毎年7月中旬から8月中旬には、世界中から集められた蓮が、蓮池や鉢植えで咲き乱れる。

日本のハリウッド
東映太秦映画村　9A3　*119*

東映京都撮影所を利用した映画のテーマパークで、時代劇でおなじみの武家屋敷や日本橋、吉原などのオープンセットや、テレビ・映画の撮影が見学できる。映画文化館では、明治から現代までの日本映画の変遷が貴重な映像資料とともに展示されており、スチール写真やポスターなど、邦画全盛時代の映画界や、映画の都・京都の一端がうかがえる。

時代劇のメイクや衣装を実際に身につけてみたいという人は、時代衣装体験や予約制の武将体験ができる「時代劇扮装の館」へ。(☎075-864-7750時代劇扮装の館、専用入口あり)。最近はパディオスの仮面ライダーらのキャラクターも子供達に人気だ。

行楽シーズンや正月は特別イベントの開催や京の冬の旅キャンペーン企画があり、子供も大人も楽しめる。

佐近　9B2　オリジナルの和仏折表料理　京料理とフランス料理が見事に調和した料理が楽しめるのが仁和寺二王門向い側の佐近。仁和寺宸殿前の右近の橋、左近の桜にちなんだ店名だ。お造り盛り合わせに炊き合わせ、ステーキやスープなどが出る和洋折表の料理にファンも多い。

弥勒菩薩半跏思惟像

広隆寺楼門

国宝（彫刻第一号）、アルカイックスマイル

広隆寺 9A3 116

右手の薬指をそっと頬にあて、物想いに沈む**弥勒菩薩半跏思惟像**[8]（像高123.3cm）は、あまりにも有名である。右足を左脚に乗せ、ほんの少し開いた伏せ目、通った鼻筋、頬にあてる右腕の線も優雅である。永遠の思索に耽り、未来の救済を祈っているこの姿は、多くの人々の心を捉えてきた。「地上におけるすべての時間的なもの、束縛をこえて達しえた人間の存在の最も清浄な、最も円満な姿のシンボル」「真に完成されきった人間実存の最高の理念が、あますところなく表現されつくしている。」（ヤスパース／ドイツの哲学者）とまで、称えられてもいる。

この像は飛鳥時代の制作で、赤松でできている。現在では素木造のような肌合いを見せ、それが一層この像を簡素に美しくしている。昔は金箔が施されていたにちがいない。朝鮮（新羅）の請来[51]仏だったという説もあるが由来ははっきりしない。秦河勝が聖徳太子の御願としてこの寺を造ったのだが、「日本書紀」には秦河勝が太子から仏像[82]を賜り、それを本尊[90]として寺を建立したと書かれており、その本尊がこの弥勒菩薩と考えられる。飛鳥時代は、日本で仏像がつくられはじめた時代である。この菩薩[57]像を、奈良の中宮寺の半跏思惟像や法隆寺の救世観音、法輪寺の虚空蔵菩薩などの姿と比べてみると、日本に登場してくる観音像がどのような姿をしていたかを考えさせてくれるだろう。

たいていの飛鳥仏像は奈良に集中している。京都で日本仏像史初期の仏像群を見られるのは、この広隆寺ぐらいだ。

広隆寺の建立は、推古天皇11年（603）にまで遡る。当時、京のこの地域の豪族だった秦氏の氏寺として建てられた。かつては蜂岡寺・秦公寺ともいわれた。平安遷都前からの寺である。秦氏は、新羅からの渡来氏族であったが、京都の地（深草から葛野にかけて）に広大な勢力を張り、治水、農耕、養蚕、機織、酒造などを通して実力をみせた。平安遷都のときにも、桓武天皇を助けて活躍した、いわば京都文化形成の先駆者ともいえる。

広隆寺は遷都後、全焼するなどし、現在の建物は、講堂[24]が永万元年（1165）の再興、そのほかの建物なども江戸時代の再建といわれるが、正確な記録も分からず、かつての古代における偉観は見るべくもない。

講堂は赤堂と呼ばれる（柱が丹塗りである）、単層、寄棟造[99]、本瓦葺[88]。堂内には、本尊・阿弥陀如来坐像、向って右に地蔵菩薩坐像、左に虚空蔵菩薩坐像（いずれも平安前期の作）が安置されている。かつてこの堂内に安置されていた一木造[2]の不空羂索観音立像（天平時代）（国宝）と、十一面千手観音像（平安前期）（国宝）は、今は新霊宝殿に移されている。

桂宮院本堂（国宝、非公開）は、鎌倉時代の創建。堂内には聖徳太子十六歳孝養像が安置されていた。法隆寺の夢殿形式の建築美を誇っている。また、

秦河勝

飛鳥期の秦氏出身の豪族。秦氏は、6世紀頃に朝鮮半島を経由して、日本列島の倭国へ来た渡来人集団と伝わる。6世紀後半～7世紀半ばにかけて大和王権で活動した。

聖徳太子と側近・河勝が、「峰岡寺（川勝寺・現広隆寺）」建立に大きく関わったという。創建時は、右京区西京極三反田町付近にあったといい、この地域は明治の初めまで川勝寺村と呼ばれ、付近のバス停名は、今でも「川勝寺」。平安遷都時に現在地に移したという。本拠地とした右京区太秦に、その名を残す。

広隆寺講堂

京富 9A3 駅のホームに直結 嵐電「太秦広隆寺」駅のホームに直結している。手打ちうどん・生そば「京富」。京都らしい上品なダシが効いている。「きざみ」や「かす」など関西らしいメニューも嬉しい。

75

車折神社末社「芸能神社」

車折神社 9C5 116

ここは死後に人の罪を裁く五道の冥官の霊地で、社前を車で通ると牛は倒れ、車の輄（車をひく棒）は折れるということから名付けられた。鎌倉時代の後嵯峨天皇の御幸の際、社前で車の輄が折れたためとも。

祭神は平安時代末期の明経道の博士清原頼業で、拝殿には小石に願い事を書いて奉納する神石祈願の石がうず高く積まれており、商売繁盛や金融、受験に霊験があるという。その祈祷神石を持ち帰り、祈願成就のとき倍にして返す習わしだ。

境内の芸能神社は全国でも珍しい芸事上達等の神を祀り、芸能人の信仰も篤い。境内の車軒文庫には元宮司・富岡鉄斎の書画が所蔵され、毎年春と秋に鑑賞できる。（要予約）。

鹿王院 9C5 121 ◎椿：3月下旬

室町時代に足利義満の霊夢により開山したという禅院で、京都十刹の五位に列し、宝幢寺と号した。本山は衰微し、この一院（開山塔）だけ残った。建立の際に白鹿が現われたため鹿王院と名付けたと伝えられる。山門の「覚雄山」の三字額は義満23歳の時、客殿の「鹿王院」の額も義満24歳の時の自筆という。門から方丈への長い参道、春は深緑、秋は嵐山を借景とした枯山水庭園の紅葉も楽しめる。

蚕の社（木嶋神社）三柱鳥居

上宮王院太子殿の本尊は聖徳太子像である。毎年11月22日聖徳太子生誕の日に開扉されていたが？このように、この寺の施主である豪族・秦氏の勢力が衰えたあとも聖徳太子への信仰は生きつづけ、今日でも「太秦の御太子さん」として親しまれている。

　新霊宝殿には、飛鳥時代から、天平、弘仁、貞観、藤原、鎌倉と各時代の国宝、重文の仏像が収められている。増長天立像（藤原時代）、そして十二神将像が十二体並ぶ（国宝）。つぎに広目天立像（藤原時代）、そして阿弥陀如来像や不動明王坐像などが並ぶ。入口には、青銅で聖徳太子伝のレリーフが刻まれている扉がある。弥勒菩薩半跏思惟像（国宝）もここに収められているが、もうひとつ弥勒菩薩半跏思惟像と呼ばれる像がある。高さ1ｍ足らず、楠一木造の漆箔像である。やはり、右足を左膝にのせ、右手中指を頬にあてているのだが、表情が泣いているようなので、「泣き弥勒」の通り名が与えられている。眼も大きく切れ長で、口も大きくキュッとひきしめたような口元で、同じ飛鳥時代の半跏思惟像でありながら、著しい印象のちがいを与える。また、この楠像の方は、肩から綬帯をつけ（牛皮でつくられたことを表わしているのも珍しい）ているのも、上半身裸の赤松像とは異っている。赤松像の清楚な姿にくらべると、どことなく武骨な感じがするが、手脚、衣などの彫法はたいへん秀れている。百済国からの請来仏といわれている。赤松像と区別して「宝髻弥勒菩薩半跏思惟像」（国宝）と呼ばれるが、髻が高く結えられて、赤松像の頭が宝冠をかぶっているような形をしているのと好対照を見せているところからきている。

　もうひとつ、指を頬にあてている像がある。時代は少し下るが藤原時代の作で、台座の上に半跏の姿で腰を下し、背をのばして右頬に人指し指をあてている。飛鳥時代の思惟像のように膝の上に右肘を乗せてはいない。顔を少しも傾げてないのが面白い。藤原時代の作なので、どことなく、ポッテリとして豊かな像である。同じように思索に耽る像でも時代によって、このように表情がちがうのだ。この像は**如意輪観音坐像**と呼ばれている。

　そのほか、貞観時代の一木造像として、吉祥天立像、聖観音立像などがどっしりとした姿をして立っている。

　桂宮院本堂（八角円堂）にあった聖徳太子十六歳像（鎌倉・像高83cm）は、今はこの新霊宝殿にある。見事な装飾の椅子に腰かける少年・聖徳太子の表情は、つり上った眼とひきしまった口をし、毅然とした雰囲気をもっている（鎌倉時代）。

　ほかにも数多くの仏像があるが、なかでも目をひくのは、この寺の創立者が神格化されて刻まれた、秦河勝夫妻神像（藤原時代・檜材）である。夫人は眼を閉じているが、河勝は眼を見開いており、その表情は鋭く威厳がある。

　また、このあたりには、**蛇塚**（9A3）（7世紀ごろの横穴式前方後円墳）や**天塚古墳**（6B3）（横穴式、秦氏の墓と思われる）、**蚕の社**（9B3 114）（珍しい三柱鳥居をもつ）などもあり、平安遷都以前の京都の歴史の跡を残すところだ。

萬為 9A3 弥勒菩薩にちなんだ和菓子　広隆寺近く、創業70余年の和菓子の店で、広隆寺の弥勒菩薩半跏思惟像にちなんだ「みろく」は白あんと黄身を混ぜ合わせ、羊羹で薄く包み込んだ菓子だ。煎餅を幾重にも巻き上げ、クリームを詰めた「北山杉」も京都の府木にちなんだ逸品。

嵐山渡月橋

季節の移ろいが映える
嵐山 9A5 ❀桜：4月上旬 ❀紅葉：11〜12月

　大堰川の川沿い、渡月橋の南にそびえている標高375mの山が嵐山である。古来より景勝の地で、平安時代は盛んに貴族の船遊びが行われたという。赤松が生い茂るなかに、春ともなれば山桜、桂川中之島の枝垂桜が華やか、秋には紅葉が色づき美しく、大勢の人で賑わう。川をはさんで、嵐山の向いには、小倉山がそびえ、この付近一帯を嵐山公園と名づけている。格好の散策地。

我が国初の史跡特別名勝
❀桜：4月上旬　❀芙蓉：9月上旬
❀紅葉：11〜12月

天龍寺 9B5 119 世界文化遺産

　開山は夢窓疎石。暦応2年(1339)、後醍醐天皇の菩提を弔うため、足利尊氏が建立した。天龍寺の命名は、尊氏の弟・直義の見た夢からと伝える。京都五山第一位を占める格式高いお寺である。かつては室町幕府の庇護のもとに強大な権勢を誇っていた。応仁の乱後衰え、現代の建物のほとんどは明治以後のものである。

　当時の原型を残す、大方丈[85]の前にある曹源池庭園(特別名勝)は、夢窓疎石作と伝えられる、嵐山や亀山(小倉山)を借景[42]に巧みにとりいれた池泉回遊式[65]。優美な王朝の伝統文化と禅文化の手法が溶け合い、四季折々の美しさを見せる。境内には、奈良・吉野で亡くなった後醍醐天皇を慰めようと、約200本の枝垂桜・染井吉野が植えられている。平成9年(1997)日本画家・加山又造によって法堂(特別公開)の天井に「平成の雲龍図」が描かれた。藤原時代の木造釈迦像[40]をはじめ、天龍寺船(この寺を造営する資金を得るため、中国・元へ向かった貿易船)が持ち帰った青磁の香炉や花瓶、馬遠の水墨画[55]など宝物も多いが、特別公開期間以外は参観することはできない。

伊勢斎宮・源氏物語旧跡
野宮神社 9B5 119

　その昔(飛鳥時代からとも)、斎宮制度が設けられてから、天皇の代理で伊勢神宮に奉仕する斎宮(斎王)が、ここで身を清めていったという。源氏物語の「賢木」の巻の舞台にもなったし、謡曲の「野宮」にも歌われた。そして、和歌や俳句などの題材として、昔から愛されてきた。源氏物語に書かれている黒木の鳥居を彷彿とさせる鳥居が建っている。ここは嵯峨野巡りの起点ともいえ、竹林や小柴垣に囲まれた嵯峨野情緒豊かな所であり、今では縁結び・安産の神社として親しまれている。

　近年、10月中旬日曜日に「斎宮行列」が挙行され、華やかな装束に身をまとった100人もの人々が嵐山で往時の夢を再現している。

弘源寺 9B5 116
　天龍寺塔頭[62]。嵐山を借景にした庭園が、春の桜、秋の紅葉と調和する景色で有名な枯山水庭園[10]「虎嘯の庭」をもつ。竹内栖鳳とその門下生など文化勲章受賞画家の日本画等を公開している。長州藩試し切りの幕末の刀傷も見所のひとつ。団体のみ法話(予約制)を聞くことも出来る。

宝厳院 9B5 120
　天龍寺の塔頭寺院。策彦周良作の庭園は、「獅子吼の庭」と呼ばれ、借景回遊式とされる。獅子の形をした獅子岩、「登龍門」の由来である龍門瀑などが有名。紅葉の名所。江戸時代には都林泉名勝図会にも紹介されたという。

　琴きき茶屋　9B5　天龍寺門前の名物・桜餅　渡月橋畔の琴きき茶屋の桜餅はこし餡で道明寺餅を包んだものと、餡を入れずに2枚の桜葉で包んだものの2種。近くには嵐山さくら餅「稲」など有名所もあって、食べ比べも面白い。

嵯峨嵐山文華館
9B5　116

　百人一首とは、100人の歌人の和歌を一人一首ずつ選んだ和歌集のことで、一般には正月の歌かるたでお馴染みの小倉百人一首が知られている。

　藤原定家の編纂とされるこの歌集は、小倉山にあった定家の山荘から名づけられた。なお小倉山とは、渡月橋から見て北西の山で、古来紅葉の名所として知られる。

　文華館常設展示では、この地で誕生したとされる百人一首の様々な展示や日本画の数々、嵯峨嵐山にゆかりのある芸術や文化に出会える。1階は常設展示「百人一首ヒストリー」と企画展スペース、2階は企画展を開催する畳ギャラリーとなっている。企画展が年4回開催されるほか、毎週土日には展示解説トークショーも行われ、競技かるたや講演会などのイベント開催される。

　庭に面したテラス部分は、カフェ「嵐山OMOKAGEテラス」となっており、開放感のある空間から古来の景勝地・嵐山を楽しめる。

保津川の渓谷美を楽しむ

　JR嵯峨野線（山陰本線）の嵯峨嵐山駅に隣接するトロッコ嵯峨駅から、トロッコ亀岡駅まで、保津川の渓谷に沿って走る赤と黄色のかわいい「トロッコ列車」。旧山陰本線の線路を利用した観光鉄道で、冬季を除く3シーズン、眼下を流れる保津川の清流と季節の渓谷美が楽しめる。

　時間に余裕があれば、トロッコ列車で亀岡（そこからバスで乗船場）まで足を延ばして、亀岡から嵐山まで約2時間の「保津川下り」を楽しむのもいい。年中船便があるが、やはり納涼向き。渓谷に入るとかなりの急流で、スリル満点。

西日本最大級の鉄道ジオラマ
ジオラマ京都JAPAN　9B5　116

　清水寺や金閣寺等の名所や京都の町並みを小さなサイズで精巧に再現したジオラマである。中央には陸橋が設置されていて、そこからの眺めは空中散歩のようだ。ミニチュアに凝らされた様々な工夫は見ていて飽きない。天体ショーも人気だ。

　このほかにブルートレインや貨物輸送車「EF66形電気機関車」の運転台での運転体験（有料・予約制）は、リアルな音とモニターに映される映像で本物さながらで、鉄道ファンにもたまらない。

　隣接する「19世紀ホール」には、ベーゼンドルファーのピアノやアーレンオルガン"Quantum"、4台の本物の蒸気機関車などが展示されている。JR嵯峨嵐山駅・トロッコ嵯峨駅を利用する際はこれらをぜひ見学しておきたい。

蓑笠を吊した庵
落柿舎　9B4　121

　松尾芭蕉の門人・向井去来（1651〜1704）が住んでいた。去来が在庵の時は玄関横に蓑笠を吊したという故事のとおりが、今も見られ、印象的な佇まい。芭蕉も旅の途次3度ここを訪れている。芭蕉の「嵯峨日記」はここで書かれたのである。それ以来、多くの俳人たちが、この跡を慕って訪れている。庭には彼らの句碑がたくさん立っている。

　あるとき、この去来閑居の庭にある柿の実を買い入れに来た人がいた。商談がまとまり代金も置いていったその夜、嵐が吹き柿の実が全部落ちてしまったことがあった。以来、この庵は落柿舎と呼ばれるようになったという。

　落柿舎の句碑は、庭にあり、「柿主や梢はちかきあらし山」と読める。

　向井去来の墓がこの裏にある。ちいさな石の墓で「去来」と刻まれている。

常寂光寺多宝塔

嵯峨野紅葉人気NO.1
常寂光寺　9A5　117　🍁紅葉：11〜12月

　小倉山を背にして、そのふもとに建てられた静かなお寺。茅葺の仁王門から本堂へと石段が続き、紅葉が凄い色。晩秋は、散り紅葉が石段を覆い、樹上も真っ赤、足下も絨毯の紅葉のトンネルが楽しめる。

　多宝塔まで登ると京都の町が遠望できる。シーズンの週末は鈴なりの人出。冬に雪でも降れば、白と竹の緑、それに参道の土の色は実に落ち着いた世界を生み出す。

　多宝塔は江戸初期の建立だが、檜皮葺で桃山期の優美な姿を見せている。

　ぎゃあてい　9B5　嵐山老舗旅館のバイキング　京福嵐山駅隣のおばんざいバイキングの店。有名亭旅館「嵐山辨慶」の姉妹店だけあって味にも定評がある。デザートも合わせて常時30種類がカウンターに並ぶが、中でも湯豆腐や九条ネギのぬた和え、鯛のあら煮などが人気。

二尊院本堂

二尊と紅葉の馬場

二尊院　9A4　*119*　🌼萩：9月上旬　🍁紅葉：11～12月

　正しい名を「小倉山二尊 教 院華台寺」という。本尊[90]に釈迦如来[74]と阿弥陀如来の二尊が祀られているところから「二尊院」という名が通り名となっている。この二尊像は鎌倉時代、快慶の作と伝えられる木造の像で、金色の光背[25]と渋く美しい調和を見せている。

　今から千年以上もの昔、嵯峨天皇が慈覚大師を開祖として、京の西、小倉山の山麓に寺を建立。それがこの二尊院である。

　鎌倉時代のはじめ、法然上人がこの寺に住まって教えを広めて発展していった。応仁の乱の兵火では、全焼してしまったが、約30年ののち、後奈良天皇、三条西実隆父子らの尽力を得て、本堂、唐門を再興。また豊臣・徳川からの禄を受け、数多くの華族名家を檀家にもって栄えていった。

　総門（伏見城の遺構と伝える薬医門）をくぐれば石を敷き詰めた広く長い参道が。これは「紅葉の馬場」と呼ばれており、秋になると美しい紅葉が彩りを添えてくれる。味わい深い自然に囲まれた境内には、小倉山中腹に法然上人廟、広大な墓地には土御門、後嵯峨、亀山と伝えられる三帝陵をはじめ貴人、文人、高僧[22]、有名人たちのたくさんの墓がある。三条実美・角倉了以・俳優の阪東妻三郎など。ここで、小倉百人一首を選んだ藤原定家の時雨亭遺跡、西行法師の庵跡も一隅にあり、定家の歌を思い浮べて寺内をゆっくりまわってみるのもよい。

「平家物語」祇王の哀しい話

祇王寺　9A4　*115*

　「平家物語」に綴られた祇王の哀しい話に誘われて、この尼寺を来訪する女性はあとを絶たない。

　白拍子・祇王は、清盛の寵愛を一身に受けていたが、同じ白拍子・仏御前に心を奪われた清盛の移り気からこの地に身を隠し、妹・祇女、母・刀自と念仏して静かに暮すようになった。あるとき、竹の編戸を叩く音に出てみると、そこには仏御前が立っていたという。仏壇には、本尊大日如来をはじめ、合掌するこの4人と清盛の木像が安置されている。

　かつての往生院（法然上人の門弟、良鎮による創建と伝えられる）の境内が荒廃し、尼寺として残ったのがこの寺のはじまりだが、それもまた明治の初年には廃寺となってしまっていた。その話を聞き、京都府知事・北垣国道（琵琶湖疏水などをつくった人）が明治28年（1895）、別荘の一部を寄付。それが現在の建物で、大覚寺末寺のひとつ、祇王寺としてとどまっている。

　庵の前には緑の苔むす庭。これが晩秋には一変して、真っ赤な散り紅葉が敷き詰められる。寺は竹藪や樹木の緑に囲まれ、移り行く季節ごとの山の色の変化には、言い表わしがたい美しさがある。木立ちで和らげられた光は、そこはかとなく優しい雰囲気をつくってこの尼寺を包んでいる。

　控の間にある「吉野窓」という大きな窓は、竹編の影が虹の色に表われることから一名「虹の窓」とも呼ばれている。

滝口寺　9A4　*118*

　祇王寺の上隣に位置し、往生院の子院三宝寺の旧跡という。「平家物語」の平重盛の家来斎藤時頼と建礼門院の侍女横笛との悲恋の物語ゆかりの地として再興された。恋に迷う自分を責めた滝口入道（出家した時頼）と横笛の坐像を本堂に安置。参道の歌碑は横笛が記したとされる。紅葉と竹林が美しい寺である。

嵯峨野・奥嵯峨散策

　まず、「竹の道」を訪れよう。さらにトロッコ嵐山駅横を通り小倉池を経由して常寂光寺、のどかな田園風景を見ながら二尊院、さらに祇王寺、ここから奥嵯峨に向かう。化野念仏寺だ。町並みはこの寺を境に瓦屋根の町家風民家が並ぶ下地区と茅葺きの農家が多い上地区に分かれている。国の「重要伝統的建造物群保存地区」である。途中には鳥居本付近の雰囲気をよく残す伝統的町屋風の町並み保存館があり。約2,500 mの行程だ。

祇王寺境内

よーじやカフェ　嵯峨嵐山店　9B5　京女のラテアートも個性的　定番土産「あぶらとり紙」よーじやに併設したカフェ。吹き抜けや坪庭など、古民家のつくりを生かしたお洒落な空間で、嵯峨野路散策の休息におススメ。

化野念仏寺境内

千灯供養（有料）

古代よりあだし野は、東の鳥辺野、北の蓮台野と並ぶ葬地であった。化野念仏寺境内の約 8000 もの石仏・石塔は、一帯に葬られた人々のお墓である。何百年という歳月を経て無縁仏と化し、山野に散乱埋没していた石仏を明治中期、地元の人々の協力で集められ、釈尊宝塔説法を聴く人々になぞらえ配列安祀したもの。

この無縁仏の霊にろうそくの灯を供える千灯供養は、光と闇と石仏が織りなす光景が幻想的な世界を創り出す。毎年 8 月 23・24 日の両日行われ、夏の終わりを告げる嵯峨野の風物詩ともいえる。

嵯峨鳥居本伝統的建造物群保存地区　9A4

元は愛宕神社の鳥居の辺りにできた集落で、明治・大正の雰囲気を色濃く残す。農家風の茅葺屋根に町家風の工夫が凝らされた住居が、のどかで雅な雰囲気を作り出す。

こうした特徴を残す建物・内装が、京都市嵯峨鳥居本町並み保存館P116 として公開されている。

明治時代初期に建てられた「むしこ造り町家住居様式」の中 2 階建て。「むしこ」の由来とされる中 2 階の土塗りのたて格子「虫籠窓」や一階の窓の格子、折り畳みベッド風の「ばったり床几」、馬を繋いだ「駒寄せ」「煙出し」などを備えている。土間には今も水をたたえる井戸や、「おくどさん」と呼ばれるかまどがある。

幽玄な千燈供養の寺

化野念仏寺　9A4　114

京都は実にさまざまなお寺がたくさんあるが、この寺はそれらとはいささか趣を異にしている。この聖域に一歩足を踏み入れると、そのことはただちに了解できるだろう。群なす石仏（八千体）や石塔を目前にするとき、頭をたれ、眼をつむり、手を合わせずにはいられない心持ちになる。

あだし野の名は、古語「あだし」（はかない、悲しみの意味）から用いられており、今では、化野と記すが仇野とも阿陀志野とも書かれる。はるか昔より墓地であるあだし野には、化野がもっともふさわしい文字であろう。この文字は約 300 年前より使われている。「化」の字は「生」が「死」と化し、再び生まれ化る事や極楽浄土[49]に往生する願いを意図したものだ。

石仏や石塔は、このあたり一帯に葬られた人々のお墓であるが、時の流れのなかで無縁仏と化し、林野に埋没・散乱していたものを明治中期に釈尊宝塔説法の有様を形どって集められた（中央に十三重石塔、釈迦坐像を奉祀し、古石仏は釈尊の説法に耳を傾ける人々の姿になぞられている）。

この全景はまた「**賽の河原**」とも呼ばれ、嬰児が一つ二つ……と石を積みあげるさまをも想起させる。

境内には、茅葺の小さなお堂がある。これは「みず子」の霊を供養するみず子地蔵尊で、水子を葬った人、安産や子供の無事成長を祈る人々は途絶えることがなく、お堂の内は供物の玩具やお菓子で溢れている。

念仏寺の建立は千年以上も昔にさかのぼり、弘法大師が野ざらしの遺骸を埋葬したことにはじまると伝えられる。本尊[90]阿弥陀仏坐像は湛慶の作。鎌倉彫刻の像である。

春はシャガ、秋は紅葉の羅漢寺

愛宕念仏寺　9A3　114

もとは東山の地に奈良時代以前に建てられた古刹。本堂は鎌倉中期の建立で重文。大正時代に現在の地に移築された。本尊は「厄除け千手観音」。地蔵堂には、霊験あらたかな火之要慎のお札で知られるあたご本地仏「火除地蔵菩薩[87]」が祀られている。境内に入るとおびただしい石仏の数、参拝者の手によって彫られた、1200 躰の石造の羅漢[100]さんが表情豊かに並ぶ。よく見るとそれぞれがユニークな顔やポーズになっているので一見。どんな思いで彫ったのか思いを馳せたくなる。

茶寮弁治　9A4　嵯峨野の旧家で湯豆腐や甘味　築 250 年の蔵を改造した喫茶室や奥の座敷で、甘味や湯豆腐が堪能できるのが茶寮弁治。湯豆腐に生湯葉、生麩田楽などが付く湯豆腐御膳が見事な庭を眺めながら味わえる。手作りのわらび餅や特製抹茶あんみつなどで一服するのもいい。

清涼寺（嵯峨釈迦堂）

釈迦の五臓六腑
清涼寺（嵯峨釈迦堂） 9B4 *118*

　嵯峨の釈迦堂として親しまれている。東大寺の僧・奝然が、寛和2年（986）、宋から帰国したときに持ち帰ったという釈迦如来[74]立像（国宝）が本尊である。この像は、奝然が宋にあったとき当時の人々に尊重され、拝まれていた栴檀の釈迦像[40]を白檀の香木で模刻したものだといわれている。37歳の釈迦の姿を生きうつしにした像といわれ、体内には五臓六腑（五色絹で縫いぐるみのようにつくられている）やお経、端像造立記などが封じられていた。昭和28年（1953）の発見という（五臓六腑模型ともども霊宝館で見られる）。作風は、他のお寺の釈迦如来像と少しちがう趣をしており、どこか異国的である。高さ160cm、衣は両肩から足の裾へゆったりと流れ、衣文のひだがシンメトリカルに刻まれている。眼には黒い玉、耳には水晶がはめられていて、頭の螺髪[102]も独特の縄状をなしている。こういう像の形式を清涼寺式[59]というが、その後、延暦寺や奈良の西大寺・唐招提寺などに、この如来の模刻像がつくられ安置されている。

　春季（4・5月）、秋季（10・11月）に霊宝館の特別公開がある。平安・鎌倉時代作の棲霞寺本尊阿弥陀三尊像（国宝）、本堂の釈迦如来脇侍文殊菩薩騎獅像・同普賢菩薩騎象像、釈迦十大弟子[43]像10体、四天王[38]立像4体、兜跋毘沙門天立像1体などの仏像[82]を安置。このほか「宋画十六羅漢像」などの宝物も展示。

　清涼寺西の宝筐院（P120）は、足利二代将軍義詮の菩提寺で、その院号によりこの名が付いた。南北朝時代のライバル楠木正行（正成の子）と義詮の石塔が並んで建つ。これは義詮が正行の人柄、忠義に感じ、そばに葬るよう頼んだためといわれる。楓などの多くの樹木や白砂・青苔が見事な回遊式枯山水庭園[10]で、美しいのは庭園内の石畳の道。ピーク時は紅葉のすばらしいトンネルになる。

〔宝筐院〕　❀紅葉：11〜12月

　さらに西の厭離庵（P114）。藤原定家の小倉山荘跡で、定家が百人一首を撰したところという。のち荒廃し、江戸中期に冷泉家が修復。その後再び衰え、明治に入り復興。書院のほか、茶席時雨亭、定家塚などがあり、苔むす小さな庭園の紅葉も見事という（要予約）。

厭離庵

大河内山荘 9A5 *114*
　百人一首で著名な洛西小倉山の南面に、往年の時代劇の名優・大河内伝次郎（1898〜1962）が30年の歳月をかけて丹精こめて造った庭園。小倉山傍の霊亀山を庭に見立てた6千坪・2万㎡に及ぶ広大な敷地に芝生を敷き、松、桜、楓などが多数配置された四季折々の景色が美しい現代的な庭だ。

　草庵風の茶室滴水庵の露路は対照的に幽玄な趣きは。また、桃山造りの大乗閣、鎌倉様式の御堂、石仏などが点在し、嵐峡展望台からは保津川の流れ、市内展望台からは、比叡山や京都の町が遠望できる。

愛宕山鉄道
　かつて清涼寺の東側の清滝道には鉄道が走っていた（1929年開業、1944年廃業）。嵐山駅から清滝駅までを平坦線、愛宕駅までがケーブルで、主に愛宕山と清滝と愛宕山にあった遊園地やスキー場等のリゾート施設に行くためのものであった。現在は廃線になっているが、清滝トンネルや、愛宕山登山道に残る愛宕山ホテルと愛宕駅舎の廃墟にその名残りを見ることができる。

千日詣り
　標高924mの愛宕山。山頂には全国で900を越す分社もつ愛宕神社がある。7月31日夜から8月1日早朝にかけて参拝すると千日分の火伏・防火の御利益があるといい、毎年多くの参拝者で境内参道は埋め尽くされる。正式には千日通夜祭という。当日は、麓の清滝から山頂までの約4kmの登山道（表参道）には、明かりが翌朝まで点灯される。

森嘉　9B4　清凉寺門前の名物は嵯峨豆腐　嵯峨豆腐といえば森嘉の豆腐のこと。嵐山・嵯峨野の料亭の多くがこの豆腐を使った湯豆腐を出す。国産大豆と井戸水、ニガリの替わりに硫酸カルシウムを使って作る豆腐はなめらかな味わい。飛龍頭とともにお土産に求める人も多い。

心経の本山、写経の道場

大覚寺 （だいかくじ） 9B4 118 ❀桜：4月上旬

大覚寺は、日本で有数の門跡寺院である。門跡寺院というのは、皇族や貴族が、住職についた寺のことをいう。この大覚寺は、嵯峨天皇の離宮にはじまり、嵯峨天皇の皇女・正子内親王が、皇太子をやめた淳和天皇皇子・恒寂親王を開祖に寺とした。

嵯峨天皇は、桓武天皇の第2皇子であり、平安京の建設とともに、信仰の定着に努力した。空海（弘法大師）をこの離宮の嵯峨院へ招いたりもした。

弘法大師は、五覚院に本尊[90]五大明王[94]像（収蔵庫安置、五大堂の五大明王像は昭和期作）を祀り、鎮護国家の秘法を修したという。こうして大覚寺も京都における密教[93]寺院の重要なお寺となっていき、多くの寺宝を有している。

弘仁9年（818）の春には、疫病が流行。嵯峨天皇は空海に相談すると、般若心経の写経をするようにとすすめられた。天皇が自ら写経したところ、疫病はみるみる鎮まっていったという。以来、このお寺では心経の写経運動が盛んである。天皇宸筆の心経は、法隆寺の夢殿を模して大正時代に建てられた心経殿に納められている。

元中9年（明徳3年・1392）、南朝の後亀山天皇が北朝の後小松天皇に三種の神器を譲った南北朝の講和が大覚寺で行われたという。

正寝殿は、入母屋造[3]、檜皮葺[81]の建物で、12の部屋をもつ書院造[46]。宸殿は寝殿造[54]で、廊下・広縁はすべて鶯張となっている。それぞれに狩野山楽らの襖絵が豪華である。建物の多くは、江戸期の再建である。

寺域の東側に大沢池（エリアは有料）がある。中国の洞庭湖を模してつくられたもの。庭園に池がつくられたのもこれが日本で最初のことである。ここで貴族たちは舟遊びをし、月を愛でた。周囲約1kmの池のほとりには、茶室望雲亭、心経宝塔、石仏、名古曽の滝址があり、桜期もよい。令和6年（2024）には南北朝時代に消失したとされる名古曽橋が再建されている。

門跡寺院にはよくあることだが、ここにも嵯峨御流と呼ばれる生け花の伝統がある。

十三詣りのお寺

法輪寺（嵯峨虚空蔵） 9B5 120

嵐山東端、岩田山山麓の寺院で、数え年で13歳になった子どもが虚空蔵菩薩[87]に詣でて福徳と知恵を授かる、いわゆる十三詣りのお寺として有名。奈良時代に元明天皇の勅願で行基が開創したと伝えられる古刹で、その後、空海の弟子道昌が虚空蔵菩薩像を安置し、法輪寺と称した。本尊は日本三大虚空蔵のひとつに数えられる。虚空蔵菩薩は虚空のように限りない智恵や福徳を蔵するといわれる仏で、十三詣りの風習は江戸時代中頃から盛んに

広沢池

のどかな風景が広がっている広沢池は、遍照寺池ともいわれ灌漑用の溜池として作られたものだが、古くから月見の名所として知られており、池の一帯は景観保護地区に指定されている。池畔に立つと小倉山や愛宕山など嵯峨野の山々が見渡せ、四季折々に姿を変え、訪れた人々の心を和ませてくれる。昭和44年（1969）歴史的風土特別保存地区に指定され、平成22年（2010）には「ため池百選」にも選定された。毎年8月16日催されるお盆の精霊送りの行事「灯籠流し」では、送り火の「鳥居形」と同時に見ることができ、夏の風物詩となっている。また、師走の恒例行事は、池の水を抜いて育った鯉などを水揚げする「鯉揚げ」が行われ、冬ならではの広沢池の景色が見られおススメだ。

嵐山モンキーパークいわたやま
9B5 114

法輪寺の山手にあたる岩田山からは桂川の蛇行・京都市街が一望できる。櫟谷宗像神社の境内の左手に入山事務所がある。そこから登りで徒歩20分ほどの山頂（標高155m）には野猿公園があって、約120頭もの餌づけされた野性の猿たちを間近に観察できる。すべてに名前がついているため親子関係などが分かり、研究の場としても貴重な群れとなっている。休憩所からはおサルにエサをあげることもでき、エサは売店で売っている。（持ち込み不可）

味生 9B4 30品にお造りも付くお弁当 嵐山から山陰本線の踏切を越えてすぐ左手の味生は、開店以来、遠方からも客が訪れる京料理の店。それもそのはずでご主人は京料理京茶懐石で有名な瓢亭で11年間修業した腕前。繊細で美しい料理がぎっしり盛られた昼の味生弁当が人気。

なったもの。参詣後は渡月橋を渡り終えるまで振り返ってはならず、万一振り向くと授かった福を失う、という言い伝えがある。桜の満開の季節に着飾った子ども達、親達が参詣する様は、衣装比べの感さえあって、誠に華やかな風情である。元治元年(1864)蛤御門の変の際、堂宇はことごとく焼失し、現在の建物は明治以降のもの。「針供養」「漆祖神」の寺として信仰を集めており、境内には、電気・電波守護の電電宮社がある。

醸造の祖神
松尾大社　9D4　120　🌼山吹：4月上旬〜

　平安遷都に功のあった秦氏ゆかりの神社で、京都最古の神社のひとつ。王城鎮護の神として崇敬され、中世以降は酒造の神としても酒造家の信仰が篤い。境内に山と積まれた酒樽は全国各地の酒造業者から奉納されたもので、酒の神「松尾様」への信仰は今も健在である。本殿は、特殊な両流造で「松尾造」と称し、続く釣殿・中門[66]・回廊は、神庫・拝殿・楼門と共に江戸初期の建築と云われている。社殿の背後の松尾山を含む約十二万坪が境内。松尾山は、七つの谷に分かれており、社務所の裏の渓流を御手洗川といい、霊亀の滝がかかっている。滝の近くに湧く「亀の井」は、延命長寿、よみがえりの水としても有名。

　北にある谷が大杉谷といわれ、その頂上近くにある巨大な岩石、これが古代の磐座で、社殿祭祀以前に社の神を祀っていた所。かつては磐座まで参拝できたが、平成30年(2018)の台風により、登拝路が荒廃し、廃止されている。
　神像館に安置する神像[53]三体(男神像二体、女神像一体)は、平安初期の作で、三体とも等身大坐像、一木造[2]。
　神社には珍しく松風苑(曲水の庭、上古の庭、蓬莱の庭)と呼ばれる重森三玲作庭の観賞庭園がある。中西祭、神幸祭、八朔祭など伝統をもつ数々の祭事も有名。4月半ば頃からヤマブキの季節、境内の一ノ井川の辺り一帯が金色に輝く。

一年中鈴虫が鳴く
華厳寺(鈴虫寺)　9D4　118

　戦後間もなく、桂紹栄元住職が鈴虫の声に開眼して、飼育に没頭し、今では秋だけでなく四季を通じてその音色が聴ける。延朗寺山の山腹にある。享保8年(1723)華厳経の再興に力を注いだ鳳潭上人が開創。現在は臨済宗に属する。竹と楓の山麓に、自然の石を重ねた石段の参道が印象的で、わらじを履いた地蔵(幸福地蔵)がある。

梅宮大社　9D3　114
🌼梅：2月中旬
🌼花菖蒲〜あじさい：5月下旬

　平安時代の始め、嵯峨天皇の皇后・橘嘉智子(檀林皇后)によって現在の地に遷されたという。主要建造物は元禄13年(1700)再建。東神苑では、咲耶池の周りに、杜若、花菖蒲、霧島ツツジが相ついで咲き、西神苑は梅林で、ラッパ水仙が道路に沿って咲き、北神苑では、勾玉池の周りに花菖蒲、八重桜、平戸ツツジが咲き、日陰には紫陽花が咲くという四季折々の花々が美しい庭園をもつ。5月3日の神幸祭は、和太鼓奉納や神輿も繰り出し、露店も出て賑やか。当日は、神苑無料開放。

地蔵院参道

地蔵院(竹の寺)　9D4　117
🌼紅葉：11〜12月

　参道から総門、そして本堂に至るまで竹が美しいことから、竹の寺と呼ばれる。一休さんこと一休宗純が幼少の頃を過ごしたのがこの地蔵院だと云われている。貞治6年(1367)建立。開basは室町幕府の基礎を築いた細川頼之。
　本堂脇に、細川石と称される、細川頼之のお墓がある。かつては大伽藍を備えたお寺だったが、応仁の乱で諸堂を焼失した。現在、再建されているのは本堂、方丈[85]と庫裏[19]である。再建された方丈には、本尊の延命安産地蔵菩薩と、頼之が帰依した夢窓国師とその高弟・宗鏡禅師、頼之の木像を安置。前庭は、樹木で囲まれた枯山水庭園[10]で、スギ苔に十六羅漢[100]を表わす16の自然石を配し、「十六羅漢の庭」と呼ばれている。

松楽　9D4　酒造りの神様にちなんだ酒まんじゅう　松尾大社の門前名物が和菓子の店松楽の「酒まん」。境内に湧く亀の井の名水に御神酒を加えて練り込んだ生地に粒餡を包み蒸しあげる。ヨモギご飯をつくねでくるむようなものなど10種以上の変わり種おはぎも話の種に。

苔で覆われた幻想的な空間

苔寺（西芳寺） 9C4 116 世界文化遺産

奈良時代、行基の開創といわれる。はじめは西方寺と呼ばれていたが、暦応2年（1339）、夢窓疎石を招いて再建されたときに、西芳寺と改められた。そのころから、天下に名だたる庭園といわれていたが、苔が庭一面を覆いだしたのは、近世ごろからといわれる。庭園は、もともと夢窓疎石の作だが、今では、当時の姿はほとんど失われている。しかし、その後、一面に生える苔が、絨毯を敷きつめたようであることから、苔寺と愛称されるようになった。心字池（心の字を形どる黄金池）を中心とし、四つの島で形成されている池泉回遊式[65]の**庭園**（国特別名勝）だ。植えられている苔は、120種類を超えており、他では絶滅したような貴重な苔種もここでは生育しているという。池の南岸に夢窓疎石が建て、のちに千利休の次男・少庵が再興した湘南亭という茶室がある。桃山時代の代表的な茶室のひとつといえよう。なお、拝観に当たっては、往復はがき及びオンラインによる申込が必要となっている。

和気清麻呂〔733～799〕

奈良後期の貴族。備前国和気生まれ。豊前国の「宇佐八幡宮」（大分県宇佐市大字南宇佐）の神託を確かめ、「道鏡」の皇位を望む野望を阻もうとしたが、称徳天皇の怒りに触れ、改名させられた上に大隅国に配流された。宝亀元年（770）、第49代光仁天皇の即位に伴い召還、本姓名を回復する。第50代桓武天皇に、長岡京造都の放棄を進言したという（後には平安京造営大夫にもなる）。民部卿としては、桓武天皇の勅命により、天皇の母・高野新笠出身氏族・和氏の系譜を編纂し、「和氏譜」として撰上した。

絹本著色伝源頼朝像

全山紅葉に染まる

神護寺 9D5 117 🍁紅葉：11～12月

清滝川の朱色の橋を渡り急な石段を登ること15分、高雄山の中腹にある真言密教[93]の古いお寺。平安京造営の最高責任者であった和気清麻呂の高雄山寺と、河内にあった神願寺が合併して天長元年（824）に、神護国祚真言寺がつくられたのがこの寺のはじまりである。唐から帰国したばかりの空海や最澄をこの寺に招き、灌頂が行われたりして、平安仏教（密教）発展の舞台となった。空海は大同4年（809）ここに入山し、14年間住持した。その後荒廃していたが、平安末期になって、文覚上人が寿永3年（1184）に復興した。応仁の乱では、また兵火を受けたが、元和9年（1623）、毘沙門堂、五大堂などが再興され昭和10年（1935）には、金堂・多宝塔などが新築された。

金堂[29]の本尊[90]は、薬師如来[96]立像（国宝）で、高さ170cm。頭部から台座[61]まで、檜の一木造[2]で彫られている。口唇、眼のほかは彩色されておらず、素木造である。

中国や朝鮮から、日本へもたらされた古代の仏像[82]は、銅の場合は鍍金[71]されているし、木造の場合でも彩色鮮やかに飾られているのが常である。そういう方法を受けて、飛鳥から天平へかけての日本の仏像も、金色燦然と彩色されてきた。しかし、こういう輝くばかりの装飾法は、日本人の美意識とは異質なものといえよう。木や石の素材そのものを愛する感覚が、日本人には古来からあり、仏像にも素木造の物が愛でられるようになってくるが、この神護寺薬師像は、その走りといえよう。彫りの鋭い貞観彫刻である。

多宝塔[63]の本尊は、五大虚空蔵菩薩[87]（国宝）で、檜一木造、胡粉で彩色されたあでやかな像である。やはり貞観時代の彫刻を代表する一つ。貞観17年（875）に鋳造された国宝の梵

柚之茶屋 9D4　苔寺にちなんだとろろそば　苔寺門前、柚之茶屋の名物は、金閣寺の十三代管長が「苔寺の池の面に映える月を見る様」と命名した苔の月。手打ちそばになめらかなとろろをかけ、黄味をのせた「とろろそば」でほのかな柚の香りも食をそそる。麦ご飯とのセットもいい。

鐘（非公開）は"三絶の鐘"と呼ばれ、日本三名鐘の一つ。その他、現存日本最古の両界曼荼羅[2]（国宝）、肖像画・絹本著色伝源頼朝像（国宝）や絹本著色伝平重盛像（国宝）など、平安初期のものに限らず、鎌倉時代の名品も多い。これらの主なものは毎年5月1日から5日（虫払い）には公開され、博物館にもしばしば出品される。

裏山が山つつじで一面ピンク色に染まる

西明寺　9D5　116

空海の高弟・智泉が、天長ごろ（824～834）に建立した。元は神護寺の別院であったが、正応3年（1290）に平等心王院の号を後宇多法皇より命名を受け独立した。戦国の兵火を蒙り一時衰微したが慶長年間（1596～1615）に再興され、現在の本堂は元禄13年（1700）、徳川五代将軍綱吉の母、桂昌院によって建てられたものである。本堂に安置されている51cmの小像・本尊釈迦如来立像は清凉寺式釈迦如来像[59]で生前の釈迦如来の面影を伝えているという。胎内に永承2年（1047）の墨書銘が印されている。脇陣に安置されている千手観音像は平安時代に彫られ、繊細な顔立ちをした立像。山門[34]をくぐった右手の聖天宮には、使ったお金が倍で帰ってくるという「倍帰りのお守り」がある。高雄山から、この槇尾にかけて、清滝川沿いに散歩しながら、真っ赤な指月橋を渡って訪ねてみるのがよい。参道石段を登りきって山門に着いたとき視界に入ってくる両側の密に並ぶ石燈籠は印象深い。ここも紅葉の名所。

国宝石水院が残る　🍁紅葉：11～12月

高山寺　9D5　116　世界文化遺産

栂尾には、うさぎや猿、鳥などの動物を擬人化して世相を徹底的に風刺して描いた鳥獣人物戯画の作者で知られる鳥羽僧正（覚猷）がいた高山寺がある。宝亀5年（774）の開創といわれ、一時、やはり神護寺の別院になっていた。建永元年（1206）、明恵上人によって独立、その後、中世の戦乱期に荒廃し、江戸期寛永11年（1634）に再興された。境内は老松や杉の古木、カエデなどが覆い、昼なお暗い深山の趣をとどめる。栄西禅師が中国から持ち帰った茶種を開祖・明恵上人が植えたという日本最古の茶園が残る。

後鳥羽上皇の賀茂の別院を移したという石水院（五所堂）（国宝）は兵火をくぐりぬけた唯一の鎌倉時代の建物。入母屋造[3]、本瓦葺[88]で、住宅風建築を、後に正面に向拝を付して拝殿風に改めたもの。

鳥獣人物戯画（全四巻）の他、「明恵上人画像」（鎌倉時代）も肖像画として貴重なものである。文化財は非公開で、唯一有名な鳥獣人物戯画の模本が石水院に展示されている。鳥獣戯画（国宝）は東京国立博物館に、明恵上人画像は京都国立博物館に出品されている。紅葉の代名詞の寺。

洛西

源頼朝（1147～1199）

鎌倉前期の武将で鎌倉幕府初代将軍。源義朝の子。「平治の乱」で捕らえられ、平清盛の継母である「池禅尼」に命を助けられ、伊豆に配流。その地で後に正室となる北条政子と知り合う。以仁王（第77代後白河天皇の皇子）の令旨で平氏打倒の挙兵、平氏を滅ぼした。反目した「義経」の追捕を理由に諸国に「守護・地頭」を設け、武家政権を樹立。征夷大将軍となり、鎌倉幕府を創設。

桂昌院（1624～1705）

江戸幕府5代将軍・徳川綱吉の生母。京都の八百屋の娘「お玉」。家光の側室・お万の方の侍女として江戸城へ入り、後に側室となり、3代将軍家光の子（綱吉）を生む。家光死後は出家し、権勢をふるう。綱吉の「生類憐みの令」は桂昌院の影響が大きいという説もある。しばしば「玉の輿」の語源とされる。

綱吉の世継ぎ祈願のため、全国の社寺復興に寄進。京都では「南禅寺」（南禅寺別院）方丈再建、「東寺五重塔」再建発願、「西明寺」本堂再建、「清凉寺」本堂の宮殿（厨子[57]）建立、「乙訓寺」再興など。

鳥獣人物戯画（部分）

鳥羽僧正（覚猷）（1053～1140）

平安後期の天台宗の僧。父は「宇治大納言物語」の作者とされる源隆国。「園城寺（三井寺）」長吏を経て、47世天台座主となる。すぐに退任し、厚い帰依を寄せていた第74代鳥羽上皇が住む「鳥羽離宮」の「証金剛院」に住したので、鳥羽僧正と呼ばれた。

画技に優れ、扇絵、密教図像などを描いたが、滑稽、風刺の絵で有名。「高山寺」の「鳥獣人物戯画」（国宝）（東博・京博に寄託）の筆者と伝わる。「漫画の始祖」とされることもある。「鳥獣人物戯画」は、高山寺で模写、「京都府立陶板名画の庭」で陶板版が見られる。

硯石亭　9D5　参拝名物・もみじ餅　350段はある神護寺の石段。疲れたら一服したいのが硯石亭。弘法大師ゆかりの硯石のそばにあることからこの名がある。餅の上にこし餡がたっぷりのった「もみじ餅」は、今も手作りの素朴な餅だ。紅葉のシーズン以外は抹茶とのセットもある。

85

ぶらり　洛南　醍醐　宇治

地図 P10・6

伏見稲荷大社は、全国数万にのぼる稲荷社の総本社であり、商売繁盛を願う庶民信仰の厚い神社である。

しかし、この神社の、六月に行われる田植神事などに、古代、平安遷都以前からの農耕神事が確実に伝えられている名残りは、創建の歴史がかなり古い事を物語る。

この地は、平安遷都以前から、太秦の豪族・秦氏の一支族が居住していたといわれ、古代大和や河内（大阪）との交通の要所にもあたるところから、かなり早い以前から開けた土地であったのだろう。

大社の前を南北に走る本町通を少し北へ行くと、今では珍しくなった、伏見人形を製作・販売する、丹嘉というお店がある。店内には、古く江戸時代からの作品の多くが並べられており、ここに、土人形の原形の作品の多くがいまも残されている。

桃山、御香宮の表門は、伏見城大手門遺構と伝えられる桃山建築である。小堀遠州の作庭と伝えられる石庭もある。

観光コースからは少しはずれるが、名神高速道路、京都南インターチェンジのすぐ近くにある城南宮も創建の古い神社である。境内には楽水苑と呼ばれる庭園があり、春秋の年2回の曲水の宴では、平安貴族の雅を味わえる。

城南宮の東に位置する安楽寿院のあたりは、その昔、鳥羽上皇の離宮のあったところである。

この寺や、珍しい、北向不動尊など、どこか大和路の古寺を思い出させる風がある。

土壁の続く参道をまがり行くと、その奥に勧修寺がある。本堂、書院などの建築、その内部の絵画に優れたものが多い。見学できる、池泉のある庭園は平安期の名残りといわれる。ハイビャクシンの古木や勧修寺式燈籠が珍しい。

随心院は、小野小町ゆかりの寺であり、寺院の落ちついたたたずまいの中に建つ書院には、狩野派の絵画が多く残されている。庭園はのびやかで、ゆとりのある作りだ。梅の名所としても名高い。門跡

古くからの密教道場である醍醐寺は、多くの伽藍と、寺宝にめぐまれた寺である。秀吉が花見の宴を催したというこの寺であるし、三宝院にある庭園の石組は、秀吉自身の設計だと伝えられる。

桃山期の特色を表わす名園である。

三室戸寺は三重塔が美しい。薬師如来は、清凉寺式の秀作である。

普茶料理（精進料理）で知られる黄檗山萬福寺は、江戸初期、中国の僧・隠元禅師によって開かれた。境内伽藍は、他の禅宗寺院と趣を異にし、中国風の建物の特徴が随所にみられる。

伏見稲荷大社の南には、五百羅漢石仏で有名な石峰寺がある。中国風の赤い門に、この寺が黄檗宗の禅寺であったことがうかがえる。

さらに、南には、駈馬神事と紫陽花苑の藤森神社、「伏見の大仏」・深草 少将の欣浄寺、墨染桜の墨染寺がある。

醍醐寺の南、日野の里は、親鸞出生の地としても知られる。藤原時代建立の阿弥陀堂とその本尊、定朝式の阿弥陀如来を伝える法界寺（日野薬師）は、里人の深い信仰によって、千年に近い年月をよく耐え残ってきた。

平等院には藤原文化の粋が集まっているといえる。鳳凰堂（阿弥陀堂）、池泉をめぐる庭園など、境内は何故か、寺院という雰囲気を逸した、藤原時代の貴族文化が、ただひとりのどかで明るかったという気配を感じさせる。

千本鳥居とお山めぐり

伏見稲荷大社　千本鳥居

伏見稲荷大社（ふしみいなりたいしゃ）　10D1　*120*

　いつごろ、この神社がつくられたのか定かではない。だが、平安遷都のころには、稲荷信仰の対象となっていたことは確かである。天長4年（827）、空海（くうかい）は、東寺の塔をつくるために、この稲荷山の神木を切った。真言密教[93]と結びついて、ますます稲荷信仰は盛んとなっていった。全国各地に祀られている稲荷社の総本宮で、現在でも全国からの参拝者を集めている。大きな鳥居をくぐると、稲荷山を背景に社殿が並ぶ。稲荷山には、いくつかの祠（ほこら）などがあり、多くの人々が順拝する。奥社参道には、真っ赤な鳥居がびっしりと並び、トンネルのようにつらなっていて、「千本鳥居」と呼ばれている。崇敬者が祈りと感謝の念を奥社参道に鳥居の奉納をもってしてきたからだ。それをくぐって「お山めぐり」（全長4km程）をするのである。現在は外国人に大人気の観光スポットでもある。本殿は、明応8年（1499）の復興で、檜皮葺[81]、五間社流造（ごけんしゃながれづくり）。蟇股（かえるまた）[8]などに桃山風の彫りが施されている。拝殿、権殿のほか摂社・末社も多い。

　参道には昔ながらの土産屋が軒を連ねており、入口の楼門前では、狛犬ならぬ二匹の狛キツネが出迎えてくれる。稲荷神社のお使い（眷属）（けんぞく）はキツネなのだ。

　2月の初午大祭（はつうま）、4月からの稲荷祭、11月の火焚祭（ひたき）など伝統をもつ祭典も数多い。

若沖の五百羅漢

石峰寺（せきほうじ）　10D1　*118*

　伏見稲荷大社の南に続く低い丘陵地帯の中腹に位置する石仏の寺。創建は宝永年間（ほうえい）（1704〜11）である。中国風の赤い門や本堂などの伽藍（がらん）[9]が並ぶ単立のお寺（もとは黄檗宗（おうばくしゅう））である。本堂の背後の竹藪に、五百羅漢[100]などの石仏が居並ぶ。

　江戸中期、伊藤若冲（じゃくちゅう）という画家が、ここに住んでいた。出身は、今も昔も「京の台所」と呼ばれる錦（にしき）市場の青物問屋である。独特の鶏の画などを得意とし、すでに、家元制度の下で、形骸化してしまっていた狩野派流（かのう）の画風から逸脱して、自由な画境を開いた。その点では、曾我蕭白（そがしょうはく）とならんで、江戸中期のユニークな画家のひとりである。本堂の裏に居ならぶ石仏は、釈迦（しゃか）の一生（誕生から涅槃（ねはん）[75]まで）を刻んだものだといわれているが、これは、若沖が下絵をつくって石工たちに彫らしたというもの。寛政の頃（かんせい）（1789〜1801）出来上った。羅漢山の西に若沖の墓もある。

藤森神社（ふじのもりじんじゃ）　10D2　*120*
❀あじさい特別公開：6月上旬〜

　平安期以前、神功皇后が"いくさ旗"を立て兵具を納め、塚を作り神として祀ったことが始まりと伝える。桓武天皇も弓兵政所（ゆずりまんどころ）とした。5月5日子供の日の、菖蒲の節句発祥の神社として知られているが、その語呂合わせから勝負信仰、競馬関係者の参拝が多い。お馴染みの競走馬やジョッキーの奉納画も多数ある。神社では、「賭馬守り」も出している。

　「藤森祭」では、神輿3基が氏子地区を渡御し、武者行列が練る。端午の節句に武者人形を飾る風習はこの行事に由来する。境内では呼びものの駈馬神事（かけうましんじ）があり、一字書き（寿・左り馬などの字を書く）、藤下がり（敵の矢に当たると見せて駆け出す）、逆乗り、逆立ちなどの馬上妙技が披露される。

　紫陽花まつり（6月15日から1ヶ月間）では、境内の紫陽花苑に植えられた3,500株が観賞できる。

総本家宝玉堂（そうほんけほうぎょくどう）　10C1　食べるのがもったいないお稲荷さんのきつね面　総本家宝玉堂は伏見稲荷神社の参道にある手焼き煎餅の老舗店。店頭に並ぶのは名物のみそ煎餅ときつね煎餅で、ご主人が一枚一枚丁寧に焼き上げる。お面に見立てて焼いたきつね煎餅はお稲荷さんのお土産にぴったり。

87

寺田屋 10A2 *118*

寺田屋という名前の船宿は、幕末の志士・坂本龍馬が常宿としたことでも知られる。しかし、これらの事件当時の建物は「鳥羽・伏見の戦い」の兵火で焼失していて、現在の建物は当時の敷地の西隣に再建されたものである。

文久2年（1862）4月、薩摩藩の尊王攘夷派と公武合体派が、ここで乱闘、尊攘派9名が死亡した。これを薩摩九烈士といい、維新史幕開けの事件とし伏見の事変・寺田屋騒動ともいう。慶応2年（1866）1月には龍馬が幕吏に襲われたが、女将登勢の養女お龍（のち龍馬の妻）の機転で難を逃れた所でもある（坂本龍馬襲撃事件）。

鳥羽離宮跡

鳥羽殿ともいう鳥羽離宮は、後白河法皇の曾祖父である白河上皇が、院政を執るため桂川と鴨川の合流付近に造営したもので、御所と御堂の結合した院御所であった。敷地は約180町（180万㎡、東西約1.5㎞、南北約1㎞）の広大な面積を有し、苑池のある庭園や南殿・北殿・東殿をはじめ、泉殿・馬場殿・田中殿など数々の豪奢な宮殿を備えていた。しかし、この時の法皇には、僅かな供廻りが仕えるのみで、参内する者もほとんどなく、法皇にとってここでの暮らしは、むしろ侘びしいものであったろう。現在、鳥羽離宮の遺構として、築山の跡とされる秋の山、東殿の一院だった安楽寿院や城南宮が現存するほか、白河、鳥羽、近衛の各天皇陵が付近に点在する。また、南殿跡は鳥羽離宮跡公園として整備されており、グランドの東側にある池と小川がかつての庭を忍ぶよすがとなっている。

京の名水「御香水」

御香宮 10B1 *116*

名は境内から病気に効く香水がわき出たのに因むという。「御香水」は、京の名水の代表として『名水百選』にも選ばれている。表門は、元和8年（1622）に伏見城の大手門の遺構を移築したものといわれ、切妻造[16]で、やはり蟇股などに彩りあざやかな桃山期の特色をみることができる。本殿の建立は慶長10年（1605）で、近年、極彩色が復元された。

境内には、そのほかに拝殿、能舞台、絵馬堂などあり、また芭蕉の句碑や小堀遠州ゆかりの**石庭**（有料）が社務所内にある。幕末、鳥羽・伏見の戦いでは薩摩軍の屯所になったところだ。

10月第二日曜日基準の神幸祭は「伏見祭」といわれ、今も洛南随一の大祭として聞こえている。武者組行列、稚児行列、獅子若、猿田講社、御輿3基、乗馬の宮司のほか、多数の氏子が出仕しての行列がある。

酒どころの歴史

月桂冠大倉記念館 10A2 *116*

明治時代の酒蔵を利用した日本酒の博物館で、酒どころ伏見の歴史や伝統的な酒造技術、用具などを紹介している。ロビーで吟醸酒やプラムワインの試飲もでき、春・秋には、酒蔵寄席やコンサートを開催。「月桂冠酒香房」（酒造り）見学は電話予約が必要。**2024年2月下旬までの予定でリニューアル工事中。**

この付近は、伏見城の外堀だった濠川が流れ、柳並木越しに白壁土蔵の酒蔵が建ち並ぶ。近年、伏見の酒蔵が「かおり風景100選」のひとつに選ばれ、春・秋には、**十石舟** *(P117)* も記念館裏濠川から三栖の閘門資料館までの往復で運行され、観光客の人気を得ている。乗船予約（075-623-1030）

十石舟乗船場向かいの**長建寺** *(P118)*、本尊が弁財天と珍しく、門や壁は朱塗りである。境内は、桜をはじめ四季折々の花が美しい寺だ。

方除と交通安全の大社

🌼梅・🌸椿：2月中旬〜　🌸桜：4月上旬〜　🌸藤：4月下旬〜
🌸萩：9月中旬

城南宮 6C4 *117*

創建は、平安遷都のころに遡ると伝える。昔から、方除けの神様として信仰を集めてきた。今でも、新築や引越しのときなどにここを訪れる人が絶えない。

また、幕末の鳥羽・伏見の戦いは、この西一帯が戦場となった。

境内には、春の山・平安の庭・室町の庭・桃山の庭・城南離宮の庭と趣の異なる5つの庭からなる楽水苑と呼ばれる庭園がある。また苑内のそこかしこに、『源氏物語』に登場するほとんど全ての植物（100余種）が植栽されている。

かの**曲水の宴**が、春と秋の年2回開かれ、平安貴族の雅を味わえる。

城南宮　曲水の宴

茶寮油長 10A1　伏見名物の抹茶がゆ　大手筋商店街にある茶寮油長は老舗茶屋が営む甘味の店。抹茶パフェなどのほか、人気を読んでいるのが抹茶がゆ。伏見の名水で炊いたおかゆに碾茶を混ぜ、焼いた餅をのせたもので、塩・梅・ゴマの3種類。お茶の香りが食をそそる逸品だ。

ハイビャクシンと勧修寺燈籠

スイレンの寺
勧修寺 （かじゅうじ） 10A3 *114*

🌸梅：2月上旬～　🌿杜若：5月上旬～　🌸睡蓮：5月中旬～

　昌泰（しょうたい）3年（900）、醍醐（だいご）天皇が勅願寺（ちょくがんじ）として建立。応仁の乱では燃え、そのうえ秀吉（ひでよし）が伏見城を築城する際には、寺域を献上させられたりしたが、天和（てんな）2年（1682）になって再興した。そのときに、下賜（かし）された本堂、書院、宸殿（しんでん）などは現在も遺（のこ）っている。

　宸殿（しんでん）は、元禄（げんろく）10年（1697）御所より賜った。書院は、江戸初期の書院造（しょいんづくり）[46]で、一の間にある勧修寺棚（ふすまえ）は珍しい。襖絵（ふすまえ）は土佐光起筆といわれる。光起は、狩野派が江戸へ行き、全盛期を築き上げていく中で、京都にあって、土佐の灯を守った。土佐派は、大和絵（やまとえ）[97]の伝統の上に立つ絵画の一流派だったが、そのころの土佐派は、狩野派の影響を受けた画風になってしまっていた。

　庭は氷池園（ひょうちえん）といわれる。平安時代、氷室（ひむろ）の池だったところからこの名がついている。その昔、毎年1月2日、この池に張った氷を宮中に献上した。そして、その氷の厚さによって、その年の五穀豊凶（ごこくほうきょう）を占ったといわれる。池を中心に展開する雄大な池泉舟（ちせんしゅう）遊式の庭園で、池の中には大小3つの島が浮かび東山を借景（しゃっけい）[42]に15の景勝（けいしょう）が設けられている。春には梅、桜、夏には池の睡蓮（すいれん）そして菖蒲（しょうぶ）が咲き誇る。

　書院の前庭には、樹齢750年のハイビャクシンが目を奪う。かつては静かだったこの寺も、今では近くに名神高速道路が走って、車の音が庭の中まで侵入してくる。

　また、庭には、薄く広くて角のある屋根の燈籠があり、その名を勧修寺燈籠という。水戸光圀（みつくに）の寄進である。**現在、庭園のみ公開されている。**

小野小町と梅の名所
隨心院 （ずいしんいん） 10B3 *117*　🌸梅：3月中旬～　🌿つつじ：4月下旬～　🌸しゃくなげ：4月上旬～

　小野小町がかつて住んでいたといわれ、文張地蔵や化粧井戸、文塚（ふみづか）など、小町に因（ちな）んだ遺跡が多い。小町晩年の姿を写したものといわれる卒塔婆（そとば）小町坐像もある。

　お寺の創建は、寛仁（かんにん）2年（1018）。寛喜（かんぎ）元年（1229）に門跡（もんぜき）寺院となった。

　本堂は、慶長（けいちょう）4年（1599）の再建で寝殿造（しんでんづくり）[54]。本尊（ほんぞん）は、如意輪観世音菩薩（にょいりんかんぜおんぼさつ）[87]坐像が祀られていて、これは秘仏である。その他、定朝（じょうちょう）様式の阿弥陀如来（あみだにょらい）[74]坐像、快慶作金剛薩埵（かいけいさくこんごうさった）坐像などを安置。書院には、狩野派の襖絵（ふすまえ）が飾られている。回廊が結ぶ隨心院の建物に大小の坪庭が配され、苔、皐月（さつき）、石楠花（しゃくなげ）が彩りを添える。滝の石組の風情も趣深い。秋の紅葉もよく、例年11月中旬から10日間ほどライトアップも行われている。

　薄紅色のことを、古くは「はねず」といい、隣接する小野梅園では、遅咲きの紅梅が境内を赤く染め、香りで埋め尽くし、大勢の人で賑わう。

小野小町 （おののこまち）　〔生没年不詳〕

　平安前期の女流歌人。出羽国（でわのくに）（秋田県湯沢市）生まれと伝える。六歌仙、三十六歌仙の一人。小野篁（おののたかむら）の孫など諸説あり、美貌の歌人とされる。歌は「古今集」など多くの勅撰集に入る。六歌仙、三十六歌仙の一人、文屋康秀（ふんやのやすひで）・僧正遍昭（そうじょうへんじょう）との贈答歌もある。伝説から能や浄瑠璃などの題材となり、「小町」は美人の代名詞となった。世阿弥らが能作者が、創作した深草少将の「百夜通（ももよがよ）い」の伝説もよく知られる。小野小町を慕う深草少将という人物がいる。疎ましく思う小町は少将を諦めさせようと、「百夜続けて自分の元へ通え」と無茶を言う。言葉通り、少将は通うのだが、百日目の夜、雪に埋もれて亡くなる。

　小町は悲しみ後悔し、少将から送られた文を燃やし、その灰で地蔵を作り少将の菩提を弔ったという。なお、**励浄寺（こんじょうじ）** は少将の邸宅跡とされる。

　隨心院で毎年3月最終日曜日に行われる **はねず踊り** でも謳われているが、少将が99日目に代人をたてて小町に栞られるというように、少々内容が異なっている。

はねず踊り

　3月、小町の伝説に因（ちな）み、はねず（薄紅色）の衣装で子どもたちが踊る。この頃、薄紅色の遅咲きの梅・はねずが見頃となる。

はねず踊り

醍醐寺五重塔

花の醍醐
❀桜：4月上旬　🍁紅葉：11〜12月

醍醐寺（だいごじ）　10B4　*118*　世界文化遺産

　醍醐山（笠取山（かさとりやま））のすべてが醍醐寺の寺域である。その山は、上醍醐（かみ）と下醍醐（しも）に分れており、それらを一括して醍醐寺といわれる。貞観16年（874）、理源大師（聖宝（しょうぼう））がこの山上（上醍醐）に、小さな堂宇を建立し、准胝観音像（じゅんていかんのんぞう）・如意輪観音像（にょいりんかんのん）を安置したのが始まりで、下醍醐も、延長4年（えんちょう）（926）、釈迦堂（しゃか）が建立され、開かれた。永久3年（えいきゅう）（1115）建立の三宝院を筆頭として、その後多くの塔頭（ちゅう）[62]や伽藍（がらん）[9]がつくられていき、真言密教（しんごんみっきょう）[93]の山岳道場（がくどうじょう）として大きくなっていった。下醍醐の伽藍堂宇はたびたびの戦火等で焼失したが、五重塔（国宝）だけは往時の姿を留（とど）めている。金堂（こんどう）[29]（国宝）は、春と秋の内部の特別公開がある。内部には、薬師三尊像（やくしさんぞん）、四天王（してんのう）[38]立像が安置されている。その他、清瀧宮本殿（せいりゅうぐう）や、祖師堂（そしどう）、不動堂、観音堂、女人堂（にょにんどう）、弁天堂など多くの堂宇が点在している。建物の復興の多くは、秀吉（ひでよし）の時代である。

　醍醐寺三宝院は、その豪華さで秀吉の権勢と桃山時代を象徴している。

　桜開花時に訪れたい寺だが、紅葉も見事である。

下醍醐（しもだいご）

　桜の馬場といわれる桜並木の北側に**三宝院（さんぼういん）**（P117）がある。三宝院は醍醐寺の塔頭（たっちゅう）のひとつで、永久3年（えいきゅう）（1115）に創建され、応仁の乱（おうにん）で焼けたあと、慶長3年（けいちょう）（1598）、秀吉の援助によって再建された。10を超える伽藍が集まり、桃山時代の遺構の美しさを競っている。醍醐寺の本坊的な存在である。

　三宝院の大玄関を入って、右手に葵（あおい）の間・秋草（さくら）の間がつづく。葵の間は、石田幽汀筆（いしだゆうてい）「葵祭（あおいまつり）の図」があり、秋草の間には、狩野山楽筆「秋草図（きくさ）」「花鳥図（ちょう）」が飾られている。続く、表書院（おもてしょいん）（国宝）は狩野山楽筆の襖絵（ふすまえ）をめぐらせる。ここからは、庭園全体を見渡せる。

三宝院唐門

　表書院から、純浄観（じゅんじょうかん）、本堂へとつながる右側に**三宝院庭園**（国特別名勝）がある。秀吉の命を受けた設計と伝えられる、石組の目立つ庭である。

　純浄観というのは、入母屋造（いりもやづくり）、茅葺（かやぶき）。床が高く、見かけは民家のようであるが、内部は書院造（しょいんづくり）[46]。秀吉が北政所（きたのまんどころ）、淀殿（よどどの）ら女房衆と秀頼を連れて、慶長3年（けいちょう）（1598）花見の宴（やりやま）を催した時、槍山に築いた八番茶屋を移したものであるという。護摩堂（ごまどう）（単層、入母屋造、栈瓦葺（さんがわらぶき）[32]）、宸殿（しんでん）（単層、入母屋造、栈瓦葺）なども、桃山時代の特色をよく見せている建

雨月茶屋（うげつちゃや）　10B4　目も舌も大満足　醍醐寺の境内にある食事処・雨月茶屋は、名水"醍醐水"を使った醍醐山料理が自慢。秀吉が催した醍醐の花見にちなんだ桜御膳は先付からお造り、八寸など盛りだくさんの見た目も美しい料理で、春日局が食べたという「筍すもじ」も付く。

物である。護摩堂の本尊[20]は、鎌倉時代・
快慶作。弥勒菩薩[87]である。造像は建久9
年（1198）という、鎌倉初期の彫像である。

　桜並木の南側に霊宝館（本館・平成館）
がある。ここには、醍醐寺創建以来1千年
におよぶ寺の歴史と密教発展の跡を物語る
寺宝が収められている。春と秋、年2回公
開される。曼荼羅[92]や密教図像[58]集など、
平安時代から鎌倉にかけてのもので、密教
修法に使われた資料も豊富である。如意輪
観音像（寄木造[98]・漆箔[37]）は、藤原時代
の仏像[82]であるが、先年まで上醍醐清瀧宮
に祀られていた。清瀧宮というのは、醍醐寺一山を守護する鎮守社で、本地
垂迹説[91]によって、このようにお寺のなかに神社が建てられる例が日本に
は多い。
　霊宝館にはそのほか、俵屋宗達の名作も収蔵されている。「舞楽図」「扇面
貼交屏風」「芦鴨図」の3点がそれである。二曲一双屏風の「舞楽図」は、
その図柄の単純化、色彩の鮮やかさ、余白を生かした構図など、美術史の上
でも記念碑的な作品であり、「芦鴨図」は、微妙な墨の味わいを駆使した水墨
画[55]で、宗達の筆技の幅広さを十分に感じさせてくれる。国宝を含む寺宝は
順次入れ替え、公開されている。
　五重塔（国宝）（内部非公開）は、天暦5年（951）の建立で、軒の出が大
きく高い。相輪は、塔の長さの約半分におよぶ。全長35m。この五重塔の
初層に、金剛・胎蔵の両界曼荼羅や真言八祖像などが極彩色で描かれている。
平安中期に描かれたこの板絵は、日本絵画史の発展の上で重要な位置にある。
太い朱の輪郭線の内側をぼかして隈取りした量感のある表現方法である。

上醍醐

　上醍醐へ通じる道は険しい3.8kmの山道だ。木の杖を借りて登っていく。
坂道を登り切って峠を越えたところから伽藍が建ち並ぶ。五大堂（不動堂）、
薬師堂（国宝）、開山堂、如意輪堂、清瀧宮拝殿（国宝）など。
　西国三十三観音霊場第十一番札所の准胝
堂があった平成20年（2008）8月、落雷
による火災で焼失。毎年5月18日に御開扉
法要が営まれ、前後3日間だけ開帳されて
いた本尊准胝観世音菩薩[87]（秘仏）も失われた。
　山上随一の眺望は、開山堂だ。眼下に宇
治川が見える。ここまでで1時間30分はみ
ておくこと。
　薬師堂の本尊で、国宝の薬師三尊像は、下
醍醐にある霊宝館に収蔵されている。

醍醐の花見

　花見のために秀吉は、近隣諸国
の近江、山城、河内、大和から取り
寄せた桜700本を、醍醐寺に移植
したという。
　最も有名な醍醐の花見は、慶長
3年（1598）に豊臣秀吉が、秀頼、
北政所、淀殿ら近親の者を初め
として、諸大名からその配下の者
など約1300名を従えて盛大に
催した宴である。
　その日の輿の順も記録に残さ
れており、一番目に北政所、二番
目に淀殿、三番目に松の丸殿、四
番目に三の丸殿、五番目に加賀殿、
その後に側室ではないものの長
くつき合いのあるまつ（前田利家
正室）が続いた。
　応仁・文明の乱のあと荒れ果
てていた醍醐寺を復興したのは、
中興の祖、第80代座主である義
演准后。秀吉の篤い帰依を得て
いたという。醍醐寺では、現在で
もこれに因んで毎年4月の第2
日曜日に「豊太閤花見行列」を催
している。

上醍醐

鳥羽甚　　10B4　醍醐寺御用達の精進料理　創業100年以上の歴史をもつ老舗の京料理店。えび芋・ゆば・麩・季節の野菜などを使った醍醐寺御用
達の精進鉄鉢料理は、鉄鉢を模した器に盛られる美しい品。お昼なら多彩なおかずが美しく盛り込まれた幕の内弁当が手軽に味わえる。要予約。

91

裸踊り

有名な「裸踊り」は、五穀豊穣と平穏無事を祈って元旦から行われる修正会の結願日に行われる。江戸中期から続くという勇壮な行事で、井戸水を浴び体を清めた児童を含む男たちが、下帯姿となり、両手を高く上げて合掌し、体をぶつけ合いながら「頂礼、頂礼」と連呼して踊る。使用された下帯を腹帯にすると安産の効き目があるといわれている。

親鸞と日野家

藤原内麻呂の子の真夏の孫にあたる家宗が、弘仁13年（822）、伝領地である山城国宇治郡日野に法界寺を建立して薬師如来の小像を祀った。その後代々この如来を信仰し、永承6年（1051）、家宗5世孫の資業が薬師堂を建立、別名を日野薬師ともいった。これがその後、資業を始祖とする門流の氏寺となり、家名も「日野」と名乗るようになった。室町時代、足利義満に娘を嫁がせ、代々の将軍と縁を結び権力をふるう。義政の妻は日野富子だ。承安3年（1173）に生まれた浄土真宗開祖の親鸞は、この一族の日野有範の子であると伝わる。

法界寺阿弥陀堂

裸踊りと阿弥陀堂

法界寺（日野薬師） 10B5 *120*

　永承6年（1051）、日野資業が屋敷の内に薬師堂を建立したのがはじまりといわれ、日野薬師の名で親しまれている。現在では、かつての壮大さはなくなり、阿弥陀堂と薬師堂（本堂）があるだけである。しかし、その阿弥陀堂は、藤原時代の雰囲気を残す貴重な御堂である。

　阿弥陀堂（国宝）は、宝形造[84]、檜皮葺[81]で正方形の建物である。屋根の下に裳階[95]をつけ、一見、重層建築のように見えるが、中に入ると高い天井の単層建築であることが分かる。廂の天井は、化粧屋根裏で白い屋根裏に黒い垂木[64]の縞模様をつくっている。広々とした内部の中心に内陣[72]が、四天柱をたてて区切られている。

　中央に安置されているのが、本尊[90]、阿弥陀如来[74]坐像（国宝）である。丈六[52]、寄木造[98]、漆箔[37]。平等院の阿弥陀像を連想させる、ゆったりと落着いた藤原仏である。四枚の蓮弁の台座[61]の上に座っている。光背[25]は、火焔文様をなし、左右に飛天が一体ずつ配されている。その衣の裾が火焔文様をつくっているのである。内陣の天井は格天井[23]で、その間に宝相華[86]の文様が描かれている。その天井から天蓋[68]が吊されている。天蓋は木造、八つの弁からなる宝相華の形をしている。中央の小円は銅鏡である。

　そして、天井の内側の壁には飛天が描かれている。こういう漆喰壁に描かれた壁画は法隆寺の他にはここより例がない。法隆寺の飛天にくらべると、太い眉や厚い口唇で、頬には隈取りをつけて柔和な顔つきをしている。おそらく鎌倉時代に描かれたものであろうか、藤原時代の面影を残している。内陣の柱にも極彩色の画が描かれていて、それらはすでにかなり剥落しているが、曼荼羅[92]に登場する諸像を、各柱の四面四段に並べて描かれている。堂内は、大きな阿弥陀本尊を中心に静かで、あたかも浄土[49]世界に足を踏み入れたような錯覚をおぼえる。お寺の人が阿弥陀像や壁画などを懐中電灯で照らしながら丁寧な説明をしてくれることもある。

　定朝風の阿弥陀陀様といい、浄瑠璃寺を思い出す化粧天井といい今までこの建物は、平安後期の作品といわれてきたが、先年、承久の乱（承久3年・1221）で以前の阿弥陀堂が焼けたのち、嘉禄2年（1226）に造営されたという記録が発見された。

　現在の本堂である薬師堂は、明治37年（1904）、奈良・伝灯寺の灌頂堂を移築したものであり、室町時代の建物である。この堂には、藤原時代の作と伝える素木の檀造・薬師如来[96]立像が秘仏として安置されている。

　普段は、内部は安産や授乳祈願の赤ちゃんのよだれかけがびっしりと奉納されている。

　ひなびた奈良街道沿いにひっそりと姿ゆかしく建っている。

中国・明朝様式の伽藍配置

萬福寺　10C3　*120*

　承応3年（1654）、隠元禅師は日本からの招きによって、多くの弟子とともに来日した。後水尾法皇や徳川四代将軍家綱の力添えを得てこの地に、かつて隠元のいた中国・黄檗山を模して、黄檗山萬福寺を寛文元年（1661）に開山した。明治9年（1876）、臨済宗から一宗として独立、「黄檗宗」を公称、日本三禅宗（臨済・曹洞・黄檗）の一つである。建物は中国・明朝風で、境内に足を踏み入れると、あたかも中国に来たような心持ちになる。

　江戸時代といえば鎖国の時代だが、こうして隠元禅師をはじめ多くの僧や仏師、衣師や靴師などが日本にやって来たことは、思えば不思議なことである。しかし、このことが江戸時代における中国文化の移入に果たした意味は大きい。書道では黄檗流がもたらされたり、また文人画の発展にも貢献している。

　本堂（大雄宝殿） に安置されている十八羅漢[100]像をはじめ、天王殿の弥勒像、韋駄天像などは、隠元禅師に随行してきた中国人仏師・范道生の作である。いかにも明代の彫刻らしい彫りで、日本にこのような彫刻があるのは、異様な感じさえする。

　建物を聯[104]や額で飾るものも中国の慣わしである。萬福寺にもたくさんの額と聯があり、それをひとつひとつ眺めて歩くのもおもしろい。昭和45年（1970）、諸堂の大修理がなされ、昭和48年（1973）、文華殿が開館し多くの黄檗宗の資料が収蔵・展示されている。

　この黄檗山の住持は、21代目までずっと中国僧であった。そのため、お経の読み方も中国式だったという。2代・木庵禅師の弟子鉄眼禅師は17年の長い年月をかけて、「一切経」の版木をつくった。これは、56,229枚現存し、宝蔵院(P120)の収蔵庫に収められている。有料。

　このお寺がつくっている「**普茶料理**」という中国風精進料理は有名なものだが、隠元豆という豆の名前も、隠元禅師に因むものであり、そんなところにまで、黄檗山のもたらした中国文化の影響がある。日本と中国の結びつきの深さを考えさせられる。

あじさいライトアップ

三室戸寺　10D4　*120*　🌸つつじ・🌸しゃくなげ：4月下旬〜　🌸あじさい：6月初旬〜

　宇治川から少し離れたところ、山の中腹にある。天皇家とゆかりある寺で、はじめ御室戸寺といったのが、三室戸寺と改められた。創立は、今から約1250年遡る光仁天皇のころである。宇治山の山奥、谷川の清流から現われたという千手観音菩薩[87]（金銅仏[30]）が本尊[90]として祀られていた。これは、秘仏として、33年毎に開扉されていたという。平安時代は皇室の帰依深く、伽藍[9]も増えていった。しかし、寛正元年（1460）、食堂から出火して伽藍はことごとく燃えてしまった。その後もたびたびの兵火に遭い、現在の本堂は、文化11年（1814）の再建である。堂内には、清凉寺[59]の釈迦如来[74]

魚梛

普茶料理

　江戸時代初期、中国から禅宗の一つである黄檗宗が持ち込んだ当時の中国式の精進料理が、普茶料理である。葛と植物油を多く使った濃厚な味と、一つの卓を四人で囲み、一品ずつの大皿料理を分け合って食べるという形式が特徴である。炒めや揚げといった調理技術には胡麻油が用いられ、日本では未発達であった油脂利用を広めた。「普茶」とは、普く多数の人にお茶を差し上げると言う意味で、寺での行事について打ち合わせの時に、茶礼という儀式を行い、その後の謝茶（慰労会）で出される中国風精進料理のことで、煎茶寺及の一翼を担った。黄檗宗の開祖・隠元ゆかりの萬福寺らの黄檗系寺院には、普茶料理が食べられる所がある。

白雲庵　10C3　萬福寺の普茶料理　萬福寺の普茶料理は、元々中国から招かれた開祖隠元禅師のために工夫された中国風精進料理。萬福寺内でも味わえるほか、門前にある白雲庵も有名だ。献立は二汁六菜が基本で、胡麻豆腐や雲片（吉野煮）笋羹（季節の菜味）天婦羅などが出る。

三室戸寺三重塔　　三室戸寺本堂

像や阿弥陀如来像などが安置されている。境内にある三重塔はこの寺のシンボルである。宝物殿は、毎月17日のみ公開。

16,529㎡・5,000坪の大庭園は枯山水・池泉・広庭からなり、春のしだれ梅、桜、4月下旬〜5月上旬頃のツツジ（20,000株）、6月〜7月上旬のアジサイ（約50種・20,000株）、7月上旬〜8月中旬のハス（約100種・250鉢）、秋の紅葉・秋明菊など四季を通じ美しい花模様を楽しめる。

宇治橋・宇治合戦
　寿永3年（1184）源義経軍と、後白河法皇を幽閉して京の覇権を握った木曽義仲軍は、宇治橋上流において宇治川をはさんで対峙した。ここで有名な佐々木高綱と梶原景季の「宇治川先陣争い」が繰り広げられる。現在、宇治橋上流に浮かぶ橘島の中程に、宇治川先陣之碑が立つ。周囲は宇治公園として整備され、市民の憩いの場となっているが、脇を流れる宇治川の水勢は、往時の戦いを未だ彷彿とさせてくれる。

紫式部〔生没年不詳〕
　平安中期の女流作家・歌人で「源氏物語」を著す。役人・漢学者の藤原為時の娘。幼少の頃より才女としての逸話が多い。夫の親子ほども年の差がある山城守藤原宣孝と死別後、第66代一条天皇の中宮・彰子（藤原道長の長女）に仕えた。「紫式部日記」、自撰と思われる家集「紫式部集」の著もある。

神社建築では日本最古

宇治上神社 10D5 *114* 〔世界文化遺産〕

　宇治川東岸の山裾には、神社建築では、平安時代の後期に造営された**日本最古という本殿（国宝）**を持つ宇治上神社がある。藤原氏により平等院が建立されるとその鎮守社となり、興隆を極めたという。鎌倉時代の初めに建てられた拝殿（国宝）は、寝殿造[54]風の住宅建築で、屋根の美しさはまた格別。本殿（国宝）は平安時代の建築で、一間社流造りの内殿三棟からなり、一列に並び共通の檜皮葺[81]の屋根で覆われている。境内の「桐原水」は宇治七名水最後のひとつという。

源氏物語の世界を実体験
宇治市源氏物語ミュージアム 10D5 *114*

　「源氏物語」の後半部の十帖は宇治が舞台。その世界を再現したのがこのミュージアム。光源氏の時代をイメージした平安の間の源氏が過ごした六条院の百分の一の縮小模型や実物大の牛車と、「宇治十帖」の世界を再現した宇治の間はおすすめ。映像展示室では、宇治十帖を主題とした映像が上映されている。宇治の実写や幻想的なCGによる美しい映像が楽しめ、英語・韓国語・中国語の各言語音声にも対応している。入口から向かって左側は無料コーナーで、図書室前の「源氏物語に親しむコーナー」ではコンピューターを使ったゲームやクイズなどで楽しみながら源氏物語により親しむこともできる。年4〜5回企画展も開かれている。その他、喫茶コーナーやグッズショップもあり、宇治十帖古跡巡りやさわらびの道の散策の折でも。

鮎宗　10C5　一年中川床が出され、宇治川の風景が楽しめるのが鮎宗。鮎、鯉、鰻など川魚料理が中心で、名物は鰻とおこわを竹の皮に包んで蒸した鰻の飯蒸し。これに天ざる茶そば、季節の点心を組み合わせた献立もいい。鮎を骨ごと輪切りにした野趣あふれる鮎のせごしも自慢。

あの鳳凰堂と国宝仏像

平等院鳳凰堂

平等院　10C5　*120*　世界文化遺産　🌼藤：4月下旬〜

びょうどういん

　飛鳥時代のころより、宇治は、奈良と京都を結ぶ交通の要路となっていた。平安遷都ののちは、天皇や貴族の別荘がこの地に建てられ、「源氏物語」の舞台にもなった。

　かつて宇治院といわれた別荘が、いろいろな人の手を経て、永承7年（1052）、関白・藤原道長の長男・頼通によって寺院に改められた。それが平等院である。

　翌、天喜元年（1053）、鳳凰堂（阿弥陀堂）（国宝）に仏師・定朝によって丈六[52]の阿弥陀如来坐像（国宝）がつくられ、その落慶供養がとり行われた。この鳳凰堂と阿弥陀如来像は、今もその頃のままの姿をとどめている。

　鳳凰堂という名前は、左右に鳥が羽根をひろげたような翼廊がついており、その姿が鳳凰を連想させること、また、中堂の屋根の上に一対の鳳凰（国宝）が飾られていることからつけられた。

　平等院という名前は、中堂を中心に左右平等に翼廊があるところからきている。

　鳳凰堂は単層、入母屋造、本瓦葺[88]である。翼廊は切妻造[16]である。鳳凰堂の前に阿字池と呼ばれる池があり、池面には鳳凰堂の姿が映る。阿字池を隔てて鳳凰堂をのぞむと、中堂正面、裳階[95]が一段高く上っているところに格子戸がはめられている。その格子戸の上方に丸窓が開いており、そこから阿弥陀如来の顔が見える。昭和26年（1951）から10円硬貨デザインにも選ばれている。

　この阿弥陀如来坐像は、藤原時代屈指の仏師・定朝の作として唯一確証ある像である。彼は、それまで一木造しか伝えられていなかった造仏法に、寄木造[98]をあみだした人だ。その後、柔和な表情の和様彫刻・定朝様式が全盛期を迎える。この阿弥陀像は、寄木、漆箔[37]、手は定印を結ぶ。螺髪[102]は細かく、伏せ目がちで優美な面立ち。肩が撫で肩なのもこの期の特徴である。金色に輝く大きな光背[25]は、大日如来を中心に、十二の化仏[21]が配されている。天蓋[68]（国宝）は、宝相華[56]文が透彫り[56]され、中央に銅製の八花鏡を備えた円形天蓋と、飛鳥時代から伝わる屋根形天蓋とが組み合わされている。いかにも藤原全盛期を象徴するようなお堂であり、仏像[82]である。

　内壁には、雲中供養菩薩[7]（国宝）の群像が飾られている。琴を奏でる者、琵琶を弾く者、宝珠をもつ者……などさまざまな姿をした菩薩が52体。檜の一木造である。創建時は、漆地に華やかな彩色が施されていたという。

　鳳凰堂の扉や板壁にはまた、九品来迎図[18]（国宝）が描かれている。今はかなり、剥落していて、**平等院ミュージアム鳳翔館**に保存されているが、これは日本絵画史上重要な作品である。

　平安末期の治承の乱や、建武3年（1336）の楠正成と足利尊氏の戦いなどの戦火によっておおかたの堂宇は灰となり、いまでは、鳳凰堂だけが創建時の遺構となった。鳳凰堂内部拝観は、庭園内受付にて時間券を購入する。

鳳凰堂は昭和26年（1951）から10円硬貨デザインにも選ばれている。

宇治川の鵜飼

　『蜻蛉日記』等にも記述され、平安時代からという古い歴史をもつ宇治川の鵜飼は、7月〜9月の間、毎夕19時（9月18時半）、塔の島付近から出ている鵜飼観覧船に合わせて行われる。夕焼けを川面に映し、宇治川に夕暮れが訪れる頃、かがり火に照らされた川面に和船を浮かべ、鵜匠のあざやかな綱さばきを観賞するという、宇治の夏の風物詩だ。風折烏帽子に黒い着物と腰蓑という昔からのいでたちの鵜匠が、鵜飼用の和舟に乗って登場。掲げられたかがり火がパチパチと音がするほどの勢いで情緒もたっぷり。船のすぐそばでの綱さばきのため、観覧船からも、「グエェ」という鳴き声も聞こえ、臨場感あふれる鵜飼を満喫することができる。乗合船問い合わせは、0774-23-3353（宇治市観光協会）。

通圓　10C5　茶の老舗で茶団子　宇治橋の畔、860年以上の歴史を誇る通圓宇治本店は、吉川英治作の『宮本武蔵』にも登場するお茶の老舗。由緒ある茶壺や茶釜などが置かれた江戸時代築の店内茶房で、抹茶とお菓子、季節限定メニューなどを味わいたい。

庭園初歩入門

P110〜
代表例を紹介 ➡

庭園は他の文化と同じく、歴史の流れと共に大きく変化をしてきた。古代から奈良・平安時代には、文化の中心的な担い手は貴族や僧侶であり、また当時先進的であった中国の影響を強く受けている。歴史の主役が武士へと移っていく中世〜鎌倉・室町時代には、文化にも武士の特徴があらわれ、更に中国の真似だけではない日本的なものが生まれてくる。こうした文化は定着・成熟していき、近世、特に江戸時代は町民の勃興（ぼっこう）ともに、新たな文化の苗床（なえどこ）となっていく。

寝殿造系庭園（しんでんづくり）

平安時代の貴族邸宅の様式である寝殿造[54]は、中国の建築様式に倣ったものである。敷地の北側に正殿（寝殿）（せいでん）を南向きに建て、その東西に対屋を設ける。少し離れて南に泉殿、釣殿（つりどの）を設け、これも透廊（すいろう）で結ばれる。泉殿、釣殿の下には池泉が広がる。

大覚寺大沢池

この邸宅内に作られた庭園が寝殿造系庭園で、寝殿の南側の白砂を敷いた「庭」という儀式の空間、更に南側に池泉を中心とした庭園という構成になっている。遺構として、神泉苑や大覚寺嵯峨院（大沢の池）。その流れを継ぐ歓修寺（じゅうじ）、東本願寺渉成園（しょうせいえん）、積翠園（しゃくすいえん）などがある。「池泉舟遊式」ともいう。

浄土庭園（じょうど）

浄瑠璃寺

平安時代中期・後期には世間の混乱は激しくなり、仏教的にも末法（まっぽう）の世を迎える。この頃に現れたのが、西方浄土[49]（さいほう）に行くことをひたすら祈願すれば、阿弥陀様が迎えに来て下さるという浄土思想である。これに影響され、貴族達は邸宅や寺院に極楽浄土を模した庭園を作るようになる。しかし実際には、庭園の一部を西方浄土になぞらえるだけで、基本的に寝殿造系庭園と変らないことも多かったようだ。この庭園様式の遺構としては、平等院、法金剛院、浄瑠璃寺（じょうるりじ）の庭園がある。

枯山水庭園（かれさんすい）

鎌倉、室町時代に入ると、武士の台頭により、家屋の形式も武士の生活様式に沿った書院造[46]が主流となる。そこに造られたのが書院造系庭園である。対面機能が最優先される書院造は、寝殿造で重要だった儀式の場としての「庭」は取り除かれ、ここに庭が作られるようになった。禅寺の構成においても同様の変化が見られる。庭園は禅寺内の修行の場として発達し、枯山水という庭園様式が生まれた。

枯山水庭園は一般的に前期と後期に分かれる。前期枯山水とは、あくまでも水のないところに石を建てることであり、例としては、天龍寺庭園（庭の一部で現在は池泉回遊式）、西芳寺の上段庭園が挙げられる。ちなみに作庭は禅宗徒である夢窓疎石（むそうそせき）である。疎石の庭園構想は室町時代の庭園を代表する金閣寺、銀閣寺庭園に受継がれていく。

退蔵院庭園

室町中期になると、禅寺は市中に移ってくる。市中の狭い敷地に作られたのが後期枯山水である。白い砂を敷き詰めた面を大海や池と見なす象徴性の強い庭園で、代表例としては、龍安寺方丈庭園（石庭）、大徳寺大仙院庭園などがある。他にも妙心寺東海庵方丈南庭の様に白砂しかない庭園や、妙心寺退蔵院（たいぞういん）、南禅寺金地院（こんちいん）の庭園などがある。

回遊式庭園（かいゆう）

二条城二の丸庭園

戦国時代、戦国大名の築城場所は山地から次第に平地に移ってきた。江戸時代においても同様である。当然、敷地は平坦なもので、ここに作られたのが回遊式庭園である。池を中心として、周囲に国内外の名勝や古今の文学からテーマを取った小庭園を配し、要所要所から池を望みつつ、趣向の異なる小庭園から渡り歩くという楽しみ方をする。東京の小石川後楽園、六義園が名高く、池を中心とするため池泉回遊式庭園[65]ともいう。京都では、醍醐寺三宝院、二条城の二の丸庭園、平安神宮神苑（しんえん）（明治・大正期）、桂離宮、金閣寺、銀閣寺方丈前庭などが有名である。

借景式庭園（しゃっけい）

P 近寺庭園

江戸時代に生まれた庭園形式として、山や森などの自然の風景を、庭の一部に取り込んだ様式の借景式庭園がある。鑑賞の際、意識が庭園外部に向けられ、外部の景観を積極的に取り入れようとしている。代表例としては比叡山の借景の円通寺（えんつうじ）、正伝寺（しょうでんじ）などが挙げられる。他にも東山を借景にした無鄰菴（むりんあん）（明治期）、遠景の嵐山と、近景の亀山を借景にした天龍寺などがある。

あ行

1. **校倉造**　木材を横に交互に組み（井籠組という）、それを壁にした建物。古代建築のひとつで、倉として用いられた。

2. **一木造**　木像彫刻法の古い手法。像の頭部と体部を一木から彫り出す。台座も含めて彫り出すものや、両腕や膝前ははぎ合わすものなど方法はいろいろある。

3. **入母屋造**　屋根の形式（103ページ図参照）

4. **絵師**　奈良時代には中務省の中に画工司という部署があり、そこに絵を描く者や装飾を行う者が集まっていた。平安時代になると内匠寮の下に画所が設けられ、そこに絵師が配された。江戸時代には、幕府直属の画所に絵師が所属していた。

5. **絵馬**　願い事やまたその願い事が叶ったお礼に、神社や寺院に奉納する額。

6. **縁起**　寺や神社、仏像などの由来を記した伝承説話のこと。

か行

7. **開山**　とくに禅宗の寺院を開いた僧のことをいう。

8. **蟇股**　組物の間に置かれた斗束の一種。蛙の股のような形をしているところから名付けられたともいわれるし、鏃の雁股と同形で、そこから転じたという説もある。構造材だが鎌倉時代以降装飾がほどこされるようになり、桃山時代には頂点に達した。

9. **伽藍**　僧伽藍の略。僧たちが集まって修行する清浄な場所のこと。後に、寺院建築のことを指すようになった。

10. **枯山水庭園**　水を使わず、石と樹木の組み合わせと地形によって山水を表現する庭園形式。中国宋代の山水画の影響から生まれた庭。

11. **乾漆像**　漆を用いてつくる仏像。木心乾漆像と脱活乾漆像の二種類がある。奈良時代は脱活乾漆の全盛期であり、奈良末期から平安初期にかけて木心乾漆が多い。

12. **基壇**　建築の基礎部分で、一段高くなっているところ。

13. **脇侍**　夾侍とも書いた。本尊の左右両わきに控えて立つ仏像。

14. **玉眼**　木彫仏像の眼の部分をくりぬき、内側から水晶をはめこんで、その水晶の裏に瞳を描く方法。鎌倉

時代以降の仏像、肖像彫像に多いが、平安後期にも少し例がある。

15. **截金**（切金とも書く）　仏像や仏画に細かく線状に切った金銀箔をちりばめる方法。

16. **切妻造**　屋根の形式名。（103ページ図参照）

17. **木割り**　建築部分の木材の割合のこと。

18. **九品来迎図**　衆生（一般庶民）が極楽浄土へ行くには九通り（上品上生から下品下生まで）あり、それを絵にしたもの。

19. **庫裏**　もともとは寺院の台所のことを指したが、いまでは一般に、住職の住居のことをいう。

20. **外陣**　内陣に対して、礼拝などを行う場所をいう。

21. **化仏**　光背や頭上などに飾られる小仏。如来が衆生を救うためにいろいろな形をとるが、それを変化仏・応化仏という、その略。

22. **高僧**　現存したすぐれた僧のこと。

23. **格天井**　木を縦横に組んでつくった天井。

24. **講堂**　七堂伽藍のひとつ。説法や講経（経典を勉強する）を行うための建物。堂内には本尊を安置する。禅宗寺院では、法堂という。

25. **光背**　仏の身体から発する光をあらわすもので、仏像の背後に置かれる。いろいろな形がある。

26. **柿葺**　薄い板で葺いた屋根のこと。柿というのは鱗の意味。

27. **古墳**　古代の天皇やその親族、あるいは豪族などを葬った墓で、その形によって、円墳、方墳、上円下方墳、中円双方墳、前方後円墳、前方後方墳などに分類できる。

28. **権現造**　神社建築の一形式。本殿と拝殿がつながっている。（103ページ図参照）

29. **金堂**　七堂伽藍のひとつ。寺の本尊を安置するお堂として、伽藍の中心をなす。

30. **金銅仏**　銅で鋳って、鍍金する造仏法。銅を鋳造して仏像を造る方法は、日本では最も古い造仏法のひとつである。

さ行

31. **賛**　画の上部などに書きこまれる詩や文のこと。主に室町時代以降の頂相、水墨画や、江戸時代の文人画（南画）に書かれている。

32. **桟瓦葺**　瓦葺屋根の一種。横断面が波形をした平瓦で葺いた屋根のこと。普通民家に多い。

33. **三尊形式**　本尊を中心に、左右に脇侍がつく仏像形式で、本尊によって脇侍はつぎのように変る。

本尊	脇侍	脇侍
釈迦如来	文殊菩薩	普賢菩薩
阿弥陀如来	観音菩薩	勢至菩薩
薬師如来	日光菩薩	月光菩薩

34. **山門**　密教が導入されて以来、寺院は山に建てられるようになったが、平地や市街に建てられるようになってからも、寺院の門を山門と呼ぶならわしが残った。寺域と俗域との境界門である。禅宗寺院では、「三門」ともいう。その場合は、迷いと煩悩から解脱するために通過しなければならない三つの門＝空・無相・無作の三解脱門を山門にたとえていう。山門の場合は、必ずしも三つ通路があるわけではないが、建て方は、一般に重層で、左右の端に山廊（屋根つきの階段）があり、そこを昇って上層に入ると、仏壇があり、釈迦三尊を中心に左右に羅漢が祀られていたりする。

35. **四脚門**　「よつあしもん」主柱二本の門の腕木の端に控柱を四本つけたもの。八本あれば八脚門。

36. **七堂伽藍**　金堂・講堂・塔・食堂・鐘楼・経蔵・僧坊など完全に堂宇が揃っている寺院の建築の状態をいう。七というのは必ずしも数を意味しないし、各建造物の名称や種類は宗派によって異なる。江戸時代に確立された用語。

37. **漆箔**　漆を塗ってその上に金箔を置く。

38. **四天王**　帝釈天に仕え仏法を守護する護法神。持国天（東）、増長天（南）、広目天（西）、多聞天（北）の四つ。

39. **鴟尾**　大棟の両端に飾られている魚の尾の形をした飾り。

40. **釈迦像**　仏教の開祖であるゴータマ・ブッダ（仏陀とも書く）は、北インドのシャキャ族に生まれた聖者となって、多くの人々に崇められるようになった。彼のことを釈迦牟尼世尊または釈尊と呼ぶ。礼拝の対象として、この釈尊の像がたくさんつくられるようになるのは、紀元後1〜2世紀ごろ、インドのガ

ンダーラやマトゥーラ地方からはじまったとされる。それまでの数世紀は、無仏像時代といわれ、仏・釈迦の姿は描かれなかった。仏が存在していることを、法輪や菩提樹、舎利塔などで象徴的に表わした。ガンダーラ以後、釈迦像が作られるようになり、中国・朝鮮・日本や東南アジアの方へ仏教が拡がると共に伝わっていった。日本の釈迦像で最も古いのは7世紀飛鳥時代のもので、代表例として法隆寺金堂の釈迦三尊像（止利仏師作）が挙げられる。それ以来、多くの日本独自の釈迦像・仏像がつくられていく。

41. 釈尊三十二相　釈迦の姿の特徴を32とりあげたもの。釈迦像がつくりはじめられた頃の経典に書かれてあり、それをもとに仏像が彫られたり、描かれたりしてきた。三十二相をさらに細かく説いた八十種好というのもある。

42. 借景　園外の景観を庭の重要な要素としてとりいれた庭園のこと。山、川、海、樹などが借景として使われるが、こういった借景によって庭の石組や植木がさらに活かされるようにつくられる。室町時代以降発達し、江戸時代に確立した作庭法。代表例としては、比叡山を借景とした円通寺。

43. 十大弟子　釈迦の弟子のなかで、とくに重要な、舎利弗、目牛連、摩訶迦葉、阿那律、須菩提、富楼那、迦旃延、優婆離、羅睺羅、阿難陀の十人をいう。

44. 儒者　儒教を修めた人のこと。儒学というのは、孔子の思想を中心に、四書五経を経典として説く、中国の実践哲学。日本には、古代から伝わっているが、江戸時代に幕府によって官学とされた朱子学が、儒学を確立させた。

45. 須弥壇　仏像を安置する壇。もともとは須弥山をかたどった。

46. 書院造　住宅建築の一形式。一棟を間仕切りによって別け、畳が敷かれ、明障子や襖で区切られる。室町時代に寝殿造から書院造へと変遷し、桃山時代に確立。

47. 荘厳　仏像や堂を装飾すること。

48. 瀟湘八景　中国の湖南省洞庭湖にそそぐ瀟水と湘水の二つの川が合流する付近、その四季の景色を八つ選び画題にしたもの。宋代からはじまった水墨画などの伝統的テーマ。

49. 浄土　仏や菩薩の住んでいる、この世の煩悩から離脱した清らかな世界。仏や菩薩の種類に応じて多くの浄土世界があるが、日本では「浄土」ということばで、阿弥陀如来のいる西方浄土を指すようになっていった。

50. 障壁画　建物の間仕切りに用いる屏風、衝立、また、建物の一部である壁、板戸、襖、障子などに描かれた絵画。

51. 請来品　将来品とも書く。外国、とくに昔の中国・朝鮮から持ちかえったり、輸入したりしたもの。

52. 丈六仏　立ったとき一丈六尺（約4.85m）の高さがあるという大きな仏像。実際には、大きさは幾種類もある（坐高最大2.8mから最小1.9m位まで）。

53. 神像　神道の礼拝の対象となる象（彫刻・絵画）。東寺の僧形八幡像・女神像（平安時代前期）などが、京都にあるその最も古い代表例。

54. 寝殿造　平安時代に成立した貴族の住宅形式。中央に主人の住居である寝殿（正殿）を建て（南面している）、その両側（東西）と後方（北）に家族のための対屋が建つ。これらは渡殿によってつながり、寝殿の前面には広い庭、そこに池があって、池には中島を設け橋を架ける。左右の対屋から池に向って廊がのび、池の側に釣殿・泉殿が建っている。御所などにその形式が残っている。

55. 水墨画　墨のみで描き、その筆のさばきによって、すべてを表現しようという、東洋独特の絵画。

56. 透彫　木や板金の一部を彫り抜いて模様をつくる方法。

57. 厨子　仏像や舎利を安置する容物。両開きの扉がついている。

58. 図像　白描（彩色せず墨線のみで描く方法）によって仏像の姿かたちを描いたもの。印相（手の組み方、102ページ図参照）や、持仏・装飾などの、それぞれの仏像の違いを記録するために、平安時代に入って密教寺院でつくられることが多かった。

59. 清涼寺釈迦如来像　清涼寺の本尊釈迦如来像は、東大寺の僧・奝然が10世紀末北宋から持ちかえったものだといわれている。その様式は、従来から日本に伝わっていた仏像様式と非常に異なっている。鎌倉時代に入って、この清涼寺の釈迦像を真似た仏像（模刻像という）が奈良の西大寺、唐招提寺、神奈川の称名寺など、現在も30体余りが残っている。

60. 塑像　泥で盛り上げてつくる、古い手法による像。

た行

61. 台座　像を安置する台。蓮華を象った蓮華台や、八重・九重に重ねられたもの、須弥山を象ったもの、岩の形をした岩座など、いろいろな形式がある。

62. 塔頭　禅寺において高僧が亡くなったあと、その墓のまわりに弟子が建てた墓守りの住居が元来の意味。その後、本寺に付属する小寺（子院）のことをいうようになった。

63. 多宝塔　二階建ての塔で、上下をつなぐところが饅頭形になっており、上層の軸部は円筒形であるところが特徴。屋根は方形。なかには釈迦如来と多宝如来を安置する。

64. 垂木　軒から軒へ斜めにわたされる木材。

65. 池泉回遊式庭園　池を巡りながら、風景の変化を楽しむようにつくられた庭園。古代から日本の邸宅につくられた。

66. 中門　寺院の総門（外山門ともいう）と山門（正門）の中間に設けられる門。ふつう寺院の境内の入口の門は南面に向いており（それで南大門という）、この南大門を入ると中門がある。

67. 頂相　禅僧の肖像画のこと。

68. 天蓋　仏像などの上にかざす屋根のような笠。

69. 塔　無仏像時代、礼拝の対象となったのは、仏舎利を収めた塔（ストゥーパー、舎利塔）だけであった。その後、仏像が刻まれ、描かれるようになってきても、舎利塔への礼拝信仰も消滅せずに残されていく（もちろん、形はいろいろと変化していく）。日本の五重塔・三重塔などもストゥーパーから発展したもので、日本には無仏像時代はなかったから、釈迦像を安置する金堂と、舎利を収める塔の両方を信

仰する形態が輸入され、この二つの堂字が寺院の中心を占める伽藍配置が一般的である。

70. 童子像 子供の姿をしている像。

71. 鍍金 金メッキのこと。

な行

72. 内陣 寺院や神社で、本尊・神体を安置してある奥の間。

73. 南大門 寺院、とくに大寺院の南側に設けられた大門。古代の中国・朝鮮・日本の都市も南側に大門を設けて入口としているが、寺院もそれにならったと考えられる。特に古代の寺院の正門となった。

74. 如来 仏教において最高の地位にある存在。仏のこと。釈迦が仏教を開いた頃は、如来は釈迦を意味した。時代を経て教義が複雑になってくると、阿弥陀如来、毘盧舎那仏、薬師如来なども登場してくる。密教では大日如来を中心に五智如来などがある。

75. 涅槃 サンスクリット語の「ニルヴァーナ」ということから来ている。解脱の境地を指す語だが、釈迦が死ぬ(入滅する)ときのさまを、涅槃に入るという。

は行

76. 廃仏毀釈 明治元年、神仏分離令が出され、それまで神仏混淆思想によって同居していた神社と仏寺が分けられることになった。その時、仏法を排する運動が盛んになり、寺院や経文、寺宝がこわされた。

77. 破風 切妻屋根の山形の頂上から軒先にかけ、∧形(これを合掌形という)に張られた板。

78. 半跏思惟像 片足を垂らし、もう一方の足は組んで座る形を半跏という。それに対し、両足を組んで坐る形を結跏趺坐という。半跏思惟像というのは、弥勒菩薩のように半跏の形で、右手を頬に添えている姿の像のこと。

79. 比丘 僧のこと。尼僧は比丘尼という。

80. 白毫 仏の額についていて、光を放つという毛。釈迦三十二相の一つ。

81. 檜皮葺 檜の皮で屋根を葺く方法。

82. 仏像 仏教で礼拝の対象となる仏・釈迦如来・菩薩等々を表わした絵画・彫刻のことをいう。とくに彫刻のことを指していう場合もある。仏像は、大きく分けて、如来部、菩薩部、天部、明王部の四種類に区別される。

83. 扁額 横長の額。

84. 宝形造 屋根の形式。(103ページ図参照)

85. 方丈 禅寺で住職の住むところ。

86. 宝相華 中国・唐の時代、あるいは日本の奈良・平安時代にかけて、盛んにもちいられた花の文様。実在の花ではなく、インドから西域を経て中国に伝わった想像上の花文。

87. 菩薩 仏陀の次の位にあるもの。仏となるため、悟りを求めつつ、衆生を導く。脇侍としての観音菩薩、勢至菩薩、日光菩薩などのほか、独尊として、虚空蔵菩薩、地蔵菩薩、弥勒菩薩、千手観音菩薩、十一面観音菩薩、如意輪観音菩薩、不空羂索観音菩薩など種類は多い。また、朝廷が高僧に贈った称号としても使われた。

88. 本瓦葺 平瓦(四角い瓦)を葺き、その列の間に丸瓦(円筒形の瓦)をふせて並べる方法。

89. 梵字 梵語で書かれた文字のこと。梵語というのは、サンスクリット語のことをいい、古代インドで用いられた文章語。音訳された形で漢字に移され、仏教用語として中国・朝鮮・日本で使われている。

90. 本尊 お寺の中央に安置される仏像。

91. 本地垂迹思想・神仏混淆 仏教の日本化過程から生まれた信仰形態で、仏は神の本地(本来の姿)であり、神は仏の垂迹(姿を変えて現われた仮の姿)であるとする。神道と仏教が同居した思想。

ま行

92. 曼荼羅 仏教の本質である悟りの世界を絵図にしたもの。曼荼羅の本格的な発展は、平安初期密教がもたらされてからである。大曼荼羅(諸尊を彩色して描く)、法曼荼羅(梵字で表わす)、三昧耶曼荼羅(諸尊の本誓を表わす)などに分類できる。また、大曼荼羅は胎蔵界・金剛界に分けられる。元来、インドでは、土壇の上に描かれていたが、中国・チベット・日本では掛軸になった。

93. 密教 秘密教の略。顕教に対して、真言宗(東密。空海によって開かれた)および日本天台宗(台密。最澄によって開かれた)を指す。

94. 明王 忿怒相の諸尊。9世紀に密教が渡来してつくられだした仏法の守護神。五大明王というのは、不動明王、軍荼利明王、降三世明王、大威徳明王、金剛夜叉明王のことをいう。明王としては、ほかに、愛染明王、孔雀明王など種類は多い。

95. 裳階 本屋根下についている庇のような差掛け。雪打ともいう。

や・ら行

96. 薬師如来 薬師瑠璃光如来の略。病気を癒す仏として飛鳥時代から信仰されてきた。日光・月光両菩薩が脇侍として添えられ、三尊形式をとる。また、十二神将が一緒に祀られることが多い。

97. 大和絵 とくに唐絵に対していう。唐絵というのは、中国から渡来した絵画技法に基づいて描かれる(そこでは中国的画題が取り上げられるのが常であった)絵で、これに対して、平安時代に入って(10世紀ごろから)日本的な主題を唐絵の規則にとらわれず描く技法が生まれ、一つの伝統になったものを大和絵といっている。

98. 寄木造 頭部と胸部を別々の木でつくり、内部をくりぬき、それをはぎ合わせてつくる方法。平安時代に入って確立された仏像のつくり方。

99. 寄棟造 屋根の形式。(103ページ図参照)

100. 羅漢 阿羅漢ともいい、小乗仏教の修行者の最高の位置にある者。

101. 螺鈿 漆木などの表面に、貝殻の光を放つ部分を切りとって嵌めこみ、模様をつくる方法。

102. 螺髪 仏の頭髪の形式の一種で、縮れて渦のような形をしている。

103. 欄間 鴨居、長押の上に設けたすきま。門の棟木の下のすきまなどもいう。その縁に装飾が施される。

104. 聯 柱や壁などに左右一対にして掛ける細長い書画の板。

※仏像については P100～を参照

仏像初歩入門

P108～
代表例を紹介 ➡

> 京都の寺社仏閣、博物館を訪ねれば、様々な形の仏像に出会うでしょう。
> 先人が守り続けてきた、そして熱い思いが込められた仏像。迷ったあなたに何かを語りかけてくれるかもしれません。
> 諸説がありますが、基本的な種類や分類を記述いたします。

一般に信仰の対象としての仏像の四種類

1. 如来（にょらい）
悟りを開いた者。仏陀ともいう。当初は釈迦如来だけだったが、後に仏教の教義が多様化し、多くの如来が考え出された。

2. 菩薩（ぼさつ）
如来に向けて、悟りを求めて修行している。

3. 明王（みょうおう）
如来の化身。修行者を煩悩から守り、教化する。

4. 天（てん）
仏界と仏法を守護する。元は古代インドの神々。

仏界の地位の順位
上位より如来、菩薩、明王、天とされる

その他、羅漢像と神像
仏像とは見なさないようだが、同じく信仰の対象となる像。
羅漢像…釈迦の弟子・修行者や宗派を興した、教えを広めた各宗派の祖師や高僧。修行者では十大弟子・十六羅漢・五百羅漢など。
神像（垂迹像）…平安時代になると、日本古来の神や怨霊信仰と融合し、神仏習合の像がつくられた。

1.2. 主な如来の種類と菩薩

一、釈迦如来（唯一の実存）
西暦紀元前、500年頃、インド北部の釈迦国に生まれた王子。生まれてすぐに天地を指差し、「天上天下唯我独尊」と叫んだとされる。29才で（19才とも）王位の継承を放棄して出家、35で悟りを開き、仏陀、如来、釈尊、世尊、釈迦牟尼等と呼ばれるようになる。80才で死ぬまで説法を続けた仏教の開祖。

★如来像と2体の菩薩像が構成され、"三尊"と呼ばれる。一般的な釈迦如来の脇侍（＝きょうじ、左右にいる仏）は、左に文殊、右に普賢菩薩。
文殊菩薩（もんじゅ）…三人寄れば文殊の智恵、釈迦の悟りを表す。
普賢菩薩（ふげん）…慈悲行を表す。女人成仏の仏として女性の信仰を集めた。白象に乗る姿が多い。

二、阿弥陀如来
西方極楽浄土の教主で、死に臨み「南無阿弥陀仏」を唱えれば阿弥陀如来が迎えに来て極楽へ往生させてくれるという。
（南無阿弥陀仏の「南無」は"心から信じる、まかせる、従うという意味"）

★阿弥陀如来の脇侍は、勢至と観世音菩薩。
勢至菩薩（せいし）…智恵の仏。髻を結い、宝冠の中に水瓶をつけていて中には智恵の霊水が入っている。
観世音菩薩（かんぜおん）…慈悲の仏。特徴として、頭にかぶった宝冠の中には阿弥陀如来の化仏があり、左手には未だ開いていない蓮の花（未敷蓮華）を持つ。

六観音、七観音

聖観音（しょう）…各時代を通じて最も作例が多く、全ての観音の基本形態。
十一面観音…頭上の11個の顔で全ての方向を見つめ、苦しんでいる人を救い出そうとしている。左手に紅蓮華を挿した水瓶を持ち、右手は施無畏印を結ぶ。後ろの一面は暴悪大笑面と呼ばれ、悪を威圧する。
千手観音（せんじゅ）…千の手と千の目を持つとされる。無限の慈悲で人間以外の生き物も救う。この仏も顔は十一面か二十七面あり、手は1000本あるものと42本のものがある。奈良の唐招提寺金堂の千手観音像は実際に953本の手が残っている。
馬頭観音（ばとう）…六道世界の内、畜生界救済にあたる菩薩とされる。頭上に白色の馬の頭が載っているので見分けがつく。馬が草をむさぼるように人間の煩悩を食べ尽くすことから、人間の不浄な煩悩を断つ仏として信仰される。
如意輪観音…2本か6本ある手には、思いのままに願い事を叶えてくれる宝珠や、煩悩を砕く法輪を持っている。菩薩には珍しく坐像が多い。
不空羂索観音（ふくうけんじゃく）…大衆の煩悩を漏れなく羂索という縄を持って救済するという。不空とは、それが空しからず、叶うことを意味する。目が額にもある。
准胝観音（じゅんてい）…子宝に恵まれる力を持つという。真言宗六観音の一仏。

その他、三十三観音。
楊柳観音、白衣観音、施薬観音、水月観音、岩戸観音、瑠璃観音など。

三、薬師如来
東方浄瑠璃界の教主で心身の病気を治し衣食を与えるという、現世利益の強い仏。左手に薬壺を持っており、阿弥陀の次に悟りを得た如来。

★薬師如来の脇侍は、左に日光菩薩と右に月光菩薩、十二神将を従えるものもある。
月光菩薩…病根を除く。
日光菩薩…苦熱を除く。
十二神将…神将それぞれ7千、総計8万4千の部下を率いて薬師如来と信仰するものを守るという武神。十二支に対応する頭飾りを冠して全方角を守っている。

法金剛院阿弥陀如来坐像

東寺金堂薬師如来像

四、大日如来（だいにち）

密教（真言宗）の中心仏であり、宇宙の根源とされている仏。密教においては、あらゆる仏・菩薩もこの如来から生まれる法身仏とされる。ちなみに大日如来を中心に宇宙の構図と悟りの世界を示したものが曼荼羅といい、修法の大事な道具。大日如来はすべて坐像である。宗派的、形的には違うが、別名、毘盧遮那如来（びるしゃなにょらい）ともいう。

★大日如来の脇侍は、金剛界曼荼羅では大日如来を囲むのは阿シュク、宝生、阿弥陀、不空成就の4如来と金剛波羅密・宝波羅密・法波羅密・羯磨波羅密の4菩薩。阿弥陀如来や釈迦如来の三尊形式もある。

その他の名高い菩薩や閻魔大王

弥勒菩薩（みろく）

釈迦が亡くなった日から数えて56億7000万年後、弥勒菩薩がこの世に現れ、世界を救うという。ポーズは半伽思惟といって、腰掛けて足を組み、手の指を頬に当て物思いに耽るものが多い。

虚空蔵菩薩（こくぞう）

智慧と福徳の菩薩。現世利益では記憶力を良くするという事が主である。技能や芸術の力もあり、職人や芸術家の守り本尊でもある。

地蔵菩薩

右手に錫杖、左手に宝珠が一般的。釈迦が亡くなってから弥勒菩薩が登場するまでの間、世界（つまり現代）を救済する為に現れた。地獄、餓鬼、畜生、修羅、人間、天上など六道の迷いの世界で活躍する六地蔵の名前が有名。実は閻魔様の正体でもある（これは意外ッ！）。

閻魔大王

死者の生前の行いを裁き、極楽行きと地獄行きのパスポートを発行する冥界の総司。仏教では地蔵菩薩の化身で、再び罪をつくらせない為に恐ろしい顔で叱咤しているという。

3. 明王

如来の教えに従わない者を、調伏、救済するために、如来の命を受けて怒りの形相をしている。様々な武器を手にしているのも特徴で、この持物により仏像を見分けることも可能だ。

五大明王

1．不動明王

明王の中の最高位。真言宗の大日如来の命を受けて、修行者を護る。大日如来の化身とも。光背は、燃え盛る火焔。右手に剣、左手に羂索（縄）を持っているのが一般的。坐像と立像がある。

2．降三世明王（ごうざんぜ）

明王のナンバー2。過去、現在、未来の三世の煩悩を降伏させる。足でヒンズー教の神を踏みつけている。

3．軍荼利明王（ぐんだり）

様々な障害を取り除く。体に蛇を巻きつけている例も多くある。中心の2本の腕を胸のあたりで交差する。

4．大威徳明王（だいいとく）

悪の一切を降伏させる。顔が6面（目が3つ）、腕が6本、足が6本という異様な姿で水牛にまたがっている。

5．金剛夜叉明王（こんごうやしゃ）

様々な悪を打ち砕くとされる。「金剛杵の威力をもつ夜叉」という意からこの名がついた。目は5個もある。夜叉とは善悪を併せ持つ武神のこと。

6．烏枢沙摩明王（うすさま）

天台系で金剛夜叉明王に替わる。世の一切の穢れと悪とを焼き尽くすとされ、全身が火炎で覆われている。禅宗では東司に多く祀られるトイレの仏様。

他の名高い明王

愛染明王（あいぜん）

恋愛を守り、叶えてくれる。愛欲を克服することによって悟りに至らせようとする明王。全身が愛欲の炎か、真っ赤である。

4. 天

如来・菩薩や仏法、そしてれを信仰する人々を守る「護法善神」だったが、現世利益的信仰が持つようになった。もともとは、バラモン教やヒンドゥー教の神々であったが仏教に帰依したという。

東寺講堂梵天像

梵天（ぼんてん）

バラモン教の最高神のひとつだが、釈迦に帰依し仏法の守護神となる。

帝釈天（たいしゃくてん）

映画「男はつらいよ」でお馴染み。元々は英雄神インドラ。戦闘好きで酒好き淫乱といった人間味がある神で、衣の下に鎧を着込んでいる。梵天と釈迦如来の脇侍になることがある。

金剛力士（通称仁王・仁王尊）

寺域及び伽藍の護衛役として金剛杵を握り、寺門の左右に筋骨隆々として立つ。口を大きく開くのが阿形像、口を結ぶのが吽形像。

吉祥天（きっしょうてん）

富と豊饒の天女。夫は毘沙門天で、唐の貴婦人の服装をした極彩色像が多い。

弁才天（べんざいてん）

弁天、弁財天、妙音天とも呼ばれる。衣食住や財宝など多くの幸せをもたらすと信仰される。七福神のなかの紅一点であり、美人の代表とされる。梵天、帝釈天の妃。

鬼子母神（きしもじん）

安産・子育の守護神。元々インドの幼児食い悪神だったが釈迦が戒め改心させたという。姿は様々だが、天女型と鬼女型に大別される。

大黒天

福禄倍増の神。左肩に袋を背負い、右手に打手の小槌を持ち、米俵の上に座って頭巾をかぶる。元々は、インドの戦闘神だったい。

阿修羅（あしゅら）

元々は鬼神であったが、釈迦に帰依し、仏法の守護神となる。忿怒裸形相と童子童女形がある。

伎芸天

伎芸の才を持つ天女。

四天王

四方を守る守護神で帝釈天に仕え、八部衆を支配する。甲冑をつけ、足元に邪鬼を踏みつけている像が大半。四天王とは持国天、増長天、広目天、多聞天。多聞天は、単独で祀られるときは毘沙門天となる。

仏像の図と各部名称

阿弥陀如来像

- 光背（こうはい）
- 肉髻（にくけい）
- 螺髪（らほつ）
- 頭光（ずこう）
- 白毫（びゃくごう）
- 三道（さんどう）
- 身光（しんこう）
- 衲衣（のうえ）
- 蓮肉（れんにく）
- 印相（いんそう）
- 蓮弁（れんべん）
- 華盤（けばん）
- 敷茄子（しきなす）
- 受座（うけざ）
- 反花（かえりばな）
- 框座（かまちざ）

十一面観世音菩薩像

- 頂上仏面（ちょうじょうぶつめん）
- 変化面（へんげめん）
- 宝冠台（ほうかんだい）
- 三道（さんどう）
- 垂髪（すいはつ）
- 蓮華（れんげ）
- 臂釧（ひせん）
- 条帛（じょうはく）
- 水瓶（すいびょう）
- 天衣（てんね）
- 腕釧（わんせん）
- 裳（も）・裙（くん）
- 天衣（てんね）
- 蓮肉（れんにく）
- 蓮弁（れんべん）

大威徳明王像

- 光背（こうはい）
- 三鈷鉾（さんこほこ）
- 剣
- 炎髪
- 瞋目（しんもく）
- 条帛（じょうはく）
- 胸飾
- 羂索（けんじゃく）
- 宝棒
- 腕釧（わんせん）
- 裳（も）
- 臂釧（ひせん）
- 足釧（そくせん）
- 水牛座
- 框座

仏像の印相

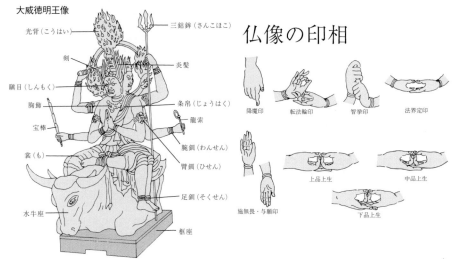

- 降魔印
- 転法輪印
- 智拳印
- 法界定印
- 施無畏・与願印
- 上品上生
- 中品上生
- 下品上生

建物の組物

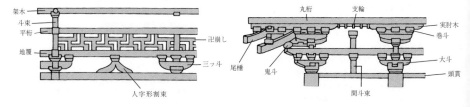

- 架木
- 斗束
- 平桁
- 地覆
- 卍崩し
- 三ッ斗
- 人字形割束
- 丸桁
- 支輪
- 実肘木
- 巻斗
- 大斗
- 頭貫
- 尾棰
- 鬼斗
- 間斗束

屋根の形式

P107～
代表例を紹介 ➡

切妻造り（きりづま）

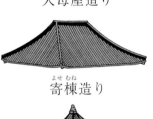

入母屋造り（いりもや）

寄棟造り（よせむね）

宝形造り（ほうぎょう）

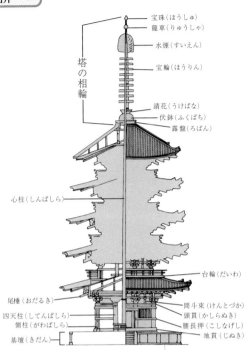

塔の相輪

- 宝珠（ほうしゅ）
- 龍車（りゅうしゃ）
- 水煙（すいえん）
- 宝輪（ほうりん）
- 請花（うけばな）
- 伏鉢（ふくばち）
- 露盤（ろばん）
- 心柱（しんばしら）
- 台輪（だいわ）
- 尾棰（おだるき）
- 間斗束（けんとづか）
- 頭貫（かしらぬき）
- 四天柱（してんばしら）
- 側柱（がわばしら）
- 腰長押（こしなげし）
- 地貫（じぬき）
- 基壇（きだん）
- 地覆石（じぶくいし）

神社建築の種類

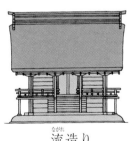

流造り（ながれ）

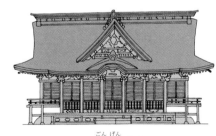

権現造り（ごんげん）

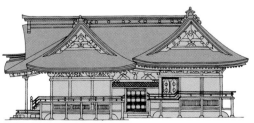

京都関係年表1　飛鳥～鎌倉

政治	西暦	和暦	事　項　　白地斜体は京都関係以外の出来事
	6世紀		太秦の天塚古墳、蛇塚古墳成る
	589	崇峻天皇2	法観寺(八坂の塔)創建
	594	推古天皇2	この頃、寂光院建立という
	603	11	蜂岡寺(後の広隆寺)創建開始
	604	12	聖徳太子が17条の憲法を定める
	623	31	六角堂(頂法寺)創建
飛鳥時代	645	大化1	大化改新
	656	斉明天皇2	祇園社(八坂神社)創建
	677	天智天皇6	賀茂祭、官祭に列せらる
	677	天武天皇6	賀茂社(上賀茂神社)社殿造営
	678	7	下鴨社(下鴨神社)の社殿造営
	701	大宝1	松尾社(松尾大社)社殿造営
	710	和銅3	平城京遷都
	711	4	稲荷社(伏見稲荷大社)創建
	740	天平12	恭仁京遷都
奈良時代	770	宝亀1	鞍馬寺開創
	774	5	高山寺開創
	784	延暦3	長岡京遷都
	785	4	比叡山寺(のちの延暦寺)創建
	788	7	延暦寺一乗止観院(現在の延暦寺の根本中堂)建立
平安時代	794	13	平安京遷都
			神泉苑成る。平野神社創建
	796	15	東寺・西寺が創建
	797	16	坂上田村麻呂征夷大将軍就任、蝦夷を攻める
			勅撰史書「続日本紀」成る
	798	17	清水寺(のちの清水寺)創建
	800	19	桓武天皇、神泉苑へ行幸(神泉苑の初見)
	804	23	最澄と空海、唐に留学。805年最澄が天台宗、806年空海が真言宗を伝える
			延暦年間(782～806)　三千院はじまる
	806	大同1	最澄、天台宗開宗
	810	弘仁1	薬子の乱が起こる(平城遷都が失敗)
	814	5	漢詩集「凌雲集」成る
	816	7	空海、真言宗開宗
	823	14	東寺(教王護国寺)を空海に下賜
	824	天長1	空海が神泉苑で祈雨法要
			神護寺はじまる
	828		綜芸種智院開設(現在の種智院大学の起源)
	842	承和9	承和の変起こる
	853	仁寿3	禅林寺(永観堂)はじまる
	856	斉衡3	仙遊寺(後の泉涌寺)創建
	858	天安2	藤原良房、摂政就任
	859	貞観1	吉田神社創建
	863		神泉苑で御霊会(御霊会の初見)
	866	8	藤原良房、再度、摂政就任。応天門の変起こる
	869	11	祇園御霊会はじまる
	874	16	醍醐寺はじまる
	876	18	嵯峨院を寺に改め大覚寺と号す
	887	仁和3	藤原基経、関白就任
	888	4	仁和寺完成
	894	寛平6	道真の意見で遣唐使停止
	895		棲霞寺(後の清凉寺(嵯峨釈迦堂))はじまる
	902	延喜2	初めての荘園整理令
	903	3	901年に流された大宰府にて、菅原道真没(59歳)
	905	5	紀貫之ら最初の勅撰和歌集「古今和歌集」を撰進
	927	延長5	藤原忠平ら「延喜式」撰進
	935	承平5	この頃、紀貫之が「土佐日記」を著す
	938	天慶1	空也が京都の市町(いちまち)で庶民に布教
	947	天暦1	北野社(北野天満宮)創建
	948	2	京都に群盗横行
	951	5	醍醐寺五重塔(国宝)落成、下醍醐完成
	957	天徳1	仁和寺桜花の会の記録初見
	960	4	初めて内裏が焼失
	970	天禄1	祇園御霊会が、官祭として毎年挙行されはじめた
	980	天元3	羅城門倒壊、以後再建されなかった
	982		慶滋保胤が「池亭記」を著す
	988	永延2	「京都」が地名として用いられた
	990	正暦1	西寺焼亡
	1000	長保2	中宮定子が皇后　女御彰子が中宮となる
	1001	3	この頃、「枕草子」成る(清少納言)
	1008	寛弘5	この頃、「源氏物語」成る(紫式部)
	1010	7	「紫式部日記」成る
	1016	長和5	藤原道長、摂政に就任
	1040	長暦4	「和漢朗詠集」(藤原公任撰)成る

政治	西暦	和暦	事　項　　白地斜体は京都関係以外の出来事
	1048	永承3	法界寺「阿弥陀像」
	1051	6	前九年の役(～1062)
			法界寺(日野薬師)創建
	1052	7	この年より末法に入る。平等院創建
	1053	天喜1	平等院鳳凰堂建立。「阿弥陀像」(定朝作)
	1060	康平3	更級日記成る(菅原孝標女(すがわらのたかすえのむすめ))
	1077	承保4	白河(現左京区岡崎)に法勝寺が創建される。いわゆる「六勝寺」の初め
	1083	永保3	後三年の役(～1087)
	1086	応徳3	白河上皇、鳥羽殿造営(院政はじまる～1129)
	1094	嘉保1	即成院「阿弥陀二十五菩薩」の内十体
	1096	永長1	田楽踊、洛中洛外を席捲(永長の大田楽)
	1106	嘉承1	この年以後、「今昔物語集」成る
	1115	永久3	醍醐寺三宝院建立
	1121	天暦1	醍醐寺釈迦堂(金堂)及び上醍醐の薬師堂(国宝)再建(現存)
	1130	大治5	法金剛院建立
	1132	長承1	平忠盛、院の昇殿を許される
			この頃、「鳥獣人物戯画」(国宝)成る
	1144	天養1	青蓮院はじまる
	1154	仁平4	やすらい祭の創始
	1156	保元1	保元の乱起こる
	1159	平治1	平治の乱おこる
	1161	永暦2	後白河法皇が法住寺殿を作り御所とする
	1164	長寛2	蓮華王院(三十三間堂)、法住寺殿の中に建立
	1165	永万1	牛若、鞍馬寺に入れられる。
	1167	仁安2	平清盛、太政大臣に就任。日宋貿易はじまる
	1175	安元1	源空(法然)が初めて専修念仏を唱えた(浄土宗)
	1177	3	平安京大火(太郎焼亡)、翌年も(次郎焼亡)。鹿ヶ谷事件起こる
	1179	治承3	後白河法皇「梁塵秘抄」を編む
			清盛、院政を停止し、後白河法王幽閉
	1180	4	福原遷都。半年足らずで平安京に戻る
			源頼朝、伊豆で挙兵
	1181	養和1	清盛没(64歳)、後白河法皇院政再開
	1182	寿永1	神護寺再興
	1183	2	木曽義仲入京、法住寺殿焼打ち
	1185	文治1	壇ノ浦合戦、平氏滅亡。頼朝、全国に守護・地頭置く
	1186	2	後白河法皇「寂光院大原御幸」
	1190	建久1	源頼朝入京
	1191	2	栄西、日本に始めて臨済宗を伝える
鎌倉時代	1192	3	源頼朝征夷大将軍に就任
	1200	正治2	神護寺「源頼朝・平重盛像」
	1202	建仁2	建仁寺創建
	1205	元久2	藤原定家ら「新古今和歌集」を撰進
	1206	建永1	高山寺はじまる
	1212	建暦2	鴨長明が「方丈記」を著す
			健保年間(1213～19)　「宇治拾遺物語」成る
	1219	承久1	源実朝横死し、源氏滅亡
			「北野天神縁起絵巻」(伝藤原信実筆)描かれる
	1221		承久の乱、結果、六波羅探題が設置される。法界寺阿弥陀堂焼亡
	1224	元仁1	親鸞、浄土真宗開宗
	1226	嘉禄2	法界寺(日野薬師)阿弥陀堂)再建(現存)
	1227	安貞1	大報恩寺(千本釈迦堂)はじまる。本堂(釈迦堂)(国宝)
			内裏が焼失、以後再建されなかった
			道元、曹洞宗開宗
	1229	寛喜1	実相院開創
	1232	貞永1	御成敗式目制定
	1234	文暦1	知恩院創建
	1253	建長5	日蓮、日蓮宗を唱える。翌年、「立正安国論」著す
	1255	7	東福寺建立。泉涌寺「楊貴妃観音」
			亀山殿(後の天龍寺)が造営
	1266	文永3	三十三間堂本堂再建(現存)
	1272	9	親鸞の遺骨を移し、吉水の北辺に仏閣を建てた(本願寺の創始)
	1274	11	文永の役(蒙古襲来)、弘安の役(1281年)
			一遍入京(時宗の創始)
	1279	弘安2	清涼寺で融通大念仏(嵯峨大念仏狂言の始まり)
	1291	正応4	南禅寺創建
	1294	永仁2	日蓮の高弟日像が入京、以後、法華宗(日蓮宗)が京都に広まる
	1297	5	永仁の徳政令(鎌倉幕府9代執権北条貞時が発令した、日本で最初の徳政令)
	1300	正安2	壬生大念仏狂言はじまる

政治	西暦	和暦	事　項　　白地斜体は京都関係以外の出来事
	1315	正和 4	大徳寺創建
	1324	正中 1	正中の変起こる
	1330	元徳 2	徒然草成る(吉田兼好)
	1331	元弘 1	元弘の変起こる
	1333	3(正慶2)	北条氏滅び、鎌倉幕府滅亡
	1334	建武 1	建武の新政。五山制度改新
南北朝時代(~1392)	1336	延元 1(建武3)	尊氏、建武式目を制定
	1337	2(建武4)	妙心寺創建
	1338	3(暦応1)	尊氏、征夷大将軍に就任。正式に室町幕府成立
	1339	4(暦応2)	「西方寺」を再興、西芳寺(苔寺)と号す
室町時代			亀山殿を改めて禅寺とし、天龍寺創建
	1350	正平 5	観応の乱起こる
	1357	延文 2	この頃までに『菟玖波集』(准勅撰連歌撰集)が編纂された。
	1371	応安 4(建徳2)	太平記成る
	1375	永和 1	観阿弥清次・世阿弥元清父子が今熊野で猿楽を演じた
	1378	天授 4	足利義満が今出川室町に室町殿(花の御所)を造営
	1382	永徳 2(弘和2)	相国寺はじまる
	1386	至徳 3	臨済禅の京都五山定める
	1392	明徳 3(元中9)	南北朝の統一。これ以後、内裏は東洞院土御門内裏に定着。
	1397	応永 4	山荘北山殿造営はじまる
	1398	5	金閣(舎利殿)竣工
	1401	8	日明貿易はじまる。1404年勘合貿易はじまる
	1428	正長 1	正長の土一揆起こる
	1440	永享 12	法観寺(八坂の塔)再建(現存)
	1441	13	嘉吉の乱起こる
	1450	宝徳 2	龍安寺創建
	1462	寛正 3	池坊専慶が佐々木大邸で立花を行う
	1467	応仁 1	応仁の乱勃発 ～ 1477
	1474	文明 6	加賀国で一向一揆起こる
	1478	10	蓮如が信証院を堺から山科に移した(山科本願寺の創建)
	1480	12	この頃、一条兼良が『尺素往来』を著す
	1482	14	東山山荘(東山殿)の造営はじまる。翌年、義政移り住む
	1484	16	吉田兼倶(かねとも)、唯一神道(吉田神道)を唱える
	1485	17	山城国一揆こる(～1493)
	1486	18	銀閣寺東求堂(国宝)建立(義政の持仏堂)
	1488	長享 2	加賀国で一向一揆起こる(～1580)
	1489	3	銀閣(観音殿)(国宝)が上棟
	1490		義政没(55歳)し、銀閣寺開創
	1495	明応	宗祇らの「新撰菟玖波集」成る
	1499		龍安寺石庭造園(説話あり)
	1500		応仁・文明の乱で途絶えていた祇園会が再興
	1526	大永 6	村田宗珠らの下京茶湯が盛んになる
	1536	天文 5	天文法華の乱起こる
	1542	11	法華宗21か寺に洛中帰還の許しが出る
	1543	12	鉄砲伝来(種子島にポルトガル船が漂着)
	1549	18	キリスト教伝来(フランシスコ・ザビエル鹿児島に上陸、1551年、11日間入京)
	1551	20	南蛮貿易はじまる
	1560	永禄 3	桶狭間の戦い起こる
	1565	8	上杉本「洛中洛外図屏風」(国宝)(狩野永徳筆)
	1568	11	織田信長が足利義昭を擁して入京
	1569	12	信長、二条御所(旧二条城)設置(1582年焼失)
	1571	元亀 2	盂蘭盆会の風流踊が華麗を極める
			信長、比叡山延暦寺焼き討ち
安土・桃山時代	1573	天正 1	信長、上京焼打ち、足利義昭を追放(室町幕府滅亡)
	1576	4	南蛮寺(バテレンの寺)建立
	1579	7	楽長次郎が千利休の指導で茶碗をつくり、楽焼を始める
	1582	10	本能寺の変と、山崎の戦い起こる。太閤検地はじまる
	1583	11	秀吉、大坂城築城はじめる
	1584	12	秀吉、比叡山を再興
	1585	13	秀吉、関白就任
	1587	15	秀吉、バテレン(宣教師)追放令
			秀吉、北野大茶湯催す。内野に聚楽第造営
	1588	16	諸国の刀狩令
	1589	17	大仏殿と五条大橋が建造された
	1590	18	三条大橋が建造され、京の東の玄関口となる。
			全国を統一した秀吉が、洛中町割整備(京都の街の基本形成る)
	1591	19	本願寺(西本願寺)が、大坂から現在の場所へ移る
			秀吉が京都の外周に御土居を築きはじめる

政治	西暦	和暦	事　項　　白地斜体は京都関係以外の出来事
			士・農・工・商の身分法を定む
			千利休自刃
	1592	文禄 1	文禄の役(朝鮮出兵)起こる。1597年慶長の役
			秀吉、「指月の岡」に別荘造営。翌年から城郭化〈伏見城(指月城)〉
	1596	慶長 1	慶長大地震で方広寺大仏(前年完成)、伏見城(指月城)倒壊
	1597	2	新たな伏見城(木幡山城)築城完成、秀吉・秀頼が入城
	1598	3	醍醐寺秀吉の花見。伏見城(木幡山城)にて豊臣秀吉没(63歳)
	1599	4	前年没した秀吉の墓が阿弥陀峰に作られた。山麓には秀吉を祀る豊国社が創建
	1600	5	智積院建立はじまる
	1600	5	戦いで伏見城(木幡山城)炎上、関ケ原の戦い起こる
江戸時代	1602	7	家康が伏見城を再建し、居城とする
			家康の援助で東本願寺の分立(東西分立)
	1603	8	家康、征夷大将軍に就任(徳川幕府開設)
			家康が二条城造営
			出雲の阿国が北野で、「かぶき踊り」を始めた(阿国歌舞伎の初見)
	1606	11	高台寺創建
			三十三間堂の通矢で浅岡平兵衛、天下一の名を得る
			角倉了以が大堰川を整備
	1607	12	秀吉の朝鮮出兵後はじめて朝鮮通信使が入洛
			北野天満宮本殿(国宝)等社殿再建。秀頼による寺社の復興が盛んとなる
	1611	16	角倉了以が高瀬川を開削工事はじめる。1614年完工
			二条城の御殿において、徳川家康と豊臣秀頼の会見が行われる
	1614	19	方広寺鐘銘事件起こる
	1615	20	大坂夏の陣で大坂城落城。豊臣秀頼、淀君自害。
	1615	元和 1	武家諸法度・禁中並公家諸法度を定める
			光悦、家康から鷹峯の地を拝領
			桂離宮(八条宮智仁親王が簡素な建物を営んだのが創始。古書院の原型)
	1616	2	徳川家康没(73歳)
	1619	5	五人組制度定める
			家康伏見城放棄決定、1623年廃城
			南座などの芝居小屋ができる
	1620	6	徳川和子(東福門院)が後水尾天皇中宮として入内
			桂離宮造営はじまる(～1624)
	1623	9	家康伏見城の廃材で、淀城(新淀城)が築かれた
	1626	寛永 3	後水尾天皇、二条城行幸
			二条城増築。現在の規模になる。狩野探幽らが、二の丸御殿の襖絵を描く
	1629	6	紫衣事件起こる。女歌舞伎等禁止
	1630	7	仙洞御所建造
	1633	10	第一次鎖国令定める
	1634	11	清水寺本堂と舞台(国宝)、奥の院再建(現存)
			徳川家光上洛
	1635	12	参勤交代制度化
	1637	14	島原の乱・天草一揆(～1638)
	1640	17	遊里が六条三筋町から朱雀野に移され、島原と呼ばれる
	1641	18	石川丈山が一乗寺に隠棲し詩仙堂を営んだ
	1642	19	延暦寺根本中堂再建(現存)
	1644	正保 1	東寺五重塔(国宝)再建(現存)
			江岑宗左が千宗旦より家督を相続(表千家)
			千宗旦が今日庵を建てて、隠居(裏千家)
	1655	明暦 1	修学院離宮造営はじまる
	1658	4	桂離宮(この年と寛文3年(1663)の第三次造営で完成)
	1658	万治 1	最初の京名所記『京童』刊行(狂歌師中川喜雲)
	1659	2	後水尾天皇が修学院に別荘(修学院離宮)を造営、一応の完成をみた
	1661	寛文 1	黄檗山萬福寺創建
	1662	2	儒学者伊藤仁斎が堀川下立売上るに私塾を開く(古義堂)
			大文字で五山送り火が、年中行事と記されていた
	1670	10	鴨川の石堤(寛文新堤)が完成し、祇園社外六町が開かれる
	1685	天和	売茶翁高遊外が煎茶道を始める
	1687	貞享 4	生類憐れみの令(～1709)
			宮崎友禅・小袖模様を友禅染と称す
	1689	元禄 2	松尾芭蕉、奥の細道の旅に出る
	1691	4	芭蕉、向井去来の草庵に滞在し、『嵯峨日記』を記す
	1694	7	賀茂祭(葵祭)再興
	1702	15	赤穂浪士討ち入り

京都関係年表3　江戸～平成

白地斜体は京都関係以外の出来事

江戸時代

政治	西暦	和暦	事項
江戸時代	1708	宝永5	銭座で大銭鋳造。宝永の大火起こる
	1717	享保2	泉涌寺「大涅槃図」(明誉古澗筆)
	1729	14	石田梅岩が「石門心学」の講釈をはじめる
	1730	15	西陣焼け起こる
	1745	延享2	西陣高機織中間成立
	1754	宝暦4	山脇東洋、六条牢屋敷で日本で初めての人体解剖
	1780	天明	「都名所図会」(秋里籬島編)刊行、ベストセラーに
	1788	8	天明の大火起こる
	1789	寛政1	この頃には金閣寺がすでに拝観料を微収し、有名寺院の一般拝観のシステム成立
	1790	2	天明の大火で焼失の御所(京都御所)が、平安時代の様式を模した復古様式で再建
			冷泉家再建(現存唯一の公家屋敷)
	1821	文政4	伊能忠敬没後、大日本沿海実測地図完成
	1827	10	頼山陽「日本外史」成る
	1830	天保1	大地震続く(～1832年)
	1833	4	安藤広重の東海道五十三次できる。
	1839	10	蛮社の獄起こる
	1853	嘉永6	ペリー率いるアメリカ東インド艦隊、浦賀沖に到着、開国迫る
	1854	7	仙洞御所焼失。現在、庭園と茶室が残る
	1855	安政2	禁裏御所再造
	1858	5	安政の大獄はじまる(～1859)
	1862	文久2	薩摩藩士による「寺田屋騒動」起こる
			皇女和宮、将軍家茂と婚儀
	1863	3	上賀茂神社本殿・権殿(ともに国宝)再建(現存)
			下鴨神社本殿(国宝)再建(現存)
			七卿都落ち　尊皇攘夷派排撃される
			幕府浪士組上洛、新撰組結成
			将軍徳川家茂が上洛
	1864	元治1	池田屋事件起こる
			禁門の変(蛤御門の変)起こる(どんどん焼け)
	1866	慶応2	薩長同盟成立。龍馬が幕吏に襲われる。慶喜15代将軍就任
	1867	3	大政奉還の儀が二条城で行われる。王政復古、徳川幕府終わる

明治時代

政治	西暦	和暦	事項
明治時代	1868		五箇条の御誓文。戊辰戦争はじまる(鳥羽・伏見の戦)
	1868	明治1	明治維新。京都府がおかれる。神仏分離令により廃仏毀釈運動盛ん。
	1869	2	東京遷都。京都御苑、苑地として整理
			京都市上京第27番組小学校開校(日本で初めての小学校・柳池小学校)
	1870	3	西高瀬川開削
	1871	4	廃藩置県。岩倉使節団、欧米出発
			西本願寺大書院で日本最初の博覧会が開催
	1872	5	東京・横浜間に鉄道開通
			学制がしかれる
			都をどり催される
			清水寺舞台からの飛び降り禁止
			新京極開通
	1875	8	新島襄、同志社英学校開く
	1877	10	初代京都駅(七条ステンショ)竣工、京都・大阪・神戸間開通(現JR東海道線)
	1883	16	旧公家町が整理され、現京都御苑の骨組みがほぼ完成
	1884	17	岡倉天心・フェノロサ、古社寺歴訪を命じられる。
	1885	18	「日出新聞」(京都新聞の前身)創刊
			疏水工事開始
	1886	19	円山公園開園
	1888	21	水路閣完成
	1889	22	大日本帝国憲法が発布される
			市制施行、市制特例で京都市がつくられ、第一回市会議員選挙実施
			第三高等中学校が大阪から左京区吉田に新築移転(後の三高)
	1890	23	琵琶湖第一疏水完成。翌年から日本初の水力発電が始まる
			第一回衆議院選挙実施
	1891	24	インクライン運転はじまる
			大津事件起こる
	1894	27	日清戦争起こる(～1895)
	1895	28	鴨川をどり復活再開
			日本初のチンチン電車が走る(塩小路東洞院～伏見下油掛)
			第4回内国勧業博覧会開催
			平安神宮、平安奠都(てんと)1100年祭を記念して創建。時代祭はじまる
	1897	30	帝国京都博物館(現京都国立博物館)開館
	1902	35	大谷探検隊(大谷光瑞案)、中央アジアに出発
	1903	36	京都市紀念動物園開園
	1904	37	日露戦争起こる(～1905)
			岡崎公園開園

大正時代

政治	西暦	和暦	事項
大正時代	1908	41	京都市三大事業着手(第二琵琶湖疏水事業・水道事業・道路拡幅並電気軌道敷設事業)
	1912	45	三大事業完成。市電開通
	1914	大正3	第一次世界大戦起こる(～1918)
			円山公園改良完成
	1915	4	大正天皇即位大礼(京都御所)
	1920	9	同志社大学、龍谷大学、大谷大学、立命館大学が発足
			国際連盟に正式加入、常任理事国になる
			高瀬川廃止
	1923	12	関東大震災起こる
			大典記念京都植物園(現京都府立植物園)開園
	1925	13	治安維持法・普通選挙が定められる

昭和時代

政治	西暦	和暦	事項
昭和時代	1926	昭和1	京都学連事件に初の治安維持法適用
	1927	2	中央卸売市場開業(日本初の中央卸売市場)
	1928	3	京都市営バス運転はじまる(出町～植物園)
	1932	7	日本最初のトロリーバス走る(四条大宮～西院)
	1933	8	全国で2番目の公立美術館である大礼記念京都美術館(現京都市美術館)が竣工
			国際連盟脱退
	1934	9	室戸台風により、甚大な被害受く
	1937	12	日中戦争起こる
			みやこめっせ(京都市立勧業館)竣工
	1939	14	二条離宮を京都市に移管、二条城と改称
	1941	16	太平洋戦争起こる
	1945	20	広島、長崎に原爆落とされる。ポツダム宣言受諾、敗戦。
			連合国軍が市内に進駐、丸紅ビル・植物園・岡崎公園内の施設などが接収される
	1946	21	日本国憲法公布
	1947	22	京都で第一回国民体育大会
			1943年から中止されていた祇園祭復活
	1949	24	湯川秀樹、ノーベル物理学賞受賞
	1950	25	朝鮮戦争勃発(～1953)
			金閣が放火により焼失
			1943年から中止されていた時代祭復活
	1951	26	サンフランシスコ講和条約締結
	1953	28	途中何度も途絶えた葵祭復興
	1955	30	金閣が復原再建(現存)
	1956	31	国際連合加盟
	1957	32	京都市、平和都市宣言
	1960	35	京都会館開館
	1963	38	名神高速道路開通(栗東・京都・尼崎)
	1964	39	京都タワー建設
			東海道新幹線開業(東京駅～新大阪駅間)、東京オリンピック開催
	1966	41	国立京都国際会館開館
	1972	47	梅小路蒸気機関車館開館
	1975	50	東映太秦映画村開村
	1978	53	京都市電廃止
	1981	56	地下鉄烏丸線開通(北大路～京都)
	1987	62	世界歴史都市会議が開かれる
	1988	63	京都府京都文化博物館開館

平成時代

政治	西暦	和暦	事項
平成時代	1989	平成1	琵琶湖疏水記念館開館
	1992	4	立命館国際平和ミュージアム開館
	1994	6	平安建都1200年記念式典
			古都京都の文化財17寺社・城、世界遺産に登録される
	1995	7	阪神・淡路大震災起こる
	1996	8	京都市勧業館(みやこめっせ)新館完成
	1997	9	地下鉄烏丸線、国際会館まで延伸。地下鉄東西線開通(二条～醍醐)
			京都駅ビル4代目開業。(2代目は1914年、3代目は1952年に開業)
			地球温暖化防止京都会議開催
	2005	17	京都迎賓館完成
	2006	18	京都国際マンガミュージアム開館
	2010	22	龍谷ミュージアム開館
	2011	23	東日本大震災起こる
	2012	24	京都水族館開館
	2016	28	ロームシアター京都開館
			京都鉄道博物館開館
			漢字ミュージアム開館
			京都御所・離宮、通年公開となる
	2017	29	京都学・歴彩館開館
	2019	31	JR梅小路京都西駅、開業
			京都経済センター、SUINA室町、開業
令和	2020	令和02	京都市京セラ美術館、リニューアル開館
	2022	令和04	北野天満宮「花の庭」再興

有名文学一覧（年代別）…ユニプランHPにより詳細な京都の文学を掲載しています（PDFファイル）。

例 作品名／作者	ゆかりの場所、舞台（一部）…参照頁
平安	
枕草子／清少納言	清水寺…P40、伏見稲荷大社…P87、京都御所（清涼殿）…P24、泉涌寺…P35
源氏物語／紫式部	嵐山寺…P24、野宮神社…P77、大覚寺…P82、貴船神社…P62、平等院…P95
更級日記／菅原孝標女	鞍馬寺…P62
鎌倉	
方丈記／鴨長明	下鴨神社…P26
平家物語／作者・成立年代ともに不明	八坂神社…P45、寂光院…P60、祇王寺…P79、六波羅密寺…P42、長楽寺…P45
徒然草／吉田兼好	仁和寺…P73、妙心寺…P70
江戸	
東海道中膝栗毛／十返舎一九	三条大橋…P21、清水寺…P40、方広寺…P38、三十三間堂…P36
嵯峨日記／松尾芭蕉	落柿舎…P78
明治	
虞美人草／夏目漱石	比叡山…P61、天龍寺…P77
大正	
羅生門／芥川龍之介	東寺…P12、千本通り（朱雀大路）…P7A5
高瀬舟／森鷗外	高瀬川…P22、木屋町…P21
檸檬／梶井基次郎	丸善京都店（2005年10月閉店）、SACRAビル…P20
暗夜行路／志賀直哉	京都各所
昭和	
細雪／谷崎潤一郎	平安神宮…P49、清涼寺…P81、円山公園…P45
金閣寺／三島由紀夫	金閣寺…P68
古都／川端康成	北山杉、高山寺…P85
雁の寺／水上勉	相国寺塔頭瑞春院…P23
竜馬がゆく／司馬遼太郎	寺田屋…P88、池田屋…P21、京都御苑…P24
平成	
鴨川ホルモー／万城目学	吉田神社…P7C1、上賀茂神社…P63、鴨川デルタ（下鴨神社南）…P26、祇園祭…P45
有頂天家族／森見登美彦	下鴨神社…P26、京都各所
珈琲店タレーランの事件簿／岡崎琢磨	京都各所

京都の伝統工芸品

例 名称	体験処・関連施設
概要	

西陣織 ｜ 織成館・西陣織会館 etc…
渡来人である秦氏の一族が養蚕と絹織物の技術を伝えたことが始まりとされる京都を代表する高級絹織物

京鹿の子絞 ｜ 京都絞り工芸館・染匠よしかわ etc…
絞り染めは布を糸でくくって防染し、浸し染めをして模様をあらわす染色。発祥はインドとされ、世界各国の民族衣装に使われている。

京友禅、京小紋 ｜ 京都伝統産業ふれあい館・クラフトやまむら etc…
友禅とは絵画のような多彩な模様をきものにあらわす染めの技術。小紋とはもともと武士の裃にあるような小さな文様を、一色で型染めしたもの。現在では大きさや色などバリエーションは多い。

京繍 ｜ 中村刺繍・中村刺繍店 etc…
古くは十二単（平安時代）、武将の胴服（鎌倉時代）、能衣装（室町時代）にも用いられ、現在でも幅広い製品を作り出している。京繍の技法は、現在約30種類にもなる。

京くみひも ｜ 安達くみひも館・西陣工房 etc…
古くより武士の鎧 兜 などに用いられ、現在では羽織紐など和装用などに用いられている絹糸を組み合わせて作る紐。基本的な組み方だけでも、40種類以上あるといわれている。

京黒紋付染 ｜ 玄の工房 etc…
現在でも結婚式などで需要が高い黒紋付羽織袴を染める伝統技術。室町時代には染料に含まれるタンニンが刀を通さないほど絹地を強くし、護身用として使われた。

京仏壇、京仏具 ｜ 小堀京仏具工房・吉田源之丞老舗 etc…
仏教文化の都である京都は仏壇・仏具の一大産地となっている。宗派によって仏壇の様式もさまざまなことから、大量生産が困難で、木工・金工・漆工などあらゆる技術を駆使した手作りの総合工芸品として名高い。

京漆器 ｜ 五明・京漆匠 象彦 京都寺町本店 etc…
もとは中国から伝えられたとされ、木や紙などに漆を塗り重ねて作る伝統工芸品。その種類も生活用具だけでなく、仏具、武器、文房具など多岐にわたっている。

京指物（京の木工芸） ｜ 御池・竹又中川竹材店 etc…
金物の釘や接合道具を使わずに、木と木を組み合わせる組み手という技法のことなどをいい、室町時代に茶道文化の確立ともに発展していった。京箪笥・棚・机・椅子・下駄など素材の木目の美しさが活かされ用途は多岐にわたる

京焼・清水焼 ｜ コトブキ陶春・森陶器館 etc…
一般的に安土桃山時代から茶の湯の流行と普及を背景に、東山を中心に広がったやきものの総称。手作手描の高度な技術と多品種少量生産を特色とする。

京扇子、京うちわ ｜ 舞扇堂・京扇堂 etc…
扇子は平安時代に木簡を元に、京都において制作されたものと考えられている。室町時代以降、茶道、舞踊などの発展に伴い、それぞれに用いられる扇子も作られるようになった。

京石工芸品 ｜ 芳村石材店 etc…
石仏、石塔、石燈籠など石造文化は、仏教伝来とともに大きく発展した工芸品。特に石燈籠は桃山時代以後、茶道の流行に伴い日本庭園の欠かせない主役となっている。

京人形 ｜ 京人形本家かつら・田中彌 etc…
平安時代のひいな人形が始まりとされる高級日本人形。雛人形をはじめ、五月人形、浮世人形、風俗人形、御所人形、市松人形などがある。

京表具 ｜ 静好堂中島・弘誠堂 etc…
平安時代にお経や書画に布地を貼って補強するためのものであったが、後に掛軸、屏風、襖など一般家庭の日常生活に使われるほど浸透した工芸品。

107

社寺国宝建造物（五十音順）※一部

※公開時期等が限られている建造物もある。

例 名称…参照頁		
棟名	時代	主な建築形式
宇治上神社…94		
拝殿	鎌倉	切妻造
本殿	平安	流造
延暦寺…61		
根本中堂	江戸	入母屋造
賀茂御祖神社（下鴨神社）…26		
東本殿・西本殿	江戸	三間社流造
賀茂別雷神社（上賀茂神社）…63		
権殿・本殿	江戸	三間社流造
教王護国寺（東寺）…12		
金堂	桃山	入母屋造
五重塔	江戸	三間五重塔婆
大師堂（西院御影堂）	室町	入母屋造
蓮花門	鎌倉	切妻造
観智院（教王護国寺塔頭）…12		
客殿	桃山	入母屋造
広隆寺…75		
桂宮院本堂	鎌倉	八角円堂
高山寺…85		
石水院（五所堂）	鎌倉	入母屋造
慈照寺（銀閣寺）…54		
銀閣	室町	宝形造
東求堂	室町	入母屋造
清水寺…40		
本堂	江戸	寄棟造
大徳寺…64		
方丈及び玄関	江戸	入母屋造
唐門	桃山	切妻造
大仙院（大徳寺塔頭）…64		
本堂	室町	入母屋造
大報恩寺（千本釈迦堂）…27		
本堂	鎌倉	入母屋造
醍醐寺（下醍醐）…90		
金堂	平安	入母屋造
五重塔	平安	三間五重塔婆
醍醐寺三宝院…90		
表書院（殿堂）	桃山	入母屋造
唐門	桃山	三間一戸平唐門
醍醐寺（上醍醐）…90		
清滝宮拝殿	室町	入母屋造
薬師堂	平安	入母屋造
知恩院…46		
三門・本堂（御影堂）	江戸	入母屋造
東福寺…33		
三門	室町	入母屋造
龍吟庵（東福寺塔頭）…34		
方丈	室町	入母屋造
南禅寺…50		
方丈	桃山	入母屋造
二条城二の丸御殿…30		
遠侍及び車寄・式台・大広間・蘇鉄之間・黒書院（小広間）・白書院（御座の間）	江戸	入母屋造
西本願寺…16		
阿弥陀堂	江戸	入母屋造
黒書院	江戸	寄棟造
御影堂	江戸	入母屋造
伝廊	江戸	両下造
書院（対面所及び白書院）	江戸	入母屋造
唐門・飛雲閣・北能舞台	桃山	入母屋造
仁和寺…73		
金堂	桃山	入母屋造
平等院鳳凰堂…95		
両翼廊（北・南）	平安	宝形造
尾廊	平安	切妻造
中堂	平安	入母屋造
法界寺…92		
阿弥陀堂	鎌倉	宝形造
豊国神社…38		
唐門	桃山	入母屋造
北野天満宮…28		
本殿、石の間、拝殿及び楽の間	桃山	権現造
蓮華王院（三十三間堂）…36		
本堂	鎌倉	切妻造
八坂神社…45		
本殿	江戸	祇園造

寺院別仏像一覧（50音順）

寺院に伝わる仏像を寺院五十音順に列記しました。古い謂れを持つものがほとんどで、文化財となっているものも少なくありません。普段から公開され観光的な意味で名物になっているものもありますが、全て信仰の対象としての仏様であることをご注意ください。少人数でのお参りには、寺の行事が無い場合とか、ご案内の方がいる時など可能な日もあるようです。

> **例** 寺院別仏像一覧（50音順）…参照
> お堂など（○：常時公開、△：限定公開）※太字は国宝
> 備考

化野念仏寺…80
○：本尊阿弥陀如来像（湛慶作）

禅林寺（永観堂）…52
○阿弥陀堂（本堂）：木造阿弥陀如来立像（みかえり阿弥陀）（本尊）
京都六阿弥陀仏の第二番札所

延暦寺…61
○横川中堂：本尊木造聖観音立像（慈覚大師作と伝わる）
○東塔の大講堂：本尊大日如来像
比叡山で修行した各宗派の宗祖の木像（日蓮、道元、栄西、円珍、法然、親鸞、良忍、真盛、一遍）
○東塔の文殊楼：本尊文殊菩薩像
○東塔の阿弥陀堂：本尊阿弥陀如来像

愛宕念仏寺…80
○本堂：本尊千手観音像
地蔵堂にあたご本地仏「火除地蔵菩薩」、境内に1200体の石造羅漢像

戒光寺（丈六さん）…35
○本堂：本尊釈迦如来立像（運慶・湛慶作）
昔は大きな仏像を「丈六」と呼んだ。身の丈5.4m、光背と台座を含め約10m。寄木造り。

勧修寺…89
○：本尊千手観音立像
醍醐天皇の等身像と伝え、現存の像は室町時代頃の作

清水寺…40
○阿弥陀堂：本尊木造阿弥陀如来坐像
京都六阿弥陀仏の第三番札所
○釈迦堂：本尊木造釈迦如来坐像、釈迦如来脇侍（木造普賢・文殊菩薩坐像）
○善光寺堂：木造如意輪観世音菩薩坐像
洛陽三十三観音の第十番札所

鹿苑寺（金閣寺）…68
○不動堂（堂外より）：木造不動明王立像（西園寺護摩堂旧日本尊）

鞍馬寺…62
△霊宝殿：一木造毘沙門天立像、木造吉祥天立像、木造善膩師童子立像、木造仁王像2躯、木造兜跋毘沙門天立像、木造聖観音菩薩立像
3/1～12/11公開。

建仁寺…42
○法堂：本尊釈迦如来坐像、脇侍迦葉尊者・阿難尊者
○大方丈：本尊十一面観音菩薩像
東福門院の寄進

高山寺（栂尾）…85
○石水院：鳥獣戯画写し、明恵上人樹上坐禅像写し、善財童子など展示

広隆寺…75
○新霊宝殿：弥勒菩薩半跏思惟像（宝冠弥勒）、弥勒菩薩半跏思惟像（泣き弥勒）、阿弥陀如来坐像、不空羂索観音立像、千手観音立像、木造十二神将立像、他重文等多数
そのほとんどが木造の仏像。赤松の一木彫の宝冠弥勒は国宝第一号。太子殿の聖徳太子立像は11/22（誕生日）に開扉
○講堂：木造虚空蔵菩薩坐像、木造地蔵菩薩坐像

金戒光明寺（黒谷さん）…53
△：木造千手観音立像（吉備観音）
FAX申込（075-771-0836）。もとは吉備真備が吉田寺に安置したもの。

西明寺…85
○本堂厨子内：木造釈迦如来立像（運慶作）、木造千手観音立像、愛染明王像
本尊は清涼寺式の立像。使った倍のお金が返ってくるお守りがある

蓮華王院（三十三間堂）…36
○：中尊木造千手観音坐像（湛慶作）、木造二十八部衆立像、木造風神・雷神像、木造十一面千手千眼観世音菩薩立像1001躯（内124体現存、他は鎌倉時代の補作）

三千院…59
○往生極楽院：木造阿弥陀如来坐像及び両脇侍（勢至・観音菩薩坐像）（伝・源信作）
三尊が西方極楽浄土から迎えに来る姿で、両脇侍は正座をしている（大和坐り）。
○金色不動堂：木造金色不動明王立像（伝・智証大師作）
○宸殿：木造救世観音半跏像、毘沙門天立像、阿弥陀三尊立像、如意輪観音立像

地蔵院（竹の寺）…83
○本堂（地蔵院）：本尊木造地蔵菩薩（谷の地蔵、伝・最澄）
左右に夢窓国師とその高弟・宗鏡禅師、細川頼之の木像を安置

相国寺…23
○承天閣美術館：釈迦如来坐像など仏像収蔵、展示未定
金閣寺の大書院を再現し、そこに伊藤若冲の「葡萄図」「芭蕉図」を復元
△法堂（仏殿）：本尊釈迦如来像（伝・運慶作）
天井の蟠龍図は狩野光信筆（鳴き龍）。春秋に特別公開。

麟林院…59
○本堂他：木造法然上人像、踏出阿弥陀如来立像（本尊・丈六）（脇侍に不動明王・毘沙門天立像）、普賢菩薩像、木造十一面観音菩薩像

神護寺…84
△：木造薬師如来立像（本尊）、木造五大虚空蔵菩薩（多宝塔）、乾漆造薬師如来立像、木造愛染明王坐像、板彫弘法大師像、木造毘沙門天立像（毘沙門堂）、木造日光・月光菩薩立像、他
金堂本尊木造薬師如来像のみ常時公開。国宝五大虚空蔵菩薩は予約制。他は非公開（虫払い（5月）に展観）。

真正極楽寺（真如堂）…53
△本堂（11/15 ご開帳）：木造阿弥陀如来立像（うなづきの弥陀）
長野の善光寺、京都の清涼寺、真如堂の阿弥陀如来を日本三如来という。
京都六阿弥陀仏の第一番札所

清涼寺（嵯峨釈迦堂）…81
△霊宝館：阿弥陀三尊坐像（脇侍は観音・勢至両菩薩像）、本尊釈迦如来立像（複製）、木造兜跋毘沙門天立像、木造十大弟子立像、木造文殊菩薩騎獅像、木造四天王立像4躯、木造帝釈天騎象像、普賢菩薩騎象像
4・5・10・11月に開館。本尊はインド、中国、日本と三国伝来の釈迦如来（清涼寺式釈迦像）。阿弥陀三尊像は源融がモデルという

泉涌寺…35
○心照殿（宝物館）：泉涌寺および塔頭寺院所蔵の文化財を順次公開
○仏殿：過去・現在・来世を表わす三世如来像（釈迦・弥陀・弥勒）（本尊）（伝・運慶作）
長方形の天井の龍の図、本尊背後の白衣観音図は狩野探幽画
○楊貴妃観音堂：本尊木造観音菩薩坐像
本尊（等身大）は楊貴妃観音と呼ばれ、脇侍に羅漢像を安置

引接寺（千本閻魔堂）…27
△本堂：本尊閻魔法王坐像、両脇に司命像・司録像（定勢作、長享2年（1488））
毎月16日開扉

大報恩寺（千本釈迦堂）…27
○霊宝館：木造釈迦如来坐像（行快作）、一木造十大弟子立像（快慶作）、木造千手観音立像（伝・菅原道真作）、木造六観音菩薩像（定慶作）、銅造釈迦誕生仏立像
他におかめ像。

即成院（東福寺塔頭）…33
△本堂：木造阿弥陀如来坐像、木造二十五菩薩坐像（本尊）
定朝とその弟子の作。15躯は江戸時代の補作。那須与市の墓と伝えられる約3mの石造宝塔がある

大覚寺…82
△収蔵庫安置：本尊五大明王像（大威徳・軍荼利・金剛夜叉・降三世各明王立像、不動明王坐像、全て木造で明円作）、木造大威徳明王騎牛像、木造軍荼利明王立像（全て秘仏）
特別公開あり。
○五大堂（本堂）：五大明王像（金剛夜叉・降三世・不動・軍荼利・大威徳）
昭和50年松久朋琳、宗琳仏師の合作

醍醐寺…90
△霊宝館・宝瓶院：木造薬師如来及両脇侍像（旧上醍醐薬師堂安置）（平成館内陣）、木造兜跋毘沙門天立像、木造聖観音立像、木造如意輪観音坐像、木造不動明王坐像（快慶作、1192年）、木造地蔵菩薩立像、木造帝釈天騎象像、木造吉祥天立像、木造閻魔天像など
春秋開館。国宝薬師如来は開館時公開、重文各像は順次公開
○金堂：木造薬師如来及両脇侍像（日光・月光菩薩）、四天王立像
○西大門（仁王門）には木造金剛力士立像（仁王像）

教王護国寺（東寺）…12
△宝物館：木造兜跋毘沙門天立像（元羅城門楼上）、木造千手観音立像（旧食堂）、他
日本最古の本格的な密教彫像。3/20～5/25・9/20～11/25開館。
○金堂：木造薬師三尊像（本尊薬師如来坐像、日光・月光菩薩像）、十二神将像
慶長8年（1603）、仏師康正の作といわれている。
○講堂：木造五大菩薩坐像、木造五大明王像、木造梵天・帝釈天像、木造四天王立像、木造五如来（木造大日如来坐像、金剛・胎蔵四仏坐像）
15躯は国宝、5躯は重文。計21躯の密教彫像が所狭しと安置されている。帝釈天半跏像は、仏像界一の美男子といわれる。

等持院…69
○霊光殿：地蔵尊（本尊、伝・空海作）、足利歴代の将軍像、徳川家康像

同聚院（東福寺塔頭）…33
○：木造不動明王坐像（伝・康尚作）
忿怒相の中にも優美さをたたえた藤原美術の代表彫刻。法性寺五大堂に安置されていた五大明王の中尊という

二尊院…79
○本堂：木造釈迦如来立像、木造阿弥陀如来立像、法然上人像
　二尊院の名は、本尊の「発遣の釈迦」と「来迎の阿弥陀」の二如来像による

仁和寺…73
△霊宝館：木造阿弥陀如来及び両脇侍像（阿弥陀三尊像）、文殊菩薩坐像、
　　　　吉祥天立像、悉達太子坐像、愛染明王坐像、増長天立像、多
　　　　聞天立像（いづれも木造）
　4/1 〜 5月第4週曜・10/1 〜 11/23開館

平等院…95
○平等院ミュージアム鳳翔館：木造雲中供養菩薩像26躯（52躯の内）、天
　　　　　　　喜年（1053）、木造十一面観音菩薩立像
　鳳凰堂の屋根上にあった金銅鳳凰1対（現在、屋根上の鳳凰は複製）
○阿弥陀堂：木造阿弥陀如来坐像
　定朝唯一の遺品、天喜元年(1053)作

法界寺（日野薬師）…92
○阿弥陀堂：木造阿弥陀如来坐像
　薬師堂(本堂)の木造薬師如来立像、木造十二神将立像は秘仏

法金剛院…74
○仏殿（本堂）：木造阿弥陀如来坐像（本尊）、木造厨子入十一面観音
　　　　坐像、木造地蔵菩薩立像、木造僧形文殊坐像

法然院…53
△：本尊阿弥陀如来坐像の他、観音・勢至両菩薩像、法然上人立像、萬
　　無和尚坐像
　4/1 〜 7・11/1 〜 7に一般公開

松尾大社…83
○宝物館：木造神像男神坐像・木造神像女神坐像
　日本神像彫刻の遺品中で最古のものといわれている

曼殊院…57
○大書院の仏間：木造慈恵大師像（元三大師像、文永五年（1268）、
　　　　　　本尊阿弥陀如来
　絹本著色不動明王像(黄不動)は、京都国立博物館に寄託

萬福寺…93
△文華殿：韋駄天立像
　申し込み要。隠元が中国人仏師・范道生を招き造像。明末様式は「黄檗様」という
○大雄宝殿：釈迦如来坐像、迦葉尊者立像、阿難尊者立像、十八羅漢像
○祖師堂：達磨大師坐像
○天王殿：弥勒菩薩坐像、韋駄天立像、四天王立像

壬生寺…19
○本堂（堂外より）：本尊木造地蔵菩薩立像、阿弥陀如来三尊像（阿弥
　　　　陀堂）

三室戸寺…93
△宝物殿：木造阿弥陀如来坐像、木造勢至菩薩坐像、木造観世音菩薩坐像、
　　　　木造釈迦如来立像、木造毘沙門天立像
　毎月17日公開。11月中心の土日祝に拝観できる場合もある

妙心寺…70
○仏殿（堂外より）：本尊釈迦如来像、脇侍の迦葉と阿難

妙心寺…70
○大方丈（堂外より）：本尊阿弥陀三尊像

法観寺（八坂の塔）…39
○八坂の塔：本尊木造五智如来像
○太子堂（堂外より）：聖徳太子の3歳と16歳の像
○薬師堂（堂外より）：本尊薬師如来、日光菩薩、月光菩薩、夢見地蔵、
　　　　十二神将像
　五重塔内部二層まで公開されていて、礎石の上の芯柱や本尊を見るこ
　とができる。事前連絡が確実。

来迎院（大原）…60
○本堂：木造薬師如来坐像、木造阿弥陀如来坐像、木造釈迦如来坐像、
　　　　他に聖response大師像など

六道珍皇寺…42
△収蔵庫（薬師堂）：木造薬師如来坐像、地蔵菩薩、毘沙門天像
　事前予約
○閻魔堂（篁堂）（格子越し）：木造閻魔大王坐像（小野篁作）、木造
　　　　　　　　小野篁立像（等身大）

六波羅蜜寺…42
○収蔵庫：空也上人像、薬師如来坐像、地蔵菩薩立像・坐像、四天王立
　　　　像（2躯）、吉祥天立像、閻魔王坐像、弘法大師坐像、平清盛
　　　　像、伝運慶坐像、伝湛慶坐像（いずれも木造）、他
　　　　木造十一面観音立像（秘仏辰歳開帳）

廬山寺…24
△：木造鬼面坐像（鬼大師）
　節分にご開帳。木造如意輪観音半跏像は京都国立博物館寄託

庭園一覧（形式別）
※特別公開・非公開・限定公開を除く

■形式
例
名称【制作年代】…参照　○は国指定名勝
その他

■枯山水
廬山寺　庭園「源氏の庭」【昭和】…24
紫式部邸宅址の碑がある。白砂と苔の緑のコントラストや、桔梗が美しい。
大仙院（大徳寺塔頭）　○書院庭園【室町】…64
室町時代を代表する禅院式の枯山水。龍安寺石庭と並び称される。
高桐院（大徳寺塔頭）　方丈南庭【江戸】…64
楓と竹と苔の庭園。参道は紅葉の回廊となる。
龍源院（大徳寺塔頭）　方丈東庭「龍吟庭」【室町】…64
庭一面の杉苔の中に石組みを配する。
東福寺　本坊庭園【昭和】…33
4つの枯山水（石組の南庭、市松模様の北庭・西庭、北斗七星の東庭）
芬陀院（東福寺塔頭）　庭園【室町（昭和に復元）】…33
雪舟が作庭したと伝わる。
霊雲院（東福寺塔頭）　書院西庭「臥雲の庭」【昭和】…33
渓谷に流れる川と、山腹に湧く雲を表現している。

光明院（虹の苔寺）（東福寺塔頭）　庭園「波心の庭」【昭和】…33
枯池、苔、白砂、多数の石組みは、どの位置から見ても楽しめる。
南禅寺　○方丈庭園「虎の子渡しの庭」【江戸】…50
方丈前に白砂を敷き、築地塀前に樹木・苔、6個の石が配される。
金地院（南禅寺塔頭）　○方丈前庭「鶴亀の庭」【江戸】…50
鶴と亀に徳川家の繁栄を託している。
貴船神社　本宮庭園「天津磐境」【昭和】…62
貴船石で石組みされていて、庭全体が船の形になっている。
金福寺庭園【江戸】…56
白砂と皐月の築山が閑静な佇まいをみせる。
曼殊院　○大書院前庭【江戸】…57
松と杉苔で鶴島・亀島を配置。五葉松・梟手水鉢・キリシタン灯籠など。
地蔵院（竹の寺）　庭園「十六羅漢の庭」【昭和】…83
刈込と十六羅漢に見立てた自然石で構成。周囲は竹林。
龍安寺　○方丈庭園「虎の子渡しの庭」・「七・五・三の庭」【室町】…72
東西25m、南北10m。三方が築地塀（油土塀）で、境内の植栽を借景とする。
退蔵院（妙心寺塔頭）　○方丈庭園「元信の庭」【室町】…70
構図に絵画的な手法が感じられ、小石を敷いて水を表現している。
大心院（妙心寺塔頭）　庭園「阿吽庭」【昭和】…70
三尊石を中心に、苔と白砂と五色17個の岩で構成される。

主な年中行事 ———

古都・京都ならではの伝統を受け継ぐ四季折々の主な年中行事を月ごとに紹介しました。京都旅行に慣れたリピーターの方でもついつい見逃してしまいがちな行祭事、京都旅行時にぜひ予定に組み込んでお楽しみ下さい。

日時内容は変わっている場合もありますので、主催者に問い合わせの上お出かけ下さい。

※市外局番は特記のないものは（075-）

月	日程	行事	場所
1月	1日～3日	二条城庭園お正月公開	二条城（二の丸御殿は観覧休止）
	1日～15日	伏見五福めぐり	☎611-0559 御香宮内洛南保勝会
	1日～31日	都七福神めぐり	都七福神事務局／六波羅蜜寺
	1日～2月15日	京都十六社朱印めぐり	熊野若王子神社 他
	3日	三弘法詣	東寺・仁和寺・神光院
	4日	蹴鞠始め	下鴨神社
	7日	七草粥接待	御香宮
	成人の日	泉山七福神巡り	泉涌寺（御寺）
	8日～12日	十日ゑびす（初ゑびす）大祭	京都ゑびす神社☎525-0005
	14日	法界寺裸踊り	法界寺（日野薬師）
	15日	初六阿弥陀めぐり	真如堂 他
	15日に近い日曜	楊枝のお加持と弓引き初め	三十三間堂
2月	上旬～3月下旬	「梅苑」特別公開	北野天満宮
	2日～4日	節分祭	吉田神社・壬生寺など各社寺
	3日	追儺式鬼法楽	廬山寺
	11日の前後4日間	初午大根焚き法要	三千院
	23日	五大力尊仁王会	醍醐寺
	23日	五大力尊法要	積善院準提堂（聖護院塔頭）☎761-0541
	25日	梅花祭	北野天満宮
3月	1日	嵯峨野トロッコ列車	運行開始（冬季運行休止）
	1日頃～31日頃	観梅祭（小野梅園開園）	随心院
	1日～4月3日	人形展	宝鏡寺☎451-1550
	10日頃	保津川下り川開き	保津川渓谷☎0771-22-5846（保津川遊船企業組合）
	14日～16日	涅槃会	東福寺・泉涌寺など
	14日～15日	清水・青龍会～観音加持～	清水寺
	15日	涅槃会とお松明式	清涼寺（嵯峨釈迦堂）
	20日～4月2日頃	北野をどり	上七軒歌舞練場☎461-0148（上七軒お茶屋協同組合）
	22日	千本釈迦念仏	千本釈迦堂
	最終の日曜	はねず踊り	随心院

月	日程	行事	場所
4月	上旬	平安神宮 桜音夜	平安神宮☎241-6171（京都新聞社「平安神宮 桜音夜」事務局）
	上旬の土曜・日曜程	鴨川茶店	半木の道 ☎711-6322（鴨川を美しくする会）
	上旬からの約2週間	京おどり	宮川町歌舞練場☎561-1151
	1日～15日頃	観桜茶会	平安神宮
	1日～30日頃	都をどり	祇園甲部歌舞練場 祇園甲部歌舞会☎541-3391
	3日	清水・青龍会～観音加持～	清水寺
	第1日曜・第2土日曜	嵯峨大念仏狂言	清凉寺（嵯峨釈迦堂）
	第2日曜	やすらい祭	今宮神社 玄武神社
	第2日曜	賀茂曲水宴	上賀茂神社
	第2日曜	豊太閤花見行列	醍醐寺
	10日	桜花祭	平野神社 ☎461-4450
	20日過ぎの日曜	神幸祭・船渡御	松尾大社
	中旬～6月中旬頃	大原女まつり	大原周辺（左京区大原）☎744-2148（大原観光保勝会）
	20日最寄の日曜～5月3日	稲荷祭	伏見稲荷大社
	第2日曜	吉野太夫花供養	常照寺☎492-6775
	29日	曲水の宴	城南宮
	29日～5月5日	壬生狂言春の公演	壬生寺
5月	1日	〈葵祭〉競馬会足汰式	上賀茂神社
	1日～4日	千本ゑんま堂大念仏狂言	引接寺（千本閻魔堂）
	1日～5日	寺宝虫払行事	神護寺
	1日～24日	鴨川をどり	先斗町歌舞練場☎221-2025
	3日	〈葵祭〉流鏑馬神事	下鴨神社
	5日	〈葵祭〉賀茂競馬	上賀茂神社
	5日	藤森祭（駈馬神事）	藤森神社
	5日	〈葵祭〉歩射神事	下鴨神社
	12日	〈葵祭〉御蔭祭	下鴨神社
	15日	上賀茂やすらい祭	大田神社～上賀茂神社
	15日	葵祭	上賀茂神社・下鴨神社
	第3日曜	三船祭	車折神社・嵐山
	第3日曜・第4日曜	嵯峨祭	愛宕神社・野宮神社御旅所
	4月の神幸祭後21日間	還幸祭	松尾大社
6月	6月	あじさい園の公開とライトアップ	三室戸寺
	上旬から約一ヶ月	紫陽花祭と紫陽花苑公開	藤森神社
	1日	貴船祭	貴船神社
	1日・2日	京都薪能	平安神宮
	2日	信長公忌	本能寺
	中旬～下旬の2日間（2024年は29・30日）	京都五花街合同公演	南座☎561-3901（京都伝統伎芸振興財団）
	20日	竹伐り会式	鞍馬寺
	6月中旬～7月中旬頃	あじさいまつり	三千院
7月	1日～31日	祇園祭	八坂神社・各鉾町
	1日～9月23日	鵜飼	大堰川☎861-0302（嵐山通船株式会社）

日程	行事	場所
7日	精大明神例祭	白峯神宮
9日～12日	陶器供養会・陶器市	千本釈迦堂
10日～13日	〈祇園祭〉鉾立	各鉾町
上旬～8月上旬	観蓮会	法金剛院
16日	〈祇園祭〉前祭宵山	各山鉾町
17日	〈祇園祭〉前祭山鉾巡行	四条通～河原町通～御池通
21日と土用丑の日	きゅうり封じ	神光院
17日～21日	〈祇園祭〉山鉾建	各鉾町・山町
23日	〈祇園祭〉後祭宵山	各鉾町・山町
24日	〈祇園祭〉後祭山鉾巡行	御池通～河原町通～四条通
25日	中風まじない・鹿ケ谷カボチャ供養	安楽寺
25日	宝物虫払会	真正極楽寺(真如堂)
28日	〈祇園祭〉神輿洗式	四条大橋
31日夜	千日詣り	愛宕神社 ☎861-0658
土用丑の日の前日～当日	きゅうり封じ	蓮華寺(右京区) ☎462-5300
土用丑の日	ほうろく灸祈祷	三宝寺 ☎462-6540
上旬～中旬	京の七夕	堀川・鴨川・二条城 他
5日	醍醐寺万灯会	醍醐寺
7日～10日	六道まいり	六道珍皇寺
7日～10日	陶器大祭 陶器まつり	若宮八幡宮 ☎561-1261
9日	壬生六斎念仏	壬生寺
14日	千本六斎念仏	引接寺(千本閻魔堂)
14日～16日	東大谷万灯会	大谷祖廟(東大谷) ☎561-0777
16日	五山送り火	大文字・妙法・船形・左大文字・鳥居形 ☎343-0548(京都市観光協会)
16日	中堂寺六斎念仏	壬生寺
16日	嵐山灯籠流し	嵐山渡月橋東詰・他
22日・23日	六地蔵巡り	上善寺 他 ☎231-1619(上善寺)
23日	嵯峨野六斎念仏	阿弥陀寺(嵯峨野六斎念仏保存会)
下旬	愛宕古道街道灯し	化野念仏寺付近(嵯峨野保勝会)
最終土・日曜	千灯供養	化野念仏寺
9日	烏相撲と重陽神事	上賀茂神社
14日～15日	清水 青龍会・観音加持	清水寺
18日・19日	豊国神社例祭	豊国神社
21日(土日の場合変更)	上京薪能	白峯神宮
21日	秋季例大祭	白峯神宮
21日～23日	お砂踏み法要	今熊野観音寺 ☎561-5511
第3(または第4)日曜頃	萩まつり	梨木神社 ☎211-0885
秋分の日	高瀬川舟まつり	高瀬川 一之船入付近(銅駝高瀬川保勝会)
秋分の日	晴明神社例祭	晴明神社
中秋の名月の頃	観月の夕べ	大覚寺
中秋の名月の日	賀茂観月祭	上賀茂神社
中秋の名月の日	名月管絃祭	下鴨神社

月	日程	行事	場所
10月	1日～6日頃	温習会	祇園甲部歌舞練場 541-3391(祇園甲部歌舞会)
	体育の日を含む連休3日間	秋の壬生狂言	壬生寺
	14日～16日	引声阿弥陀経会	真正極楽寺(真如堂)
	中旬の金・土・日	町かどの藝能	般若林・相国寺 ☎211-0138(演劇塾長田学舎)
	第3金曜～日曜	清水焼の郷まつり	清水焼団地一帯 ☎581-6188
	第3日曜	二十五菩薩お練り供養	即成院(泉涌寺塔頭)
	第3日曜	嵐山斎宮行列	野宮神社～渡月橋 野宮神社
	22日	時代祭	京都御所～平安神宮
	22日	鞍馬の火祭り	由岐神社 ☎741-4511(鞍馬の火祭テレフォンサービス)
11月	1日～10日	祇園をどり	祇園会館 ☎561-0224(祇園東歌舞会)
	1日～15日(2020)	人形展	宝鏡寺 ☎451-1550
	3日	曲水の宴	城南宮
	5日～15日	十日十夜別時念仏会	真正極楽寺(真如堂)
	第一日曜から3日間	神泉苑大念仏狂言	神泉苑
	第2日曜	嵐山もみじ祭	渡月橋上流 ☎861-0012(嵐山保勝会)
	21日～28日	御正忌報恩講	東本願寺
	11月頃	貴船もみじ灯篭	貴船神社周辺 ☎741-4444(貴船観光会)
	11月頃、一ヶ月ほど	秋の寺宝展	禅林寺(永観堂)
12月	12月頃	吉例顔見世興行	南座 ☎561-1155
	7日・8日	成道会と大根焚き	千本釈迦堂
	第1土・日曜	厄落としの大根焚き	三宝寺 ☎462-6540
	9日・10日	鳴滝の大根焚	了徳寺 ☎463-0714
	13日～31日(31日は非公開)	空也踊躍念仏	六波羅蜜寺
	14日	山科義士まつり	毘沙門堂・岩屋寺・大石神社 ☎592-3088(山科義士まつり実行委員会)
	31日	白朮(をけら)詣り	八坂神社

	日程	行事	場所
月例または長期の行事	21日	御影供(弘法さん)	東寺
	25日	天神さん	北野天満宮
	春(5月頃)と秋(11月頃)	京都非公開文化財特別拝観	市内各所 ☎451-3313(京都市古文化保存協会)
	4月～9月下旬	高雄の川床	高雄 ☎871-1005(もみぢ家内高雄保勝会)
	5月～9月頃	貴船の川床	貴船 ☎741-4444(貴船観光会)
	5月1日～9月30日	鴨川納涼床	鴨川西岸の二条～五条 京都鴨川納涼床協同組合

記載内容は2024年3月調査分の物です。ご旅行に際しては、主催者にお問い合わせの上お出かけくださいませ。

名称	電話番号　市外局番(075) 所在地・交通(最寄)	時間・所要分・休み	料金ほか (大(大学生)・高(高校生)・中(中学生)・小(小学生))	本文頁 地図頁
化野念仏寺 (あだしの)	861-2221　右京区嵯峨鳥居本化 野町 17 京都バス / 鳥居本	9時〜16時半(12〜2月は〜 15時半) 積雪等の場合休あり　所要 20分	一般 500・高中 400 円・小無料(保護者同伴に限る)	80 9A4
嵐山モンキーパーク い わたやま	872-0950　西京区嵐山元録山町 8 阪急電車・嵐電 / 嵐山駅　市バス・京 都バス / 嵐山公園	9時〜16時半(入場は 30 分前) 所要 60分　不定休(悪天候に よる休園あり)	高校生以上 600・中以下(4歳以上) 300 円	82 9B5
安楽寺 (あんらくじ)	771-5360 左京区鹿ケ谷御所ノ段町 21 市バス / 錦林車庫前	10時〜16時　所要 40分 特別公開日のみ 9時〜15時(鹿ケ谷かぼちゃ 供養)	一般 500・中以下無料 鹿ケ谷かぼちゃ供養は 1000 円 特別公開は 4 月上旬(桜)・5 月初旬(ツツジ)・5 月下旬 〜6 月初旬の土日(さつき)、7 月 25 日(鹿ケ谷カボチャ 供養)、11 月の土日祝・12 月上旬の土日(もみじ)	53 7D1
今宮神社 (いまみや)	491-0082　北区紫野今宮町 21 市バス / 今宮神社前 / 船岡山	9時〜17時(社務所)	参拝自由	65 8B5
岩倉具視幽棲旧宅・対 岳文庫 (いわくらともみゆうせい)	781-7984　左京区岩倉上蔵町 100　京都バス / 岩倉実相院	現在事前予約制　9時〜17時 (入場〜16時半)　所要 20 分　水曜休(祝日の場合翌日)・ 年末年始	一般 400・高中 200・小 100 円 ※ただし、11 月 20 〜 26 日は一般 500 円	58 8B2
引接寺(千本ゑんま堂) (いんじょうじ)	462-3332　上京区千本通蘆山寺 上ル閻魔前町 34 市バス / 乾隆校前	9時半〜16時 ※拝観開始時間 あり　所要 20分　無休	無料(本殿昇殿は 500 円)	27 9D1
宇治上神社 (うじがみ)	0774-21-4634　宇治市宇治山田 59　JR・京阪電鉄 / 宇治駅	5時〜16時半　所要 20分 無休	参拝自由	94 10D5
宇治市源氏物語 ミュージアム	0774-39-9300　宇治市宇治東内 45-26 JR・京阪電鉄 / 宇治駅	9時〜17時(入館〜16時半) 所要 30分　月曜休(祝日の場 合翌日)・年末年始	高校生以上 600・中小 300 円	94 10D5
梅宮大社 (うめのみや)	861-2730　右京区梅津フケノ川町 30　市バス / 梅宮大社前	神苑は 9時〜17時(入苑〜 16時半)　所要 20分	参拝自由　神苑は高校生以上 600・中小 400 円	83 9D3
雲龍院(泉涌寺塔頭) (うんりゅういん)	541-3916　東山区泉涌寺山内町 36 市バス / 泉涌寺道　JR・京阪電鉄 / 東福寺駅	9時〜17時(受付は〜16時半) 所要 20分 水曜休※但し 11 月を除く	400 円	35 7D5
永観堂(禅林寺) (えいかんどう)	761-0007　左京区永観堂町 48 市バス / 南禅寺・永観堂道、東天王 町	9時〜17時(受付〜16時) 秋の寺宝展期間中は異なる 所要 30分	大人 600・高中小 400 円(画仙堂、庫裏、浴室、永 観堂会館は除く)※寺宝展期間は異なる	52 7D2
圓光寺 (えんこうじ)	781-8025　左京区一乗寺小谷町 13　市・京都バス / 一乗寺下り松町	9時〜17時　所要 30分 年末休	一般 600・高中小 300 円 ※秋の特別拝観は異なる	57 8D5
円通寺 (えんつうじ)	781-1875　左京区岩倉幡枝町 389 京都バス / 西幡枝(円通寺前)、幡枝 くるすの公園前	10時〜16時半(12〜3月は 〜16時)受付は 30 分前 所要 20分 水曜日・12 月末 3 日間(不定)・ 特別法要日	高校生以上 500(団体は事前申込)・中小 300 円(小 は要大人同伴)　30 名以上の団体は要事前申し込み	58 8A3
圓徳院(高台寺塔頭) (えんとくいん)	525-0101　東山区高台寺下河原 町　市・京阪バス / 東山安井	10時〜17時(閉門は 17時半) 所要 30分	大人 500・高中 200 円	44 7D3
厭離庵 (えんりあん)	861-2508　右京区嵯峨二尊院門 前善光寺山町 2 市バス / 嵯峨釈迦堂前	9時〜16時　所要 20分	11 月1日〜12 月 7 日のみ拝観　志納(500 円位) それ以外は電話予約による申込みのみ	81 9A4
延暦寺 (えんりゃくじ)	077-578-0001　滋賀県大津市坂 本本町 4220 京都・京阪バス / 延暦寺バスセンター	東塔は 9時〜16時 西塔・横川は 9時〜16時(12 〜2月は 9時半〜16時) 受付は 15 分前　所要 60分	大人 1000・高中 600・小 300 円 (国宝殿は大人 1500・高中 900・小 400 円)	61 8D3
黄梅院(大徳寺塔頭) (おうばいいん)	231-7015 (京都春秋事務局)　北 区紫野大徳寺町 市バス / 大徳寺前	10時〜16時(受付終了)　所 要 30分	春秋の特別公開のみ　一般 800・高中 400 円・小以 下無料(大人同伴)	65 8B5
大河内山荘 (おおこうち)	872-2233　右京区嵯峨小倉山田 淵山町 8　市・京都バス / 野々宮	9時〜17時(受付は 30 分前) 所要 40分	高校生以上 1000・中小 500 円	81 9A5
大田神社 (上賀茂神社の境外摂社) (おおたじんじゃ)	075-781-0907　北区上賀茂本山 340 市バス / 上賀茂神社前	9時〜16時半　所要 15分	境内自由　カキツバタ育成協力金(開花時) 300 円	63 8C4
愛宕念仏寺 (おたぎ)	285-1549　右京区嵯峨鳥居本深 谷町 2-5　京都バス / 愛宕寺前	8時〜16時半　所要 20分	高校生以上 400・中小無料	80 9A3
ガーデン ミュージアム比叡	707-7733　左京区修学院尺羅ケ谷 四明ケ嶽 4 叡山ケーブル・ロープウェイ / 比叡山 頂駅	10時〜17時半(入園は〜17 時、季節により異なる) 所要 100分 木曜日・12 月初旬から 4 月中 旬の冬季	中学生以上 1200・小 600 円(季節により異なる)	61 8C3
戒光寺 (泉涌寺塔頭) (かいこうじ)	561-5209　東山区泉涌寺山内町 29　JR・京阪電鉄 / 東福寺駅 市バス / 泉涌寺道	9時〜17時	無料　10 名以上は要予約(内陣特別拝観は春・秋の み、500 円)	35 7D5
蚕の社 (木島坐天照御魂神社) (かいこのやしろ)	861-2074　右京区太秦森ケ東町 50 嵐電 / 蚕の社駅　市・京都バス / 蚕の 社　地下鉄東西線 / 太秦天神川駅	自由拝観　所要 15分	参拝無料	76 9B3
勧修寺 (かじゅうじ)	571-0048　山科区勧修寺仁王堂 町 27-6　地下鉄東西線 / 小野駅	9時〜16時　所要 20分	高校生以上 500・中小 300 円(庭園拝観のみ)	89 10A3

　※内容は各物件の都合により、予告なく変更される場合があります。訪問の際には、各施設へお確かめください。

名称	電話番号(075) 所在地・交通(最寄)	時間・所要分・休み	料金ほか 《専用駐車有無・料金》	本文頁 地図頁
上賀茂神社 (かみがも)	781-0011　北区上賀茂本山 339 市バス／上賀茂神社前、上賀茂御 園橋	境内(楼門・授与所)は 8 時〜 16 時(祭典により異なる)　所要 30 分	参拝自由　「国宝・本殿特別参拝とご神宝の拝観」は、 大人 500 円・中以下無料(家族同伴要)、10 時〜 16 時(葵祭・年末年始休)	63 8B4
漢検 漢字博物館・ 図書館(漢字ミュージアム) (かんけん)	757-8686　東山区祇園町南側 551 市・京阪バス／祇園	9 時半〜 17 時(入館〜 16 時 半)　所要 30 分 月曜(祝日の場合翌日)・年末年 始休　※時期により異なる場合 あり(HP 参照)	一般 800・大高 500・中小 300 円 (修学旅行生は 2 名以上は 100 円引き)	46 7D3
祇王寺(大覚寺塔頭) (ぎおうじ)	861-3574　右京区嵯峨鳥居本小坂 町 32　市・京都バス／嵯峨釈迦堂前	9 時〜 16 時 50 分(受付〜 16 時半)　所要 15 分	一般 300・高校生以下 100 円(大覚寺との共通券あり、 大人券のみ)	79 9A4
北野天満宮 (きたのてんまんぐう)	461-0005　上京区馬喰町　市バ ス／北野天満宮前	7 時〜 17 時 社務所は 9 時〜 16 時半(宝物 殿は 9 時〜 16 時)　所要 30 分	参拝自由(観梅・青もみじ・紅葉シーズンは有料 エリアあり) 宝物殿特別拝観は一般 1000・高中 500・小と修旅生 250 円。毎月 25 日・12/1・1/1・観梅・青もみじ・紅葉 シーズン等開館)	28 9D1
貴船神社 (きふね)	741-2016　左京区鞍馬貴船町 180 京都バス／貴船　叡山電鉄／貴船 口	6 時〜 20 時(12/1 〜 4/30 は 18 時、行事等により変更あ り)社務所は 9 時〜 17 時 所要 20 分	参拝自由	62 6C1
旧三井家下鴨別邸 (きゅうみついけしもがもべってい)	366-4321　左京区下鴨宮河町 58-2　市バス／葵橋西詰、出町柳 駅	9 時〜 17 時(受付〜 16 時半) 所要 20 分　水曜(祝日の場合 翌日)・年末休	一般 500・中高 300・小 200 円　※一般は土日祝日 は 600 円	26 6C2
京都国際 マンガミュージアム	254-7414　中京区烏丸通御池上 ル金吹町 452　地下鉄／烏丸御池 駅　市・京都バス／烏丸御池	10 時半〜 17 時半(受付は 30 分前)　所要 30 分 月曜(祝日の場合翌日)・年末年 始・メンテナンス期間休	大人 900・高中 400・小 200 円、特別展は別料金	22 7B3
京都国立 近代美術館	761-4111　左京区岡崎円勝寺町 26-1 市バス／岡崎公園 美術館・平安神宮 前　地下鉄／東山駅	10 時〜 18 時(金曜日は展示 まで、企画展開催中の金曜 は夜間開館あり)　所要 30 分 月曜(祝日の場合翌日)・年末年 始・展示替期間休	一般 430・大 130 円・高校生以下無料(コレクション・ ギャラリー)、企画展は展示により異なる。	48 7C2
京都国立博物館	525-2473　東山区茶屋町 527 市バス／博物館三十三間堂前 京阪電鉄／七条駅	9 時半〜 17 時(金曜は夜間開 館あり)　入館は閉館の 30 分 前まで　所要 60 分　月曜(祝 日の場合翌日)・年末年始休	名品ギャラリー(平常展示)は一般 700・大学生 350 円・高校生以下無料 特別展の前後期間のみ庭園や名品ギャラリー(平常展 示)は見学できる。HP 確認。	38 7C4
京都市 京セラ美術館	771-4334　左京区岡崎公園内 市バス／岡崎公園 美術館・平安神宮 前　地下鉄／東山駅	10 時〜 18 時(最終入館は展示 により異なる)　所要 30 分　月曜 (祝日の場合翌日)・年末年始休	コレクションルーム：一般 730・高校生以下 300 円※ 特別展は異なる。	48 7C2
京都市考古資料館	432-3245　上京区今出川通大宮 東入ル元伊佐町 265-1　市バス／ 今出川大宮、市バス／堀川今出川	9 時〜 17 時(入館は〜 16 時 半まで)　所要 20 分　月曜(祝 日の場合翌日)・年末年始休	無料	29 7A1
京都市歴史資料館	241-4312　上京区寺町通荒神口 下ル松蔭町 138-1 市バス／河原町丸太町	9 時〜 17 時　所要 20 分 月曜・祝日・年末年始・展示替 期間休	無料	24 7B2
京都水族館	354-3130　京都市下京区観喜寺町(梅 小路公園内)　市バス／七条大宮・京都 水族館前　JR／梅小路京都西駅	日により異なる　所要 120 分 年中無休(臨時休業あり)	一般 2400・高 1800・中小 1200・幼児 800 円	17 7A5
京都大学 総合博物館	753-3272　左京区吉田本町 市バス／百万遍	9 時半〜 16 時半(入館は〜 16 時)　所要 30 分　月曜・火曜・ 年末年始・6/18・8 月第 3 水休	一般 400・大学生 300・高校生以下無料	52 7C1
京都タワー	361-3215　下京区烏丸通七条下 ル東塩小路町 721-1　京都駅前	10 時〜 21 時(受付は 30 分 前、土日祝及び季節により変更 あり)　所要 30 分	一般 900・高 700・中小 600・幼児 200 円	17 7B5
京都鉄道博物館	0570-080-462　下京区観喜寺町　市 バス／梅小路公園前、梅小路公園・京都 鉄道博物館前、JR／梅小路京都西駅	10 時〜 17 時(入館は 16 時 30 分)　所要 120 分　水曜(祝日・春冬 休みは開館)・年末年始休	一般 1500・大高 1300・中小 500・幼児 200 円 SL スチーム号乗車料金は高校生以上 300・中以下 100 円	16 7A5
京都府京都 文化博物館(本館)	222-0888　中京区三条高倉 市・京都バス／堺町御池 地下鉄／烏丸御池駅・四条駅	総合展 10 時〜 19 時半(特別 展は〜 18 時、金曜のみ〜 19 時半)　入場は 30 分前まで 所要 30 分　月曜(祝日の場合 翌日)・年末年始休	総合展：一般 500・大 400 円・高校生以下無料 特別展：展覧会により異なる	22 7B3
京都霊山護国神社 (りょうぜんごこく)	561-7124　東山区清閑寺霊山町1 市・京阪バス／東山安井	8 時〜 17 時(入山は 9 時〜) 所要 30 分	高校生以上 300・中小 200 円	43 7D3
清水寺 (きよみずでら)	551-1234　東山区清水 1 丁目 294 市・京阪バス／五条坂、清水道	6 時〜 18 時(季節により変更あ り、春夏秋の夜間拝観は〜 21 時)　所要 40 分	高校生以上 400・中小 200 円	40 7D4
成就院(清水寺塔頭) 《じょうじゅいん》	551-1234　(清水寺)　東山区清水 1 丁 目 294　市・京都バス／五条坂、清水道	9 時〜 16 時　所要 30 分	特別公開のみ(5 月・11 月頃に特別公開)　高校生以 上 600・中小 300 円(清水寺入山料別途)	41 7D4
ギルドハウス京菓子 (京菓子資料館)	432-3101　上京区烏丸通上立売上 ル柳図子町　市バス／今出川通　市 バス／烏丸今出川(地下鉄今出川駅)	10 時〜 17 時(入館は 16 時ま で)　所要 20 分　水曜・木曜・ 年末年始・展示替え期間	無料(呈茶は 700 円)	24 7A1
金閣寺(鹿苑寺) (相国寺山外塔頭)	461-0013　北区金閣寺町 1 市バス／金閣寺道	9 時〜 17 時　所要 30 分	高校生以上 500・中小 300 円	68 9C1
銀閣寺(慈照寺) (相国寺山外塔頭)	771-5725　左京区銀閣寺町2 市バス／銀閣寺前・銀閣寺道　京都 バス／銀閣寺道	8 時半〜 17 時(12 月〜 2 月末 日は 9 時〜 16 時半)　所要 30 分	高校生以上 500・中小 300 円	54 7D1
鞍馬寺 (くらまでら)	741-2003　左京区鞍馬本町 1074 京都バス／鞍馬　叡山電鉄／鞍馬 駅	9 時〜 16 時 15 分(霊宝殿は 9 時〜)　所要 90 分　※霊宝殿 は火曜(祝日の場合翌 日)・12 月 12 日〜 2 月末日休	(愛山費)高校生以上 500・中小無料(霊宝殿は高校 生以上 200・中小 100 円)	62 6C1

※時間は季節・天候によって若干変わる場合があります。記載内容は2024年3月時点の情報です。

名称	電話番号 (075) 所在地・交通 (最寄)	時間・所要分・休み	料金ほか　《専用駐車有無・料金》	本文頁 地図頁
車折神社 （くるまざき）	861-0039　右京区嵯峨朝日町 23 市・京都バス／車折神社前 嵐電／車折神社駅	9 時半〜 17 時　所要 20 分	参拝自由	76 9C5
桂春院（妙心寺塔頭） （けいしゅんいん）	463-6578　右京区花園寺ノ中町 11　市・JR バス／妙心寺北門前	9 時〜 17 時（冬季は〜 16 時 半、特別公開別途）所要 20 分　1/2・法要日休	中学生以上 500 円　茶室は非公開（特別公開は別途）	71 9B2
月桂冠大倉記念館 （げっけいかんおおくら）	623-2056　伏見区南浜町 247 京阪電鉄／中書島駅　市バス／京 橋	9 時〜 16 時半（受付は 30 分前まで）所要 40 分 お盆・年末年始休	20 才以上 600・13 〜 19 才 100 円・12 才以下無料	88 10A2
源光庵 （げんこうあん）	492-1858　北区鷹峯北鷹峯町 47 市バス／鷹峯源光庵前	9 時〜 17 時　所要 20 分 法要時及臨時行事休	中学生以上 400・小 200 円（11 月中は中学生以上 500 円）	66 8A4
建仁寺 （けんにんじ）	561-6363　東山区大和大路通四 条下ル小松町 584 市・京阪バス／東山安井・祇園	10 時〜 17 時（受付は 30 分前 まで）所要 30 分 行事休・年末休	大以上 800・高中 500 円（小学生以下だけでの拝観 不可）	42 7C3
光悦寺 （こうえつじ）	491-1399　北区鷹峯光悦町 29 市バス／鷹峯源光庵前	8 時〜 17 時半（紅葉時 8 時半 〜）所要 20 分　11/10 〜 13 は行事につき休み	中学生以上 400 円（紅葉時 500 円）・小無料（大人同 伴）	66 8A4
弘源寺（天龍寺塔頭） （こうげんじ）	881-1232　嵯峨天竜寺芒ノ馬場 町 65　市バス・京都バス／嵐山天龍 寺前／嵐電／嵐山駅・嵐山駅 JR ／嵯峨嵐山駅	9 時〜 17 時（受付は 15 分前ま で）所要 15 分	拝観は春・秋の特別公開時のみ　高校生以上 500・中 小 300 円	77 9B5
高山寺 （こうさんじ）	861-4204　右京区梅ヶ畑栂尾町 8 市・JR バス／栂ノ尾	8 時半〜 17 時（受付は 16 時 半）所要 40 分	中学生以上 1000・小 500・修学旅行生 600 円（秋期 は別途入山料 500 円）	85 9D5
高台寺 （こうだいじ）	561-9966　東山区高台寺下河原 町 526　市・京阪バス／東山安井	9 時〜 17 時半（受付〜 17 時） 所要 30 分	一般 600・高中 250・小無料（大人同伴）（掌美術館 料金込み）	44 7D3
高台寺掌美術館 （こうだいじしょう）	561-1414　東山区高台寺下河原 町 530　京・洛市「ねね」2 階 市・京阪バス／東山安井	9 時〜 17 時 10 分（入館は 30 分前まで）所要 20 分 展示替え時休	一般 600・高中 250（高台寺拝観料込み）	44 7D3
高桐院（大徳寺塔頭） （こうとういん）	492-0068　北区紫野大徳寺町 73-1　大徳寺山内） 市バス／大徳寺前、建勲神社前	拝観休止中。再開未定。		64 8B5
光明院（東福寺塔頭） （こうみょういん）	561-7317　東山区本町 15 丁目 809 東福寺山内　市バス／東福寺　JR ／東 福寺駅　京阪電鉄／鳥羽街道駅	7 時頃〜日没　所要 20 分	中学生以上 500 円・小無料	34 7C5
高麗美術館 （こうらい）	491-1192　北区紫竹上岸町 15 市バス／加茂川中学前	10 時〜 17 時（入館は 16 時半） 所要 40 分　水曜（祝日の場合 翌日）・年末年始・展示替期間休	一般 500・大高 400 円・中小無料（特別展は別途）	63 8B4
広隆寺 （こうりゅうじ）	861-1461　右京区太秦蜂岡町 32 市・京都バス／太秦広隆寺前　嵐電 ／太秦広隆寺駅・撮影所前駅	9 時〜 17 時（12 〜 2 月は〜 16 時半）所要 30 分 年中無休	参拝自由　新霊宝殿は一般 800・高 500・中小 400 円 ※桂宮院は拝観休止中	75 9A3
苔寺（西芳寺） （こけでら）	391-3631　西京区松尾神ヶ谷町 56　京都バス／苔寺・すず虫寺 市バス／鈴虫寺・苔寺道	拝観は事前申込制で往復葉書 又はオンライン　時間指定　所 要 60 分　無休	拝観は中学生以上（HP 参照）　冥加料 4000 円以上	84 9C4
御香宮 （ごこうのみや）	611-0559　伏見区御香宮門前 町 176　近鉄電車／桃山御陵前駅 京阪電車／伏見桃山駅　市バス／御香宮前	9 時〜 16 時（石庭は〜 15 時半） 所要 20 分 （石庭のみ不定休）	参拝自由　石庭は一般 200・高中 150・小無料	88 10B1
金戒光明寺 （黒谷さん） （こんかいこうみょうじ）	771-2204　左京区黒谷町 121 市バス／東天王町、岡崎道、岡崎 神社前	9 時〜 16 時　所要 30 分 秋に特別公開	志納（秋の特別拝観中は別途）　団体の場合は要予約	53 7C1
金地院（南禅寺塔頭） （こんちいん）	771-3511　左京区南禅寺福地町 86-12　地下鉄／蹴上駅　京阪バス ／蹴上　市バス／南禅寺・永観堂道	9 時〜 17 時（12 〜 2 月は 〜 16 時半、受付は 30 分前） 所要 20 分　年中無休	一般 500・高 300・中小 200 円※修旅生は高 250・中 小 150 円（特別拝観別途）	50 7D2
金福寺 （こんぷくじ）	791-1666　左京区一乗寺才形町 20　市・京都バス／一乗寺下り松町	9 時〜 17 時（受付は 30 分 前）所要 30 分　水曜・木曜・ 1/16 〜 2 月末・8/5 〜 8/31・ 12/30 〜 12/31 休	一般 500・高中 300 円・小無料	56 8D5
西明寺 （さいみょうじ）	861-1770　右京区梅ヶ畑槇尾町 1 市・JR バス／槇ノ尾	9 時〜 17 時　所要 20 分	一般 500・高中 400 円・小無料	85 9D5
嵯峨嵐山文華館 （さがあらしやまぶんかかん）	882-1111　右京区嵯峨天龍寺芒ノ 馬場町 11　市・京都バス／嵐山天龍 寺前（嵐電嵐山駅）　嵐電／嵐山駅	10 時〜 17 時（入館は 16 時 半）所要 30 分 年末年始・展示替休	大学生以上 1000・高 600・中小 400 円	78 9B5
京都市嵯峨鳥居本 町並み保存館 （さがとりいもと）	864-2406　右京区嵯峨鳥居本仙 翁町8 京都バス／鳥居本	10 時〜 16 時　所要 20 分 月曜（祝日の場合翌日）・12/26 〜 1/6 休	入館無料	80 9A4
三十三間堂 （蓮華王院） （さんじゅうさんげんどう）	561-0467　東山区三十三間堂廻 町 657　市バス／博物館三十三間 堂前、東山七条	8 時半〜 17 時（11/16 〜 3/31 は 9 時〜 16 時）受付は 共に 30 分前まで　所要 30 分	一般 600・高中 400・小 300 円	36 7C4
三千院 （さんぜんいん）	744-2531　左京区大原来迎院町 540　京都バス／大原	9 時〜 17 時（11/1 〜 12 〜 2 月は 9 時〜 16 時半） 受付は 30 分前まで 所要 60 分	一般 700・高中 400・小 150 円　要予約で体験コー スあり	59 8B1
ジオラマ京都 JAPAN	882-7432　右京区嵯峨天龍寺車 道町　JR ／嵯峨嵐山駅 市・京都バス／嵯峨瀬戸川町	9 時〜 17 時（受付は 30 分ま で）所要 20 分　営業日は WEB を確認	中学生以上 530・小 320 円 ※トロッコ列車乗車の場合 110 円引	78 9B5
地主神社 （じしゅ）	541-2097　東山区清水 1-317 市・京阪バス／五条坂、清水道		※ 2025 年頃まで社殿修復工事のため閉門	39 7D4

　※内容は各物件の都合により、予告なく変更される場合があります。訪問の際には、各施設へお確かめください。

名称	電話番号(075) 所在地・交通(最寄)	時間・所要分・休み	料金ほか 《専用駐車有無・料金》	本文頁 地図頁
詩仙堂 〈しせんどう〉	781-2954　左京区一乗寺門口町 27　市・京都バス / 一乗寺下り松町	9時～17時（受付～16時45分）所要20分 5/23（丈山忌）は一般拝観休	一般 700・高 500・中小 300 円	56 8D5
地蔵院（竹の寺） 〈じぞういん〉	381-3417　西京区山田北ノ町 23 京都バス / 苔寺・すず虫寺前 市バス / 鈴虫寺・苔寺道	9時～16時半 7～8月は9時～13時半（土日祝と8/12～16は～16時半）※1月の土日祝と三が日は9時～16時※拝観は 30分まで　所要20分 1月の平日拝観休止、他休	一般 500・高校生以下 300 円	83 9D4
実光院（勝林院の子院） 〈じっこういん〉	744-2537　左京区大原勝林院町 187　京都バス / 大原	9時～16時（季節により変更）※茶席受付は～15時　所要20分	中学生以上 500・小 300 円（別途 400 円で茶菓付）団体は要予約	60 8B1
実相院 〈じっそういん〉	781-5464　左京区岩倉上蔵町 121　京都バス / 岩倉実相院	9時～17時　所要20分 不定休	高校生以上 500・中小 250 円	58 8B2
島津製作所 創業記念資料館 〈しまづ〉	255-0980　中京区木屋町通二条下ル　地下鉄 / 京都市役所前駅 市バス / 京都市役所前	9時半～17時（入館～16時半）所要30分　水曜・土日祝・8月中旬・年末年始休	事前予約制　一般 300・高中 200 円・小無料	22 7B2
下鴨神社 〈しもがも〉	781-0010　左京区下鴨泉川町 59 市バス / 下鴨神社前	開門 6時～17時（季節により変更）　大炊殿 10時～16時	参拝自由　大炊殿（神様の台所）・井戸屋形見学は、高校生以上 500・中以下無料	26 6C2
寂光院 〈じゃくこういん〉	744-3341　左京区大原草生町 676　京都バス / 大原	9時～17時（季節により変更）受付は 30分前まで 所要20分	高校生以上 600・中 350・小 100 円	60 8A1
十石舟 〈じっこくぶね〉	623-1030（予約）　乗船場：月桂冠大倉記念館裏 河川沿い / 京阪電鉄 / 中書島駅 市バス / 京橋	3月下旬～12月初旬運行 10時～16時頃（季節により変動）所要50分　月曜日（祝日を除く、ただし、4・5・10・11月は運行）※8月後半は運休	中学生以上 1500・小以下 750 円	88 10A2
将軍塚青龍殿（大日堂） （青蓮院の飛地境内） 〈しょうぐんづかせいりゅうじ〉	771-0390　山科区�奥花鳥町 28 ＊京阪バス（90系統）が、三条京阪、蹴上から 1時間 1便を、土日祝日-3/25～4/2・11/3～12/3 は運行※ 1/14～3/12 は運休	9時～17時（16時半受付終了）所要30分	大以上 600・高中 400・小 200 円	48 7D3
相国寺 〈しょうこくじ〉	231-0301　上京区今出川通烏丸東入ル相国寺門前町 701 市バス / 同志社前　地下鉄 / 今出川駅	10時～16時半（受付～16時） ※方丈・法堂・開山堂拝観は春秋の特別拝観のみ 所要30分　行事時休	境内自由 方丈などの拝観は一般 800・高中 700・小 400 円　拝観除外日あり	23 7B1
相国寺承天閣 美術館 〈しょうこくじじょうてんかく〉	241-0423　上京区今出川通烏丸東入ル（相国寺山内）　市バス / 同志社前　地下鉄 / 今出川駅	10時～17時（受付～16時半） 所要25分 年末年始・展示替期間休	一般 800・大 600・高中 300・小 200 円 （開催中の展示により変更あり）	23 7B1
常寂光寺 〈じょうじゃくこうじ〉	861-0435　右京区嵯峨小倉山小倉町 3・市・京都バス / 嵯峨小学校前	9時～17時（受付～16時半） 所要20分	中学生以上 500・小 200 円	78 9A5
常照寺 〈じょうしょうじ〉	492-6775　北区鷹峯鷹峯町 1 市バス / 鷹峯源光庵前	8時半～17時　所要20分	中学生以上 400・小 200 円（秋季は中学生以上 500円）	66 8A4
渉成園（枳殻邸） （東本願寺の飛地境内） 〈しょうせいえん〉	371-9210（東本願寺参拝接待所） 下京区下数珠屋町間之町東入ル東玉水町 300　市バス / 烏丸七条	9時～17時（11～2月は～16時）受付は 30分前まで	一般 500・高中小 250 円（参観者協力寄付金） ※ 500 円以上の寄付はガイドブック付き	18 7B4
正伝寺 〈しょうでんじ〉	491-3259　北区西賀茂北鎮守菴町 72　市バス / 神光院前	9時～17時　所要20分 法要等の場合休みあり	高校生以上 500・高中 200 円	66 8A4
城南宮 〈じょうなんぐう〉	623-0846　伏見区中島鳥羽離宮町 7 市バス / 城南宮東口、城南宮	9時～16時半（受付～16時） 所要30分　無休	境内参拝自由　庭園拝観：中学生以上 800・小 500 円 中学生以上 1000・小 600 円（2/18～3/22）※北神苑のみ公開 一律 300 円（7/1～8/31）※北神苑のみ公開	88 6C4
勝林院 〈しょうりんいん〉	744-2409（宝泉院内）　左京区大原勝林院町 187　京都バス / 大原	9時～16時　所要20分 無休	高校生以上 300・小 200 円	59 8B1
青蓮院 〈しょうれんいん〉	561-2345　東山区粟田口三条坊町 69-1・市・京阪バス / 神宮道・青蓮院前　地下鉄 / 東山駅	9時～17時（受付～16時半） 所要25分	一般 600・高中 400・小 200 円	48 7D3
白峯神宮 〈しらみね〉	441-3810　上京区今出川通堀川東入飛鳥井町 261　市バス / 堀川今出川	8時～17時（授与所は～16時半）　所要15分	参拝自由	27 7A1
神光院 〈じんこういん〉	491-4375　北区西賀茂神光院町 120　市バス / 神光院前	9時～16時半　所要20分 無休	参拝自由	66 8B4
神護寺 〈じんごじ〉	861-1769　右京区梅ヶ畑高雄町 5 市バス・JR バス / 山城高雄	9時～16時　所要40分	中学生以上 800・小 400 円	84 9D5
真珠庵（大徳寺塔頭） 〈しんじゅあん〉	492-4991　北区紫野大徳寺町 52 市バス / 大徳寺前	9時～16時　所要30分 お盆・その他法要時休	通常非公開 志納　電話、往復ハガキで要予約	65 8B5
神泉苑 〈しんせんえん〉	821-1466　中京区御池通神泉苑町東入ル門前町 166　地下鉄東西線 / 二条城前駅市・京都バス / 神泉苑前	9時～17時（庭園は 7時～20時）　無休　所要20分	境内自由	31 7A2
新選組壬生屯所跡 （八木家邸） 〈しんせんぐみみぶとんしょあと〉	841-0751（京都鶴屋鶴壽庵）　中京区壬生梛ノ宮町 24 市バス / 壬生寺道、四条大宮	9時～17時（受付～16時） 所要20分	中学生以上 1100・小 800 円（屯所餅・抹茶付） 中学生以上 600・小 300 円（見学のみの場合）	19 7A3
真如堂（真正極楽寺） 〈しんにょどう〉	771-0915　左京区浄土寺真如町 82　市バス / 真如堂前、錦林車庫前	9時～16時（受付～15時 45分）所要30分　行事休	境内自由　内陣庭園は、高校生以上 500・中 400 円 小以下無料（特別拝観別途）	53 7D1
随心院 〈ずいしんいん〉	571-0025　山科区小野御霊町 35 京阪バス / 小野随心院口、随心院前　地下鉄 / 小野駅	9時～17時（受付は～16時半） 所要20分　法要・行事時休	高校生以上 500・中 300 円	89 10B3
瑞峯院（大徳寺塔頭） 〈ずいほういん〉	491-1454　北区紫野大徳寺町 81 （大徳寺山内）　市バス / 大徳寺前	9時～17時（受付は 60分前） 所要20分	高校生以上 400・高中 300 円	65 8B5

※時間は季節・天候によって若干変わる場合があります。記載内容は 2024年 3月時点の情報です。

社寺・文化施設一覧　す〜て

名称	電話番号(075) 所在地・交通(最寄)	時間・所要分・休み	料金ほか　《専用駐車有無・料金》	本文頁 地図頁
鈴虫寺（華厳寺） 〈すずむしでら〉	381-3830　西京区松室地家町31 京都バス／苔寺・すず虫寺前、市バ ス／鈴虫寺・苔寺道	9時〜17時（受付〜16時半） 所要30分	高校生以上500・中小300円（茶菓付き）　団体事前 要予約	83 9D4
晴明神社 〈せいめい〉	441-6460　上京区堀川通一条上 ル　市バス／一条戻橋・晴明神社前、 堀川今出川	9時〜17時（授与所は16時半） 所要15分	参拝自由	27 7A1
清凉寺（嵯峨釈迦堂） 〈せいりょうじ〉	861-0343　右京区嵯峨釈迦堂藤ノ 木町46 市・京都バス／嵯峨釈迦堂前	9時〜16時（霊宝館開館の4・ 5・10・11月は〜17時） 所要30分　無休	一般400・高中300・小200円（本堂のみ）　霊宝館・ 本堂の共通券は一般700・高中500・小300円	81 9B4
石峰寺 〈せきほうじ〉	641-0792　伏見区深草石峰寺山町 26　京阪電鉄／深草駅　JR／稲荷駅	9時〜16時　所要15分 無休	高校生以上500・中小300円 ※スケッチ・撮影禁止	87 10D1
泉屋博古館 〈せんおくはくこかん〉	771-6411　左京区鹿ヶ谷下宮ノ前 町24　市バス／東天王町、宮ノ前町		2025年春まで休館予定	52 7D2
泉涌寺 〈せんにゅうじ〉	561-1551　東山区泉涌寺山内町 27　市バス／泉涌寺道	9時〜17時（12〜2月は〜 16時半）受付は30分前　所要 心照院は第4木曜日	（伽藍拝観）高校生以上500・中以下300円 特別拝観（御座所・庭園等）は中学生以上500円（小学 生以下は要保護者同伴）	35 7C5
総見院（大徳寺塔頭） 〈そうけんいん〉	492-2630　北区紫野大徳寺町59 市バス／大徳寺前	10時〜16時 所要20分	通常非公開　毎年春と秋のみ特別公開　一般800・ 高中400円・小以下無料（大人同伴）	65 8B5
即成院（泉涌寺塔頭） 〈そくじょういん〉	561-3443　東山区泉涌寺山内町 28　JR・京阪電鉄／東福寺駅 市バス／泉涌寺道	9時〜17時（12〜2月は16 時半）受付は30分前まで 所要20分　行事時	境内自由　※現在は本堂内陣非公開、中陣は特別拝 観可能（拝観料500円）	35 7D5
大雄院（妙心寺塔頭） 〈だいおういん〉	463-6538　右京区花園妙心寺町 52 妙心寺山内 市・京都バス／妙心寺前　嵐電／妙 心寺駅	10時〜16時半（受付は30分 まで） 所要20分	通常非公開　毎年春と秋のみ特別公開　大人600・ 高校生以下300円	71 9B2
大覚寺 〈だいかくじ〉	871-0071　右京区嵯峨大沢町4 市・京都バス／大覚寺	9時〜17時（受付は30分前ま で）所要40分	一般500・高校生以下300円　大沢池は別途で一般 300・高校生以下100円	82 9B4
醍醐寺 伽藍・三宝院・霊宝館 〈だいごじ〉	571-0002　伏見区醍醐東大路町 22 京阪／醍醐三宝院、地下 鉄／醍醐駅	下醍醐は9時〜17時（冬期 12月第一日曜翌日〜2月末は 〜16時半）受付は30分前ま で 上醍醐は9時〜15時（冬期は 〜14時））所要30分	【通常期】三宝院庭園・伽藍：一般1000・高中700円・ 小以下無料 ※三宝院殿内特別拝観は別途中学生以上500円 ※霊宝館本館・平成館特別展示は別途中学生以上 500円以上 【春期(3/20〜5月GW最終日)】三宝院庭園・伽藍： 霊宝館：一般1500・高中1000円・小以下無料 ※上醍醐は別途一般600・高中400・小以下無料	90 10B4
大心院（妙心寺塔頭） 〈だいしんいん〉	461-5714　右京区花園妙心寺町 57（妙心寺山内）　市・京都バス／ 妙心寺前	9時〜17時　所要20分 不定休	高校生以上300・中小150円　※宿坊は要予約	71 9B2
大仙院（大徳寺塔頭） 〈だいせんいん〉	491-8346　北区紫野大徳寺町 54-1（大徳寺山内） 市バス／大徳寺前	9時〜17時（12〜2月は〜 16時半）所要20分 法要・行事時休	高校生以上500・中小300円（抹茶代は300円）	64 8B5
退蔵院（妙心寺塔頭） 〈たいぞういん〉	463-2855　右京区花園妙心寺町 35（妙心寺山内）　市・京都バス／ 妙心寺前	9時〜17時　所要20分 無休	高校生以上600・中小300円（特別拝観は別途）	71 9B2
大徳寺 〈だいとくじ〉	491-0019　北区紫野大徳寺町53 市バス／大徳寺前	所要30分	境内自由　塔頭は別途料金、本坊は特別公開のみ（要 問い合せ）	64 8B5
大法院（妙心寺塔頭） 〈だいほういん〉	461-5162　右京区花園大藪町20 市・京都バス／妙心寺前　嵐電／妙 心寺駅	9時〜16時 所要30分	通常非公開　毎年春と秋のみ特別公開　中学生以上 800・小400円（抹茶付）	71 9B2
大報恩寺（千本釈迦堂） 〈だいほうおんじ〉	461-5973　上京区七本松通今出 川上ル　市バス／上七軒	9時〜17時　所要30分	境内自由、堂内・霊宝殿は一般600・大高500・中小 400円	27 9D1
高瀬川一之船入 〈たかせがわいちのふないり〉	中京区木屋町通二条下ル上樵木町 市バス／京都市役所前	所要10分	自由見学	22 7B2
滝口寺 〈たきぐちでら〉	871-3929　右京区嵯峨亀山町 10-4　市・京都バス／嵯峨釈迦堂前	9時〜16時半　所要20分	一般300・高中200・小50円	79 9A4
知恩院 〈ちおんいん〉	541-5142　東山区林下町400 市バス／知恩院前・知恩院三門前	5時〜16時（開門時間・季節に より異なる）友禅苑は9時〜16 時、方丈庭園は9時〜15時 50分（共通券販売は15時20 分まで）所要40分	境内は参拝自由　高校生以上500・中小250円（友 禅苑・方丈庭園共通券）	46 7D3
智積院 〈ちしゃくいん〉	541-5361　東山区東大路通七条下 ル東瓦町964　市バス／東山七条	9時〜16時 所要30分　年末休	一般500・高中300・小200円（名勝庭園など） 一般500・高中300・小200円（宝物館）	37 7D4
茶道資料館 〈ちゃどう〉	431-6474　上京区堀川通寺之内 上ル（裏千家センター内） 市バス／堀川寺ノ内	9時半〜16時半（入館〜16 時）所要30分　月曜、展示 準備期間中、年末年始・他休	一般700・大400・高中300・小以下無料 ※特別展は別途料金	26 6C2
辨財天長建寺 （島の弁天さん） 〈べんざいてんちょうけんじ〉	611-1039　伏見区東柳町511 京阪電鉄／中書島駅 市バス／中書島	9時〜16時　所要20分 無休	志納　本尊が弁財天、脇仏は珍しい裸形弁財天。桜 の名所で、御守とおみくじが有名	88 10A2
長楽寺 〈ちょうらくじ〉	561-0589　東山区八坂鳥居前東入 ル円山町626　市バス／祇園	10時〜16時　所要15分 木曜休（特別展期間中は休）	令和6年11月まで改修工事予定　一般800・高中 400円	45 7D3
寺田屋 〈てらだや〉	622-0243　伏見区南浜町263 市・京阪バス／京橋　京阪電鉄／中 書島駅	10時〜16時（入場は20分前） 所要20分 1/1・1/3・月曜不定休	一般600・大高300・小200円	88 10A2
天授庵（南禅寺塔頭） 〈てんじゅあん〉	771-0744　左京区南禅寺福地町 86-8　市バス／南禅寺・永観堂道 地下鉄／蹴上駅	9時〜17時（冬季〜16時 半）所要20分　11/11PM 〜12AM・臨時行事休	一般500・高400・中小300円、修学旅行生は半額	50 7D2

118　※内容は各物件の都合により、予告なく変更される場合があります。訪問の際には、各施設へお確かめください。

名称	電話番号(075)　所在地・交通(最寄)	時間・所要分・休み	料金ほか《専用駐車有無・料金》	本文頁地図頁
天得院(東福寺塔頭) (てんとくいん)	561-5239　東山区本町 15 丁目 802　市バス / 東福寺　JR・京阪電鉄 / 東福寺駅	9 時〜 16 時　所要 20 分 6 月中旬〜 7 月中旬・11 月〜 12 月上旬のみ公開	高校生以上 500・中小 300 円	34 7C5
天龍寺 (てんりゅうじ)	881-1235　右京区嵯峨天龍寺芒ノ馬場町 68　市バス・京都バス / 嵐山天龍寺前(嵐電嵐山駅)　嵐電 / 嵐山・嵐山駅	8 時半〜 17 時(受付は 10 分まで)　諸堂(大方丈・書院・多宝殿)拝観 8 時半〜 16 時 45 分　法堂「雲龍図」の拝観 9 時〜 16 時半　所要 40 分 諸堂は行事休あり	庭園(曹源池・百花苑)は高校生以上 500・中小 300 円　諸堂拝観は追加 300 円　法堂拝観は別途 500 円(春夏秋の特別公開除き土日祝のみ)	77 9B5
東映太秦映画村 (とうえいうずまさ)	0570-064349 (時間・料金等) 075-864-7716 (団体予約)　右京区太秦東蜂岡町 10 京都バス / 太秦映画村前　嵐電 / 太秦広隆寺駅、撮影所前　JR / 太秦駅	9 時〜 17 時(時期により異なる)入村は 60 分前まで 所要 180 分 設備メンテナンスを除き無休	一般 2400・高中 1400・小 1200 円、修学旅行生は高中 1060・小 900 円	74 9A3
東寺(教王護国寺) (とうじ)	691-3325　南区九条町 1 市バス / 東寺東門前、九条大宮	8 時〜 17 時(宝物館、観智院は 9 時)受付は 30 分前まで 所要 40 分	金堂・講堂は一般 500・高 400・中小 300 円 特別公開(五重塔初層内部、宝物館、観智院)は別途料金	12 7A5
等持院 (とうじいん)	461-5786　北区等持院北町 63 市バス / 立命館大学前　等持院・立命館大学衣笠キャンパス前駅	9 時〜 16 時半(12/30 〜 1/3 は 15 時)受付は 30 分前まで 所要 20 分	高校生以上 600・中小 300 円	69 9C1
同聚院(東福寺塔頭) (どうじゅいん)	561-8821　東山区本町 15-799 市バス / 東福寺　JR・京阪電鉄 / 東福寺駅	9 時〜 16 時　所要 20 分 不定休	境内自由　五大堂内の拝観は特別拝観時(11 月)のみ	34 7C5
東福寺 (とうふくじ)	561-0087　東山区本町 15-778 市バス / 東福寺　京阪電鉄・JR / 東福寺駅	9 時〜 16 時半(11 〜 12 月第一日曜は 8 時半〜、12 月第一月曜〜 3 月は〜 16 時)受付は 30 分前まで 所要 40 分	境内参拝自由　本坊庭園は高校生以上 500・中小 300 円、通天橋・開山堂は高校生以上 600(秋季 1000 円)・中小 300 円 共通券は高校生以上 1000・中小 500 円(秋季は共通券なし)	33 7C5
京都府立堂本印象美術館 (どうもといんしょう)	463-0007　北区平野上柳町 26-3 市・JRバス / 立命館大学前	9 時半〜 17 時(入館は 16 時半)　所要 30 分　月曜(祝日の場合翌日)・展示替期間・年末年始休	一般 510・大高 400・中小 200 円	69 9C1
東林院(妙心寺塔頭) (とうりんいん)	463-1334　右京区花園妙心寺町 59 市バス / 妙心寺前　JR / 花園駅	通常非公開　9 時半〜 16 時 所要 60 分	特別公開 1600 円(沙羅の花を愛でる会 6 月中旬〜 7 月初旬、他に梵燈のあかりに親しむ会(春・秋 2 回)など	71 9B2
豊国神社 (とよくに・ほうこく)	561-3802　東山区大和大路正面茶屋町 530　市バス / 博物館三十三間堂前、東山七条	宝物館は 9 時〜 17 時(受付は 30 分前) 所要 20 分	参拝自由　高校生以上 500・中小 300 円(宝物館)	38 7C4
南禅院(南禅寺塔頭) (なんぜんいん)	771-0365　左京区南禅寺福地町 市バス / 南禅寺・永観堂道　地下鉄 / 蹴上駅		※令和 7 年まで工事のため拝観停止	50 7D2
南禅寺 (なんぜんじ)	771-0365　左京区南禅寺福地町 市バス / 南禅寺・永観堂道　地下鉄 / 蹴上駅	8 時 40 分〜 17 時(12 〜 2 月は〜 16 時半)　受付は共に 20 分前　所要 30 分 12/28 〜 31 休	一般 600・高 500・中小 400 円(方丈庭園)、三門入場料別途同料金	50 7D2
新島旧邸 (にいじま)	251-2716 (同志社ギャラリー事務室)　上京区寺町通丸太町上ル 市バス / 河原町丸太町	10 時〜 16 時(入館受付は〜15 時半)　通常公開(外観)は 3 〜 7 月・9 〜 11 月の火木土(祝日除く)　所要 20 分	無料　内観を含む特別公開が春秋の御所一般公開期間・11/29 他に行われる(詳細は HP 参照)　※ 10 名以上は要予約	23 7B2
西陣織会館 (にしじんおり)	451-9231　上京区堀川通今出川南入　市バス / 堀川今出川	10 時〜 16 時　所要 30 分 月曜(祝日の場合は翌日)・年末年始休	入館無料(各種体験別途)	26 7A1
西本願寺 (にしほんがんじ)	371-5181　下京区堀川通花屋町下ル　市バス / 西本願寺前	5 時半〜 17 時(季節により異なる)　所要 30 分	参拝自由	16 7A4
二条城 (にじょうじょう)	841-0096　中京区二条通堀川西入ル二条城町 541 地下鉄 / 二条城前 市バス / 二条城前	8 時 45 分〜 17 時(入城は 1 時間前)　所要 60 分　年末休　二の丸御殿は、受付 8 時 45 分〜 16 時 10 分　年末年始休 12・1・7・8 月の火曜休(休日の場合翌日)	入城料／二の丸御殿観覧料　一般 1300・高中 400・小 300 円(展示収蔵室別途 100 円) ※本丸御殿は公開休止中	30 7A2
二条陣屋 (にじょうじんや)	841-0972　中京区大宮通御池下ル 137 市・京都バス / 神泉苑前	11 時〜・13 時〜・15 時〜 所要 60 分 不定休・年末年始休	事前予約制　HP より申込　一般 1000・高中 500 円 小学生以下無料(保護者同伴に限る)	31 7A2
二尊院 (にそんいん)	861-0687　右京区嵯峨二尊院門前長神町 27 市・京都バス / 嵯峨小学校前	9 時〜 16 時半　所要 25 分	中学生以上 500 円・小無料	79 9A4
仁和寺 (にんなじ)	461-1155　右京区御室大内 33 市・京都・JRバス / 御室仁和寺	7 時〜 18 時(御殿は 9 時〜 17 時、受付は 30 分前まで)　所要 35 分	境内自由　御所庭園は一般 800 円以下無料(霊宝館は別途一般 500 円・高校生以下無料、春・夏・秋季に公開)　※桜の時季は別途入山料	73 9B2
野宮神社 (ののみや)	871-1972　右京区嵯峨野宮町 1 市・京都バス / 野々宮	9 時〜 16 時半　所要 15 分	参拝自由	77 9B5
野村美術館 (のむら)	751-0374　左京区南禅寺下河原町 市バス / 南禅寺・永観堂道	10 時〜 16 時半(受付は 16 時)　所要 20 分　公開期間の月曜(祝日の場合翌日)・夏期・冬期休	一般 800・大高 300・中小無料　春秋の期間のみ公開 立礼茶席は別途 700 円(抹茶・菓子付き)　大展示室には茶道具や能装束等。	51 7D2
白沙村荘 (橋本関雪記念館) (はくさそんそう)	751-0446　左京区浄土寺石橋町 37 市バス / 銀閣寺前・銀閣寺道 京都バス / 銀閣寺道	10 時〜 17 時(季節により異なる)　所要 20 分	一般 1300・大 500・高校生以下無料(特別展は別途)	54 7D1

※時間は季節・天候によって若干変わる場合があります。記載内容は2024年3月時点の情報です。

名称	電話番号(075) 所在地・交通(最寄)	時間・所要分・休み	料金ほか　《専用駐車有無・料金》	本文頁 地図頁
東本願寺	371-9181　下京区烏丸七条上ル 市バス／烏丸七条　JR・地下鉄／京 都駅	5時50分～17時半（11～ 2月は6時20分～16時半）	参拝自由	18 7B4
平等院 （びょうどういん）	0774-21-2861　宇治市宇治蓮華 116 JR・京阪電鉄／宇治駅	8時半～17時半(鳳翔館9時 ～17時)受付は15分前 鳳凰堂内部拝観は9時半から 16時10分まで20分毎50 名ずつ　所要40分	庭園＋鳳翔館ミュージアムは一般700・高中400・小 300円 鳳凰堂内部拝観は別途300円	95 10C5
琵琶湖疏水記念館 （びわこそすい）	752-2530　左京区南禅寺草川町17 京阪バス／蹴上　市バス／岡崎法勝 寺町、南禅寺・疏水記念館・動物園東 門前、地下鉄／蹴上駅	9時～17時(入館は30分前、 ドラム工場は～16時)　所要 20分　月曜(祝日の場合翌日)・ 年末年始休	入館無料	51 7C2 ～D2
藤森神社 （ふじのもり）	641-1045　伏見区深草鳥居崎町 609　JR/JR 藤森駅　京阪電鉄／ 墨染駅	9時～17時　所要20分	参拝自由　勝運、学問と馬の神社 (6月の紫陽花苑は300円)	87 10D2
伏見稲荷大社 （ふしみいなり）	641-7331　伏見区深草薮之内町 68　市バス／稲荷大社前　JR／稲 荷駅　京阪電鉄／伏見稲荷駅	授与所9時～17時(季節によ り異なる)　境内のみの所要20 分　お山巡り所要120分	参拝自由	87 10D2
芬陀院(雪舟寺) （東福寺塔頭） （ふんだいん）	541-1761　東山区本町15-803 市バス／東福寺駅　JR・京阪電鉄／東 福寺駅	9時～16時半(冬季は～16時) 受付は30分前まで　所要 20分　法事等の場合休みあり	高校生以上500・中小300円	34 7C5
京都市平安京 創生館	812-7222　中京区丸太町通七本 松西入京都アスニー1階 市・京都・JR／丸太町七本松	10時～17時(入場は10分前 まで)　所要20分 火曜(祝祭日の場合はその翌 日)・年末年始休	無料 ※ボランティアガイドによる解説あり(団体は2週間前 に要予約)	29 9D2
平安神宮	761-0221　左京区岡崎西天王町 市バス／岡崎公園 美術館・平安神宮 前	神苑8時半～17時半(3/1～ 3/14と10月は～17時、11 ～2月は～16時半)入苑は30 分前まで　所要30分　10/22 (時代祭)PM休	境内は参拝自由　高校生以上600・中小300円(神 苑)	49 7C2
法界寺(日野薬師) （ほうかいじ）	571-0024　伏見区日野西大道町 19　京阪バス／なごみの里病院	9時～17時(10～3月は～ 16時)　所要20分　不定休	一般500・高400・中小200円	92 10B5
宝筐院 （ほうきょういん）	861-0610　右京区嵯峨釈迦堂門 前南中院町9-1　市・京都バス／嵯 峨釈迦堂前	9時～16時(11月は～16時 半)　所要15分	高校生以上500・中小200円	81 9B4
方広寺 （ほうこうじ）	東山区正面通大和大路東入茶屋町 527-4　市バス／博物館三十三間堂 前、東山七条	9時～16時　所要15分 不定休	境内無料(本堂拝観は特別拝観のみ)	38 7C4
宝厳院(天龍寺塔頭) （ほうごんいん）	861-0091　右京区嵯峨天竜寺芒ノ 馬場町36　市バス／嵐山天龍寺前、 天龍寺前(嵐電嵐山駅)、嵐電／嵐山 駅　JR／嵯峨嵐山駅	拝観は特別公開時のみ 9時～17時(受付～15分前) 所要20分	高校生以上700・中小300円(本堂襖絵拝観は別途 料金)	77 9B5
法金剛院 （ほうこんごういん）	461-9428　右京区花園扇野町49 市・京都バス／花園扇野町　JR／花 園駅	拝観は毎月15日・特別拝観のみ 9時～16時半(受付は15分 前まで)　所要30分	一般500・高校生以下300円	74 9B2
法住寺 （ほうじゅうじ）	561-4137　東山区七条通三十三 間堂廻り町655　市バス／博物館 三十三間堂前、東山七条	9時～16時　所要20分　毎 月10日、20日、30日休	中学生以上500円	37 7C4
芳春院(大徳寺塔頭) （ほうしゅんいん）	492-6010　北区紫野大徳寺町55 市バス／大徳寺前	通常非公開　所要30分	特別公開あり 盆栽庭園は1000円	65 8B5
宝泉院 （勝林院の子院） （ほうせんいん）	744-2409　左京区大原勝林院町 187　京都バス／大原	9時～17時(受付～16時半) 所要20分 無休(行事により異なる)	(茶菓付き)一般900・高中800・小700円	59 8B1
宝蔵院 一切経版木収蔵庫 （ほうぞういん）	0774-31-8026　京都府宇治市 五ヶ庄三番割 JR・京阪電鉄／黄檗駅	通常非公開 所要20分　不定休	特別公開あり	93 10C3
法然院 （ほうねんいん）	771-2420　左京区鹿ヶ谷御所ノ段 町30 市バス／南田町、錦林車庫前	6時～16時(春秋に伽藍特別 公開あり)　所要20分	参道拝観は自由、例年4月・11月初旬に行われる伽 藍拝観は有料	53 7D1
法輪寺(嵯峨虚空蔵) （ほうりんじ）	862-0013　西京区嵐山虚空蔵町 市バス／阪急嵐山駅前　阪急電鉄／ 嵐山駅	9時～17時　所要30分	境内自由	82 9B5
本能寺	231-5335　中京区寺町通御池下 ル下本能寺前町522 市バス／河原町三条	6時～17時(大宝殿は9時～ 17時・入館は30分前まで)　所 要25分　展示替日・年末年始 休　(大宝殿)	境内拝観自由　一般700・高中500・小300円(大宝 殿)　修旅生300円	21
松尾大社 （まつお）	871-5016　西京区嵐山宮町3 阪急電鉄／松尾大社駅 市・京都バス／松尾大社前	9時～16時(日祝～16時半) (庭園・神像館共通) 所要30分	参拝自由　一般500・大高中400・小300円(庭園・ 神像館)	83 9D4
曼殊院 （まんしゅいん）	781-5010　左京区一乗寺竹の内 町42　市・京都バス／一乗寺清水町	9時～17時(受付～16時半) 所要30分	一般600・高500・中小400円	57 8D5
萬福寺 （まんぷくじ）	0774-32-3900　宇治市五ヶ庄三 番割34　JR・京阪電鉄／黄檗駅	9時～17時(受付～16時半) 所要50分	高校生以上500・中小300円	93 10C3
壬生寺 （みぶでら）	841-3381　中京区坊城通仏光寺上ル 市バス／壬生寺道、四条大宮	8時～17時(壬生塚・歴史資料 室は9時～16時半)　所要25分	境内拝観自由　(壬生塚と歴史資料室(阿弥陀堂地階) 大人300・中小100円)	19 7A3
三室戸寺 （みむろとじ）	0774-21-2067　宇治市菟道滋賀 谷21　京阪電鉄／三室戸駅	8時半～16時半(11～3月は ～16時)　受付は50分前ま で　所要40分　お盆・年末年始休	高校生以上500・中小300円(通常) 高校生以上1000・中小500円(2月～7月及び11月 中の花と紅葉の時期)※工事のため、宝物館拝観不可	93 10C3

　※内容は各物件の都合により、予告なく変更される場合があります。訪問の際には、各施設へお確かめください。

名称	電話番号(075) 所在地・交通(最寄)	時間・所要分・休み	料金ほか　《専用駐車有無・料金》	本文頁 地図頁
みやこめっせ (京都市勧業館)	762-2670 (京都伝統産業ミュージアム)　左京区岡崎成勝寺町 9-1 市バス／岡崎公園・美術館平安神宮前　地下鉄／東山駅	9 時〜17 時(入館は〜16 時半)(地下 1 階・京都伝統産業ミュージアム) 不定休(HP 参照)・夏季メンテナンス期間・年末年始休	入場無料(企画展別途)	48 7C2
妙心寺 (みょうしんじ)	466-5381　右京区花園妙心寺町 1 市・京都バス／妙心寺前　嵐電／妙心寺駅	9 時〜17 時(12 時〜13 時を除く)　所要 30 分 拝観中止の日(行事日)あり	境内自由　法堂(雲龍図・梵鐘)・大庫裏は高校生以上 700・中 400 円　塔頭は別途料金	70 9B2
無鄰菴 (むりんあん)	771-3909　左京区南禅寺草川町 31　市バス／岡崎公園・美術館平安神宮前　地下鉄／蹴上駅	9 時〜18 時(10〜3 月は〜17 時)　所要 20 分　年末年始休	事前予約制　中学生以上 600 円(小以下無料) ※ただし、4/1〜9、4/24〜30、5/1〜31、9/24〜30、10/15〜21、11/1〜5、12/1〜3 は 900 円。11/6〜26 は 1100 円。	51 7C2
八坂神社 (やさか)	561-6155　東山区祇園町北側 625　市バス／祇園	9 時〜17 時(社務所) 所要 20 分	参拝自由	45 7D3
八坂の塔(法観寺) (やさかのとう)	551-2417　東山区八坂上町河原東入ル八坂上町 388　市・京阪バス／清水道	10 時〜15 時　所要 20 分 不定休	中学生以上 400 円・小学生以下拝観不可	39 7D3
安井金比羅宮 (やすいこんぴらぐう)	561-5127　東山区東大路松原上ル下弁天町 70 市・京阪バス／東山安井	9 時〜17 時半(社務所)※絵馬館は 10 時〜16 時　所要 20 分　月曜(祝日の場合翌日)・年末休(絵馬館)	参拝自由 一般 500・高中小 400 円(絵馬館)	42 7C3
養源院 (ようげんいん)	561-3887　東山区三十三間堂廻り町 656　市バス／博物館三十三間堂前、東山七条	10 時〜15 時　所要 20 分 臨時休業あり※ HP 要確認	一般 600・中高 500・小 300 円	37 7C4
来迎院(大原) (らいごういん)	744-2161　左京区大原来迎院町 537　京都バス／大原	9 時〜17 時　所要 15 分	一般 400(5・11 月は宝物展につき 500)・高中 300 円・小無料(保護者同伴)	60 8B1
来迎院(泉涌寺塔頭) (らいごういん)	561-8813　東山区泉涌寺山内町 33　JR・京阪電鉄／東福寺前　市バス／泉涌寺道	9 時〜17 時　所要 20 分 成人の日・臨時休あり	一般 300・高校生以下 200 円(特別拝観別途)	35 7D5
落柿舎 (らくししゃ)	881-1953　右京区嵯峨小倉山緋明神町 20 市・京都バス／嵯峨小学校前	9 時〜17 時(1〜2 月は 10 時〜16 時)　所要 15 分 12/31〜1/1 休	一般 300・高 150・小無料(大人同伴の方のみ見学可)	78 9B4
樂美術館 (らく)	414-0304　上京区油小路通中立売上ル油橋詰町 84 市バス／堀川中立売	10 時〜16 時(入館〜16 時)　所要 30 分 月曜(祝日の場合開館)・年末年始・展示替期間休	展覧会により異なる　中学生以下無料	26 7A1
立命館大学国際平和ミュージアム (りつめいかんだいがくこくさいへいわミュージアム)	465-8151　北区等持院北町 56-1 市・JR バス／立命館大学前	9 時半〜16 時半(入館は 16 時)　所要 45 分 日曜・祝日の翌日・年末年始・大学定休日休	一般 400・高中 300・小 200 円(特別展は別途) 団体要予約	69 9C1
龍安寺 (りょうあんじ)	463-2216　右京区龍安寺御陵ノ下町 13　市・JR バス／龍安寺前　嵐電／龍安寺駅	8 時〜17 時(12〜2 月は 8 時〜16 時半)　所要 30 分	大人 600・高 500・中小 300 円	72 9B1
龍吟庵(東福寺塔頭) (りょうぎんあん)	561-0087　東山区本町 15-812 市バス／東福寺　京阪電鉄・JR／東福寺駅	通常非公開　9 時〜16 時 所要 30 分	特別公開(例年春と秋)のみ　高校生以上 1000・中小 300 円	34 7C5
龍源院(大徳寺塔頭) (りょうげんいん)	491-7635　北区紫野大徳寺町 82(大徳寺山内)　市バス／大徳寺前	9 時〜16 時 20 分 所要 20 分　4/19 休	一般 350・高 250・中小 200 円	64 8B5
幕末維新ミュージアム 霊山歴史館 (りょうぜん)	531-3773　東山区清閑寺霊山町 1 市・京阪バス／東山安井	10 時〜17 時半(季節により異なる)　入館は 30 分前　所要 25 分 月曜(祝日の場合翌日)・展示替期間・年末年始休	一般 900・大高 500・中小 300 円(特別展は別途料金)	43 7D3
両足院(建仁寺塔頭) (りょうそくいん)	561-3216　東山区小松町 591(建仁寺山内)　市・京阪バス／東山安井	通常非公開　10 時〜16 時 所要 30 分	春秋夏と冬に特別公開あり 大人 1000・高中 500 円	43 7C3
麟祥院(妙心寺塔頭) (りんしょういん)	463-6563　右京区花園妙心寺町 49　市バス／妙心寺前　嵐電／妙心寺駅	通常非公開　10 時〜16 時 所要 30 分	特別公開のみ(600 円)	71 9B2
霊雲院(東福寺塔頭) (れいうんいん)	561-4080　東山区本町 15 丁目 市バス／東福寺　JR・京阪電鉄／東福寺駅	10 時〜15 時(不定休につき日時は要確認)　所要 20 分	高校生以上 500・中 300 円・12 才以下不可	34 7C5
蓮華寺 (れんげじ)	781-3494　左京区上高野八幡町 1 京都バス／上橋　叡山電鉄／三宅八幡駅	9 時〜17 時　所要 20 分 8/13・8/14・8/24 休	高校生以上 500 円・中以下無料(中学生以下の修学旅行不可)	57 8D4
鹿王院 (ろくおういん)	861-1645　右京区嵯峨北堀町 24 市・京都バス／下嵯峨　嵐電／鹿王院駅	9 時〜17 時(受付は 30 分前)　所要 20 分 宿坊は要予約	高校生以上 600・中小 300 円	76 9C5
六道珍皇寺 (ろくどうちんのうじ)	561-4129　東山区松原通東大路西入北側　市・京都バス／清水道	9 時〜16 時　所要 20 分	境内自由　(寺宝拝観別途、詳細は HP 確認)	42 7C3
六波羅蜜寺 (ろくはらみつじ)	561-6980　東山区五条通大和大路上ル東 市・京阪バス／清水道、五条坂	8 時〜17 時、宝物館は 8 時半〜16 時 45 分(受付〜16 時半)　所要 25 分	境内自由　宝物館(令和館)は、一般 600・大高中 500・小 400 円	42 7C4
廬山寺 (ろざんじ)	231-0355　上京区寺町通広小路上ル北之辺町 397　市バス／府立医大病院前	9 時〜16 時　所要 20 分 1/1・2/1〜2/9・12/31 休	高校生以上 500・中小 400 円	24 7B1
六角堂(頂法寺) (ろっかくどう)	221-2686　中京区六角通東洞院西入堂之前町 248 地下鉄／烏丸御池駅	6 時〜17 時　所要 15 分 いけばな資料館は平日のみ開館(9 時〜16 時) 盆・年末年始・他休	境内自由　いけばな資料館(池坊ビル 3F)は要予約・無料(4 月・11 月の行事中は予約不要・有料)	20 7B3

※時間は季節・天候によって若干変わる場合があります。記載内容は 2024 年 3 月時点の情報です。

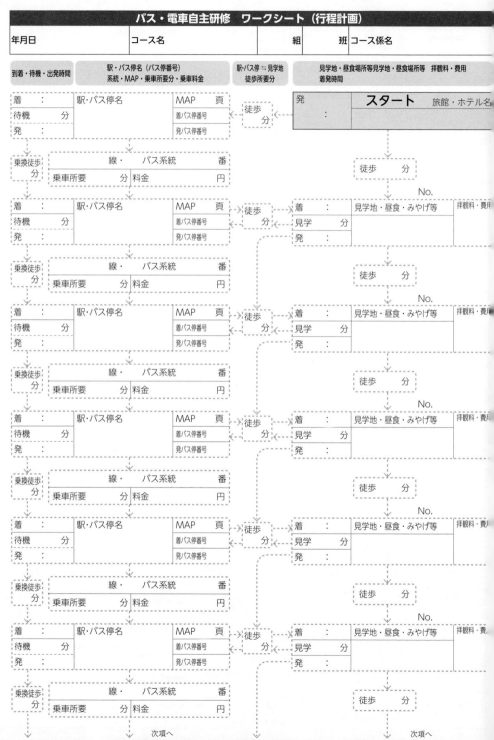

バス・電車自主研修　ワークシート（行程計画）

| 年月日 | コース名 | 組 | 班 | コース係名 |

| 到着・待機・出発時間 | 駅・バス停名（バス停番号）系統・MAP・乗車所要分・乗車料金 | 駅・バス停⇆見学地徒歩所要分 | 見学地・昼食場所等見学地・昼食場所等　拝観料・費用着発時間 |

着　：　駅・バス停名　MAP　頁
待機　分　　着バス停番号
発　：　　　発バス停番号

徒歩　分

発　：　**スタート**　旅館・ホテル名

乗換徒歩　分　　線・　バス系統　番
乗車所要　分　料金　円

徒歩　分

No.

着　：　駅・バス停名　MAP　頁
待機　分　　着バス停番号
発　：　　　発バス停番号

徒歩　分

着　：　見学地・昼食・みやげ等　拝観料・費用
見学　分
発　：

徒歩　分

乗換徒歩　分　　線・　バス系統　番
乗車所要　分　料金　円

徒歩　分

No.

着　：　駅・バス停名　MAP　頁
待機　分　　着バス停番号
発　：　　　発バス停番号

徒歩　分

着　：　見学地・昼食・みやげ等　拝観料・費用
見学　分
発　：

徒歩　分

乗換徒歩　分　　線・　バス系統　番
乗車所要　分　料金　円

徒歩　分

No.

着　：　駅・バス停名　MAP　頁
待機　分　　着バス停番号
発　：　　　発バス停番号

徒歩　分

着　：　見学地・昼食・みやげ等　拝観料・費用
見学　分
発　：

徒歩　分

乗換徒歩　分　　線・　バス系統　番
乗車所要　分　料金　円

徒歩　分

No.

着　：　駅・バス停名　MAP　頁
待機　分　　着バス停番号
発　：　　　発バス停番号

徒歩　分

着　：　見学地・昼食・みやげ等　拝観料・費用
見学　分
発　：

徒歩　分

乗換徒歩　分　　線・　バス系統　番
乗車所要　分　料金　円

徒歩　分

No.

着　：　駅・バス停名　MAP　頁
待機　分　　着バス停番号
発　：　　　発バス停番号

徒歩　分

着　：　見学地・昼食・みやげ等　拝観料・費
見学　分
発　：

乗換徒歩　分　　線・　バス系統　番
乗車所要　分　料金　円

徒歩　分

次項へ　　　　　　次項へ

122

着 :	駅・バス停名	MAP 頁		徒歩 分		着 :	見学地・昼食・みやげ等	拝観料・費用
待機 分		着バス停番号				見学 分		
発 :		発バス停番号				発 :		円

| 乗換徒歩 分 | | 線・ バス系統 番 | | | | 徒歩 分 | |
| | 乗車所要 分 | 料金 円 | | | | | |

着 :	駅・バス停名	MAP 頁		徒歩 分		着 :	見学地・昼食・みやげ等	拝観料・費用
待機 分		着バス停番号				見学 分		
発 :		発バス停番号				発 :		円

| 乗換徒歩 分 | | 線・ バス系統 番 | | | | 徒歩 分 | |
| | 乗車所要 分 | 料金 円 | | | | | |

着 :	駅・バス停名	MAP 頁		徒歩 分		着 :	見学地・昼食・みやげ等	拝観料・費用
待機 分		着バス停番号				見学 分		
発 :		発バス停番号				発 :		円

| 乗換徒歩 分 | | 線・ バス系統 番 | | | | 徒歩 分 | |
| | 乗車所要 分 | 料金 円 | | | | | |

着 :	駅・バス停名	MAP 頁		徒歩 分		着 :	見学地・昼食・みやげ等	拝観料・費用
待機 分		着バス停番号				見学 分		
発 :		発バス停番号				発 :		円

| 乗換徒歩 分 | | 線・ バス系統 番 | | | | 徒歩 分 | |
| | 乗車所要 分 | 料金 円 | | | | | |

着 :	駅・バス停名	MAP 頁		徒歩 分		着 :	見学地・昼食・みやげ等	拝観料・費用
待機 分		着バス停番号				見学 分		
発 :		発バス停番号				発 :		円

| 乗換徒歩 分 | | 線・ バス系統 番 | | | | 徒歩 分 | |
| | 乗車所要 分 | 料金 円 | | | | | |

| 着 : | 駅・バス停名 | MAP 頁 | | 徒歩 分 | 着 : | **ゴール** 旅館・ホテル名 |
| | | 着バス停番号 | | | | |

No.

交通費 2024年3月現在の価格です。

京都修学旅行 1day チケット（学校単位での一括販売）	800円
地下鉄・バス一日券	1100円
追加・別運賃区間	
～	円
～	円
～	円
～	円
～	円
交通費合計	円

駅・バス停と見学地間の徒歩所要分

分

拝観料・費用一覧

NO.	拝観・見学場所	費用
1		円
2		円
3		円
4		円
5		円
6		円
7		円
8		円
昼食場所	内容	円
拝観料・見学料・昼食費用合計		円

タクシー自主研修　ワークシート（行程計画）

年月日	コース名	組	班	コース係名

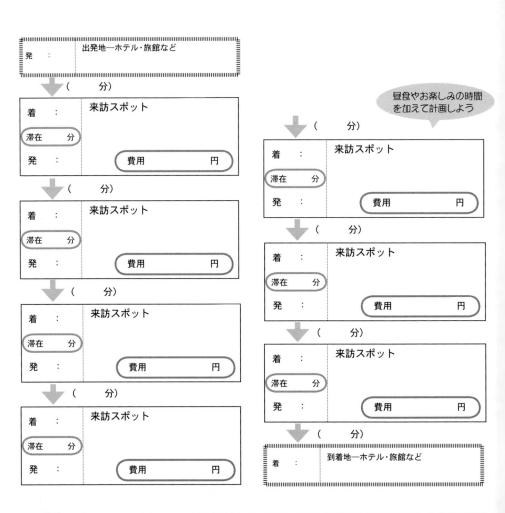

発　　：　　出発地—ホテル・旅館など

（　　分）

着　：　来訪スポット
滞在　　分
発　：　費用　　円

（　　分）

着　：　来訪スポット
滞在　　分
発　：　費用　　円

（　　分）

着　：　来訪スポット
滞在　　分
発　：　費用　　円

（　　分）

着　：　来訪スポット
滞在　　分
発　：　費用　　円

昼食やお楽しみの時間を加えて計画しよう

（　　分）

着　：　来訪スポット
滞在　　分
発　：　費用　　円

（　　分）

着　：　来訪スポット
滞在　　分
発　：　費用　　円

（　　分）

着　：　来訪スポット
滞在　　分
発　：　費用　　円

（　　分）

着　　：　　到着地—ホテル・旅館など

費用合計	円	備　考
交通費合計	円	
入場料	円	
体験学習	円	
昼食代	円	
おみやげ代	円	
その他	円	

京都人気観光物件タクシー所要分

起点	清水寺	嵐山	金閣寺	二条城	銀閣寺	南禅寺	八坂神社	高台寺	平安神宮	鞍馬・貴船	四条河原町	大原	下鴨神社	東寺	京都駅ビル	知恩院	京都市京セラ美術館	三十三間堂	東本願寺	西本願寺	京都御所	龍安寺	錦市場	東福寺
清水寺																								
嵐山	41																							
金閣寺	47	32																						
二条城	24	28	21																					
銀閣寺	28	53	34	24																				
南禅寺	18	48	40	25	11																			
八坂神社	7	39	40	18	23	12																		
高台寺	5	39	42	21	25	15	3																	
平安神宮	14	45	36	19	14	4	12	11																
鞍馬・貴船	63	78	45	51	50	55	59	60	55															
四条河原町	10	36	36	14	25	16	7	7	12	54														
大原	67	98	64	71	51	57	63	63	58	48	65													
下鴨神社	30	49	24	27	18	24	27	20	41	22	48													
東寺	21	38	36	44	35	21	21	30	65	20	78	42												
京都駅ビル	22	38	41	20	38	29	18	16	25	64	13	75	35	5										
知恩院	11	39	42	22	19	11	5	8	7	59	8	63	29	27	20									
京都市京セラ美術館	15	45	37	18	12	4	12	11	1	55	12	57	23	31	24	10								
三十三間堂	8	41	46	24	32	22	10	8	18	64	12	69	34	15	8	14	18							
東本願寺	15	37	40	19	37	28	15	23	63	12	74	34	5	3	20	24	8							
西本願寺	19	32	32	15	41	30	21	19	27	16	80	37	9	8	23	13	7							
京都御所	27	39	19	13	19	21	24	23	17	47	17	57	15	30	22	24	18	27	19	24				
龍安寺	47	26	12	23	37	42	44	44	38	49	37	69	33	44	42	43	41	50	42	37	26			
錦市場	15	32	34	19	37	28	15	23	63	12	74	34	5	3	20	24	8					38		
東福寺	25	48	57	34	48	39	24	25	35	72	24	83	46	17	32	35	15	21	25	37	59	29		

タクシー利用の注意

◆道路状況について

桜・紅葉の時期など観光客の多いシーズンはもちろん、1年を通して交通渋滞が発生しています。また、渋滞しやすい場所もあり、上記所要分はあくまで目安としてご利用ください。

※所要時間の計算方法：距離×1.5（信号など）÷速度（30Km/h）、　嵐山・大原・鞍馬寺は郊外なので、速度（40Km/h）で計算

渋滞しやすい場所の一例

・京都駅周辺、河原町通り（特に御池〜四条）、四条通り（特に河原町〜烏丸）、東大路通り（特に南行き（八坂神社・祇園→清水寺・京都駅方面））、嵐山渡月橋付近

フリースペース

編　集　後　記

　　本書は、小社のロングセラーとして多くの読者からご好評をいただいていました『京都散策案内』（横浜国立大学名誉教授・木下長宏・著）等をベースに、京都を学ぶための豊富な資料を加え、より使いやすく再編集したものです。編集にあたっては、旧版の特長であった美術・歴史案内としての視点を生かした解説とともに、紹介物件にまつわる歴史上の人物、出来事、行祭事などを新たに盛り込み、巻末に社寺文化施設一覧と、書き込みできる公共交通機関・タクシー利用のワークシートを加え、より便利で学びやすいガイドを目指しました。

　　この冊子が、悠久の歴史と文化を愛でる京都ファンの一助となり、古都散策に少しでも趣をそえることになれば、望外の喜びです。

　　最後になりましたが、本書編集にあたり資料・写真提供等にご協力いただきました多くの皆様方に、この場を借りて心からの謝意を表します。

本誌は 2024 年 3 月現在判明分の資料に基づき編集した最新版です。

京都社寺案内
散策＆観賞 京都編 最新版　定価 660 円（本体 600 円 + 税 10%）
2024 年 5 月 1 日　第 1 版第 1 刷

編　著　者／木下長宏、ユニプラン編集部
　　　　　　編集協力・編集制作室ヴァーユ
発　行　人／橋本良郎
発　行　所／株式会社ユニプラン
　　　　　　〒 601-8213　京都市南区久世中久世町 1 丁目 76
　　　　　　TEL.（075）934-0003
　　　　　　FAX.（075）934-9990
　　　　　　振替口座　01030-3-23387
　　　　　　http://www.uni-plan.co.jp
印　刷　所／株式会社プリントパック
ISBN978-4-89704-600-6　C2026